改訂版

産業経済の発展と競争政策

ポストコロナ時代を見据えて

和田聡子　著

晃洋書房

〈改訂版〉は し が き

　早いもので，本書刊行から約5年が経過したが，その間にも「競争政策」に関連する大きな出来事を含め，注目すべき事象が多々見受けられてきた.

　そこで今回，本書の増刷に伴い，各章の構成は基本的に残しつつも，本文や付表については出来る限り最新のデータや事例を加えながら〈改訂版〉とすることとした．とりわけ第Ⅲ部で紹介している日本産業・企業に関する状況や実態は，ICT（情報通信技術）の進展に伴うイノベーションと経営戦略のスピードがより一層早まっていると共に，2020年にコロナパンデミックが起こったことで，本書で取り扱っている5業種はすこぶるコロナ禍に大きく影響を受けたこともあり，大幅な加筆・修正をおこなうこととなった.

　なお，刊行時の5業種に変更ないものの，〈改訂版〉では章の入れ替えも行った（具体的には第6章で自動車産業，第7章で航空産業，第8章で流通業，第9章でビール産業，第10章で医薬品産業）．加えて，本書を大学の講義で教科書として使用することもあり，各章末に学生の理解度チェックと思考力向上のための演習問題を追加掲載した.

　また，〈改訂版〉のタイトルにも掲げている日本の「産業経済の発展」における「競争政策」の役割は，例えば昨今のGAFA（Google, Amazon, Facebook, Apple）と呼ばれる巨大プラットフォーマーをめぐる問題への対応でも見られるように，ますます存在感を増していると言えよう.

　よって，今回の〈改訂版〉においても，我々の日々の生活，および産業・企業の行動が競争政策の適切な実施によって支えられていることを強調することで読者が理解・興味を深める一助となれば幸いである.

　最後に，出版事情がさらに厳しく，またコロナ禍の状況で大変な環境下にもかかわらず，今回も晃洋書房に御快諾いただき感謝申し上げたい．そして本書を担当してくださった編集部の丸井清泰氏，校正担当の坂野美鈴氏には終始にわたって種々細やかな対応をいただき，ここに御礼を申し上げる.

　2021年8月

　　　　　　　　　　　　　　　　　　　　　　　和 田 聡 子

は し が き

　本書は，恩師である小西唯雄先生との共著『増補版　競争政策と経済政策』を出版してからすでに10年の歳月が経ち，その間にも国内外を問わず様々な産業・企業を取り巻く環境は大きく変化したことから，このたび筆者が前著をベースとしながらも大幅に改訂し，単著として執筆したものである．

　本書の構成，および主たる内容については，以下のとおりである．

　まず，本書の基本的視点を持つために，序章「市場経済と競争政策の原理」では，我々の暮らしている市場経済社会においての競争の意義・有効性，および競争政策にとって追求すべき「競争」について確認する．

　「第Ⅰ部　競争促進の重要な2つの手段」では，第1章で企業間競争のプロセスに伴って起こり得るイノベーションの展開，さらにITの進展に伴う企業行動の変化と競争政策の役割について検討する．第2章では，自由かつ公正な市場環境を整備するための望ましい政府規制のあり方と経済・産業を効率化・活性化させる一手段としての規制改革を推進する必要性を指摘する．

　「第Ⅱ部　日本の競争政策の歴史と展開」では，第3章で原始独禁法の制定当初の日本における伝統的競争観（思考）を概観し，第4章で高度経済成長から低成長時代へと向かう時期の競争政策の内容を検討する．そして第5章では，現在，グローバル時代をむかえた日本がどのような競争政策を実施し，かつ実施していくべきか，について考察する．

　「第Ⅲ部　現実産業のケース・スタディ」では，様々な産業の中でも，とりわけ「競争」および「規制」との関連がとりわけ深いと思われる5業種，具体的には第6章でビール産業，第7章で自動車産業，第8章で航空産業，第9章で医薬品産業，第10章で流通業，を取り上げ，それぞれの歴史的展開から内容・特徴，そしてこれからの課題について詳細に論じる．

　最後に，以前より出版の機会を与えてくださっている晃洋書房には出版事情がますます厳しい状況の中，今回もご快諾いただき感謝申し上げたい．そして本書を担当してくださった編集部の丸井清泰氏には種々細やかなお心遣いをいただき，御礼を申し上げる．

　2016年　7月

和 田 聡 子

付　記

　本書は，既発表の論文および前著を中心にまとめているが，それらは執筆後から変化した内容も多く，加筆・修正を通じて再編成している．また，新たにに書き下ろした箇所も含まれているが，全体として研究会や学会等の機会に発表した内容による．

目　次

第Ⅲ部　現実産業のケース・スタディ

序　章　市場経済と競争政策の原理

はじめに

　本章では，我々の暮らしている市場経済社会（自由主義経済）において，競争秩序を形成・維持することがきわめて重要な意義をもつことについて整理しておく．

　本書は，日本の競争政策，およびいくつかの現実産業において展開される企業間競争を分析している．より具体的に言えば，日々ダイナミックに変化する諸産業と企業行動がどのような特徴を有し，経済的・社会的な影響を及ぼしているか，また我々の日常生活にどのような役割を果たし，一方でいかなる問題・課題を与えているか，について検討している．

　以下では，まず，（1）市場経済社会における「競争」の重要性を確認する．ついで，（2）競争の原理的根拠，（3）競争政策の追求すべき「競争」について説明し，最後に（4）競争政策の根拠法である「独占禁止法」（以下，独禁法）の経済的・社会的役割について簡単に整理しておく．

第1節　市場経済における「競争」の重要性

　本来，市場経済体制は，個人が市場へ自由に参加・意思決定することができ，価格メカニズム（市場の働き）を通じて最終的に良好な経済成果を実現する特徴を有する．

　経済学上，重要な目標の1つである「効率的な資源配分」を達成するためには，価格メカニズムが円滑に機能する競争的な市場環境の形成・維持が不可欠であろう．

　この際，市場経済において我々が入手・獲得出来る知識や情報は，非常に限定されているものであるから，あくまで「人間知識の不完全性」を前提とすべきことが重要である．そして，市場における活発な「競争」の過程（プロセス）

を通じて個々人が社会に散在する知識・情報を自ら取捨選択して活用したり，さらには創意工夫も含めて努力することこそが，結果として効率的な経済運営につながり，ひいては良好な経済成果を達成するのである．

このように市場経済，競争原理を通じて経済運営が効率的かつ良好な経済成果を達成することについては，ハイエク（Hayek, F. A. von）による議論が現実的で有益と言えるであろう．

彼によれば，「もろもろの事実についての知識が多くの人々の間に分散する体制においては，……根本的には価格がさまざまな人々の別個の行動を調整する役割を果たすことができる」[Hayek 1949a: 85; 邦訳118]のであり，同時に市場における「競争」の働きを高く評価する．すなわち，彼は「競争」を科学上の実験と同じく「発見の手順」であるとみなす [Hayek 1949b: 68; 邦訳99-100]．これがまさしく「発見のプロセスとしての競争」である．

なお，ここで指摘すべき点は，「完全競争」モデルに対してハイエクが批判的なことであろう．このモデルでは，もともと，資源配分の分析に用いられる理論的用具というべきものであって，一定の条件を前提としながら，「経済資源の最適配分が実現される」（「パレート最適」）ことを精緻に立証する．換言すれば，ここでは，経済運営がもっとも「効率的」となるわけであり，それゆえに，しばしば目的として「理想視」される傾向がある．しかしながら，現実における政策として実施する場合，この概念をただちに競争政策の「政策目的」として当てはめるには限界がある．その理由として，主として以下の3つの理由を認識しておくべきであろう．

まず1点目は，「完全競争」モデルにみられる前提条件の非現実性を指摘しなければなるまい．一般的にこのモデルの前提条件としては，① 市場において，同質商品を取引する売手と買手の数が非常に多く，また誰もが市場で決定される価格に対していかなる影響も及ぼし得ないこと，② すべての売手・買手が市場について完全な知識を有すること，③ 資源の産業間移動がまったく自由であり，加えて移動に関するコストがかからないこと，④ 市場への参入・退出が自由であること，が挙げられる．これらの条件が，理論的領域において担う重要性は否定すべくもないが，一方で，現実経済とほとんど無関係であることは明らかである．

ハイエクによれば，その中でも「完全な知識」という前提は，市場経済の意義を解明するにあたって，我々をミスリードすると主張する．なぜなら「人間

知識の不完全」こそが，市場経済・競争原理に依拠せざるを得ない重要な根拠であるにもかかわらず，最初から「完全な知識」を前提にした完全競争モデルで政策を実施するならば，市場経済本来の意義が理解できなくなると考えるからである．

　2点目は，「完全競争」モデルの静態的（スタティック）な性格と動態的（ダイナミック）な現実経済のギャップに関する問題である．現実の産業・企業は，本来，動態的な性格をもつものであり，活発な企業間競争を通じて技術革新（革新）を続出させ，ここからダイナミックに経済・産業を発展させる．また，現実経済においては，技術革新が生産効率の上昇，価格の低下をもたらす一方で，生産方法や需要・供給構造なども常に変化する．にもかかわらず，「完全競争」モデルはもともと，静態的な性格の体系であり，このような動態的な現実経済にそのまま適合できないのである．よって，ここでもハイエクは「完全競争の理論が論じていることは，『競争』とよばれてしかるべき権利をほとんどもたず，また，その結論は政策への指針としてほとんど役立たない」［Hayek 1949a: 92; 邦訳127］と批判している．

　3点目は，「完全競争」モデルが「規模の経済性」を軽視していることである．例えば，石油，鉄鋼産業のような装置産業の場合，「規模の経済性（大規模の利益）」が能率の向上，コストダウンに大きな役割を演じるのはいうまでもない．しかしながら，このモデルは，もっぱら資源配分上の効率性に関心を向けて，「規模の経済性」よりも「非常に小規模で非常に多数の競争者」を前提としており，現実経済とは異なった状況を支持することになる．

▌第2節　競争促進の原理的根拠

　先述したように，市場経済体制が，我々にとって合理的な経済運営を実現するシステムであると考えられるが，この際，きわめて重要なのは，市場で独占が排除され，「競争」が活発に展開されていることである．

　以下，今日の市場経済社会において，「競争」がなにゆえに重要であるかを（1）「自由」の理念の保障，（2）優れた経済成果の実現，の2つの観点から整理しておく．

1 「自由」の理念とその保障

　競争を促進し独占を禁止すれば，なにゆえに「自由」が保障されるのであろうか．このような疑問は，欧米流の自由主義的民主主義思想の伝統に乏しい日本では長い間，理解されてこなかった．けれども，例えばアメリカや戦後の旧西ドイツなどでは，「競争政策は，自由の理念を護持するうえで重要な貢献をする」といった考え方[1]が支持され，積極的に競争政策を実施してきたのである．

　自由主義社会とは，人間の思想や行動の自由が保障された社会であることは言うまでもない．この社会においては，公的であれ私的であれ，強大な権力・支配力の存在自体，個人の自由を侵害・抑圧する危険性が大きいと考えられる[2]．そして，経済の領域における独占の権力についても事情は同様であり，自由の理念にふさわしくないであろう．それゆえに，日頃から強大な権力を出来るだけ分散（ないしチェック・アンド・バランス）させることが，自由主義社会の基礎を堅固にすることになるのである．

　経済学の領域では，「自由」の問題を論じる際，消費者選択の自由，企業にとっての機会の自由，個人の職業選択の自由，などを取り上げることが多いが，昨今の強大な政治・経済権力・支配力の巨大化やその濫用に対する問題がクローズアップされる現実社会を見ても，個人の自由や人格を尊重する立場からすれば，つね日頃からこれら権力・支配力を出来るだけ分散すべき重要性を認識する必要があろう[3]．というのは，この状況から個人の自由が侵害され，独占的巨大企業は市場支配力を行使し，製品価格を高くつり上げ，超過利潤を獲得する

---

1) 　アメリカは「独占禁止の母国」といわれ，反トラスト政策（競争政策）についてはすでに120年を越える実績をもつ．その長い歴史の中で，「自由の理念を守るためには，反トラスト政策が不可欠だ」という強い信念を維持してきた．また，戦後旧西ドイツでも，新自由主義思想に基づきながら，「競争促進・独占禁止が自由主義社会の護持にとってすこぶる重要だ」と考えられてきた．なかでも，オイケン，レプケ等は，その指導的存在と言える．

2) 　ここで，新オーストリア学派の見解によると，公的独占については，徹底的に警戒するけれども，私的独占についてはすこぶる好意的である．というのは，前者の場合，一般的に新規参入が禁止されているのに対して，後者の場合，絶えず新規参入の脅威にさらされているために，潜在競争をはじめとする競争圧力によって「独占の弊害」は生じないとしているからである．

3) 　例えば，第2次大戦時の日本の財閥や巨大企業からなる強大な政治・経済権力の出現やナチス・ドイツのヒトラーの独裁政治を挙げることが出来る．

と共に，ときには，その強大な支配力をもって小規模な競争者に対しては徹底的に買いたたき，不当に打倒することもありうる.

　このようにみれば，巨大企業による独占体制は，中小企業，消費者に対して脅威を与えるのであり，ひいては自由の理念を保障出来かねないことになる.

　よって，企業行動の自由をどこまで容認し，また規制するかどうかを判断することは非常に重要であり，活発な競争体制を形成・維持するためには，政府介入を不必要とする（自由放任的）立場ではなく，やはり極端な集中化についての「歯止め」は不可欠といえよう.

　ここで明確に意識すべきは，「市場経済支持（市場重視）の立場」と「自由放任（市場原理主義）の立場」は同一でないということにほかならない．市場経済下における政府の役割は，本来，市場メカニズム・競争原理を重視することであり，「公益」に反する各人の勝手気ままな行動を排除するために，あらかじめ一定の枠組み・ルールを設定することである．事実，市場経済の健全な運営に際して，政府が様々なルール違反を厳しく監視し，介入することは社会的利益の向上のために重要であり，競争政策もその一手段として，具体的には私的独占，カルテル・談合，大型合併などを規制することによって市場支配力の分散（ないしチェック・アンド・バランス），および市場の公平性・効率性をはかる役割を担っている．もちろん，この際，過剰な政府介入や規制による「政府の失敗」が時として深刻な事態をまねくこともありうるという点を十分に意識されるべきであろう．それゆえに，各人の自由を尊重しながらも，政府は，市場経済の健全な運営にそぐわぬ企業行動に対してチェック，ないし規制するのは当然のことであり，自由放任の立場は適切とはいえないのである．また，グローバル化時代においては，国内外の企業を問わず望ましくない行為が見つかれば，迅速に発動でき，さらには「抑止力」としての厳格な国際レベルでの法整備がますます必要といえよう.

　なお，近年，先端技術産業分野などの技術革新のスピードはめざましく，この種の分野においては活発な新規参入により競争も見られたり，また諸外国の企業との世界標準を獲得すべく技術開発競争が激しさを増す中で，企業規模の拡大にふみきるケースも多々見受けられる（後述）．このような状況においては，政府は公正な競争秩序が維持されるよう企業の不正な行動を監視する立場に徹する以外は基本的に介入の必要はないといえよう.

　要するに，政府は，あらかじめ市場経済の特質を十分確認したうえで，みず

からの「なすべきこと（市場経済を円滑に機能させるための介入）」と「なすべからざること（市場経済の性格に反する介入）」とを明確に自覚し，前者については積極的かつ周到に介入しなければならない役割を有する．

2　優れた経済成果の実現

　次に，「競争体制」のもとでは，なにゆえに経済・産業の「進歩」と「効率化」がもたらされるかについて検討しておく．

（1）進歩と競争体制

　経済学では，経済・産業の「進歩（progress or progressiveness）」について，技術革新（ないし革新）との関連で説明すると明快である．「技術革新（technological innovation）」とは，主として新しい消費財や生産・輸送方法を開発し，導入することであり，さらに「革新」といえば，これらに新しい市場の開拓や産業組織の形成が付加されることになる．そして，この問題に関連する著名な理論として，シュムペーター（Schumpeter, J. A.）の「創造的破壊の過程論」，ないし「動態的な革新競争論」が挙げられる[4]．

　一般的に，競争体制のもとでは，企業間の競争および研究開発などにも積極的であることから技術革新が大いに推進され，経済・産業の進歩が実現されることになる．もちろん，ここでの「競争」は完全競争のたぐいではなく，むしろハイエク的な企業間の「競い合い」による動態的な競争である．

　また，実際に，技術革新によるコスト削減がひいては価格低下につながり，消費者も大いに利益を受けることになる．例えば，近年，急速なICT（情報通信技術）の発展をみても明らかなコンピュータソフト，インターネット関連な

---

4)　ここで指摘すべきは，シュムペーターは，「経済発展の理論」を主張する上で，「産業が進歩的であるためには，ある程度の企業規模が必要である」と考えている．すなわち，もし大企業や独占企業が市場に存在する場合でも，各企業が技術革新を伴う競争を展開することによって，やがて高効率・低価格の生産方法が導出されるので，一時的な独占にすぎないとしているのである．それゆえ，基本的にこれらの企業に対しては自由放任の立場である．彼のこの見解については，実際の大企業や独占企業の現状をふまえるとやはり問題あるといえよう[Shepherd 1997: 79-80]．またQuaden[1976: 72-74]，Adams and Brock eds.［1986: 51-52］によると，「企業の研究開発努力の誘因性と効率性が，企業規模に比例しているような相関関係はまったく見られない」としている．

どの産業分野は，企業間競争が非常に活発なこともあって，価格低下を伴った新製品・新サービスが次々と市場に出回っている状況がある．このことは，まさしく「革新」をくり返すことで達成された良好な経済成果といえよう．

これに対して，独占体制のもとでは，企業は新しい消費財や生産方法を開発・導入する誘因に乏しくなる公算が大きい．なぜなら，当該企業は「独占」のうえに安住し，多大なリスクを伴う研究開発（R&D）に対して保守的，あるいは怠慢になりうるからである．また，かりに新しい生産方法を導入してコスト削減を実現した場合においても，市場支配力を濫用・行使することで価格は従来どおりに据え置くという行動が容易となる．その一方で，コストが上昇すればただちに価格を引き上げられる[5]．それゆえ，独占体制のもとでは，技術革新のインセンティブが競争体制に比して明らかに小さくなり，その結果，経済・産業の進歩が停滞してしまうのである．

（2）効率化と競争体制

「効率（efficiency）」という語は現実にはかなり多様な内容を有するけれども，経済学では，主として「様々な産業の間に，資源を合理的に配分する」という意味に用いられてきた．この「資源の合理的配分」を達成する手法については，かねてから大まかには社会主義的中央計画的手法，市場メカニズムによる手法，の二つが考えられてきた．前者を完璧に施行するためには，中央計画当局の「知識の完全性」という前提条件が必要となる．しかし，ハイエクが主張するように，人間の知識は本来，限りあるものであって，この点では，政府といえどもけっして例外となり得ない．したがって，我々の暮らす経済社会において効率的・合理的な経済運営を模索する場合，あらかじめ「知識の不完全性」を前提することが必要である．その結果，現実において選択すべき経済体制が，後者の市場メカニズムを基礎におく市場経済（自由主義経済）体制とならざるを得ないことになる．

ここで，市場経済体制下での資源配分問題について考えてみよう．

市場経済というのは，競争の過程（プロセス）を通して，我々に必要な「トー

5）　なお，かつて「自然独占」型産業とされ，市場独占が認められていた電力・ガス・電気通信事業などでは，このような傾向が顕著であったといえよう．また，通常の独占体制でも，競争者間で市場分割を行なうことで事業の安定化をはかったり，またカルテルを結ぶことによって，活発な競争が回避されてしまうケースもみられた．

タルとしての知識・情報」，具体的には「価格」，（もしくは価格以外の取引条件の変化）というシグナルを提供する［Hayek 1949a: 86; 119］．とりわけ，競争的な市場では価格メカニズムによって需給関係が巧みに調整され，この結果，効率的かつ合理的な資源配分が実現されることになる．さらに，競争体制は，消費者の欲求の動向にすばやく対応，もしくは消費者嗜好を先取りしながら，同時に経済の効率化をもたらすのである．

なお，これに関連して，新オーストリア学派の1人であるカーズナー（Kirzner, I. M.）の「企業家（企業者）精神」の議論にふれておく［Kirzner 1973］．彼によれば，市場においては，企業者精神を伴った活発な競争がつねに展開されるのであり，その過程で，各企業者は抜け目のない（alertness）行動，もしくは態度でもって他者に先駆けるような利潤機会を模索しているという［Kirzner 1973: 57-75; 85; 邦訳62-79; 89］．そして，この競争の過程においてあらゆる利潤機会に関する知識・情報を獲得していくのであり，ここから，いっそう効率的・合理的な資源配分が達成されることになる．

したがって，良好な経済成果を実現するためには，旺盛な企業者精神をもった市場参加者が数多く出現することが期待されるのである．

▌第3節　競争政策の追求すべき「競争」

本節では，現実社会において競争政策を実施していくにあたり，（1）追求すべき「競争」とはいかなるものか，そして（2）政策目的（ないしは政策規準）としての「望ましい競争」，すなわち「有効競争」の一般的内容について把握しておくことで，第Ⅱ部以降の現実の競争政策の展開，および第Ⅲ部の現実産業を分析する際の考慮すべき視点の1つとしたい．

6）　なお，"alertness" については，「機敏性」と翻訳されているが，ここでは内容をより把握する意味で「抜け目なさ」と訳した．これと類似した見解として，Clark［1961: 邦訳206］．

7）　現在，世界の産業構造や仕組みまでも大きく変革させている企業家たちは，常にイノベーティブ（革新的）であり，次々と創造性を発揮している．彼らはまさにイノベーター（革新者）と呼ばれるが，何ゆえに特異な発想・アイディアを実用化へと結びつけるか，についてSchilling［2018］において数々の偉人の紹介や人間の特質・特性も含めて詳細に分析している．

1　現実経済における「完全競争」モデルの限界

　競争政策を効果的に実施するために，まず，政策目的としての「望ましい競争」の内容を把握しておかねばならない．先述した「完全競争」モデルが持つ問題点をふまえると，これに代わる「現実的な」目的として「有効競争」をめざすべきであることを指摘する．

　「完全競争」モデルは，もともと，資源配分の分析に用いられる理論的用具というべきものであって，一定の条件を前提しながら，「経済資源の最適配分が実現される」（「パレート最適」）ことを精緻に立証する．換言すれば，ここでは，経済運営がもっとも「効率的」となるわけであり，それゆえに，しばしば目的として「理想視」される傾向がある．これらの前提条件が，理論的領域において担う重要性は否定すべくもない．しかしながら，一方でこれらの内容が現実経済と乖離していることを認識すべきであり，もしも「完全競争」モデルにみられる非現実的な前提条件をそのまま用いて，現実の政策を実施すれば結果的に的外れな経済成果を生じてしまうことも十分にありうる．

　こうなると，「完全競争」モデルの前提条件は，「現実的」といえず，それゆえに，その理論的帰結を「理想視」して，そのまま現実政策の目的として当てはめるには限界があるといえよう．

　なお，これに関連して，チェンバリン（Chamberlin, E. H）の「独占的競争」理論［Chamberlin 1962］とロビンソン（Robinson,J）による「不完全競争」理論［Robinson 1933］について付言しておきたい．これらの理論は，しばしば現実における独占の進展に対応するものとして，「完全競争」モデルを一歩前進させたと評価される．また，その後にも理論的研究が進み，例えばゲーム理論における「ナッシュ均衡（Nash equilibrium）」概念などがよく知られるところであり，寡占市場における企業行動を精緻なモデルを使って分析している．そして，事実，後述する「有効競争」論などでも，例えば，チェンバリンの「独占的競争」理論から「製品差別化」の要素をとり入れているのである．とはいえ，これらはいずれも本来，「理論的・分析的」概念というべきであって，結局のところ，現実の政策目的となりえる性格のものではない．そこで，つぎに，これらに代わる現実的・効果的な政策目的として「有効競争」の検討に進みたい．

2 現実の政策目的としての「有効競争」

（1）有効競争の概念

先述のとおり，「完全競争」のもとでは，どの企業も市場支配力をもたず，小規模で多数な競争者が存在する市場構造を想定しているけれども，「規模の経済性」が発揮される環境にない．それゆえに，「有効競争」とは，このような要請に応えようとするものである．

「有効競争」概念は，1940年，アメリカにおいてクラーク（Clark, J. M.）による「有効競争の概念へ向けて」の論文において最初に提起され［Clark 1940］，それ以後，多くの学者によってこの種の議論が活発に展開されることとなった．その内容は，前述したチェンバリン＝ロビンソンなどの経済理論からも示唆をうけている．そして，1942年，スティグラー（Stigler, G. J.）がはじめて，政策規準の視点から「有効競争」の定義をおこなった．すなわち，彼は，産業が有効競争的である条件として，① 各市場において密接な代替商品を販売する企業が，かなり多数存在すること，② これら企業間に共謀が存在しないこと，③ 新企業の長期平均費用曲線が既存企業のそれに比べて著しく高くないこと，の3つを挙げた［Stigler 1942: 2-3］.[8] これらの規準は現実の政策に役立つものとして非常に評価出来るであろう．さらに，エドワーズ（Edwards, C. D.）によってもその条件がさらに詳細に整備された［Edwards 1949: 9-10］．この他では，メイソン（Mason, E. S.）による1949年の著名な定義［Mason 1949］がみられる．

さらに，大規模かつ周到な展開として1955年の「司法長官委員会」による10項目の規準に加えて，S. H. ソスニック（Sosnick, S. H.）の非常に詳細な規準を挙げておく．[9] けれども，有効競争論において，① 各論者の「価値判断」が不可避であること，② その内容にどうしても「曖昧さ」が残ること，などが意識されたためか，その後は，あまり活発な議論がなされなくなった．

しかしながら，このような問題があるとはいえ，現実政策に直接対応しようとする場合，やはり，この種のアプローチも必要であることを認識しておく必要があろう．現に，シェラー（Scherer, F. M.）やシェパード（Shepherd, W. G.）のような有力な論者も，（限定つきとはいえ）「有効競争」の概念を評価しているの

8） なお，後年，彼は「シカゴ学派」的立場に転向したことは興味深い．Stigler［1988］参照．

9） *Report of the Attorney General's National Committee to Study the Antitrust Laws*（Washington: U. S. Govt., 1955, pp.326-36）および Sosnick［1958］．

である[10].

（2）有効競争の現実的把握

　今日の「有効競争」概念は，ハーバード学派流の「産業組織論」から大きな影響を受けている．この体系は「市場構造」(Structure),「市場行動」(Conduct),「市場成果」(Performance) の 3 つの基本概念を活用しながら, 良好な市場成果 (あるいは経済成果) を実現するための政策の在り方に，理論的・実際的基礎を提供するのである[11]．そして，この体系が「分析的」性格をもつものであるのに対して,「有効競争」概念は「規範的・政策規準的」性格をもつ．これを方法論的に言うならば，産業組織論は，本来「動詞be」の次元のものであり，一方，有効競争論は「動詞ought to」の次元に属すといえよう [小西 1977：114]．したがって，これら両者は内容的に密接なつながりをもつ.

　そして，有効競争規準の内容は，今日，市場構造規準，市場行動規準，市場成果規準，の 3 つの規準によって構成されており，その具体的内容は，大略つぎのとおりである [小西 1977：112-21].

　　（ⅰ）市場構造規準：① 集中度があまり高くないこと，② 市場参入が容易なこと，③ 極端な製品差別化がないこと.
　　（ⅱ）市場行動規準：① 価格について共謀がないこと，② 製品について共謀がないこと，③ 競争者への強圧政策がないこと.
　　（ⅲ）市場成果規準：① 製品や生産過程の改善についてたえず圧力があること，② コストの大幅な引き下げに応じて価格が引き下げられること，③ 産業の内部にある企業の多くが適正規模にあること，④ 販売費の総費用に占める比率が不当に高くないこと，⑤ 慢性的な過剰能力がないこと.

---

10)　Scherer and Ross [1990: 52-55], Shepherd [1997: Ch. 1] を参照.
11)　Bain [1968] は，その代表的文献であるが，この体系の基本内容は以下のとおりである [小西 1977: 113].

　　市場構造：① 集中度　② 参入障壁　③ 製品差別化
　　市場行動：① 価格政策　② 製品政策　③ 競争者への「強圧政策」
　　市場成果：① 製品や生産過程改善の圧力の程度, ② コスト・価格の調整程度, ③ 企業や工場が「適正規模」にあるかどうか, ④ 総費用に占める販売促進費の比率, ⑤ 慢性的過剰能力の有無.

　「有効競争」規準（およびその諸条件）は，大略，以上のような内容のものである．そして，これらの条件を用いて，当の産業・企業を種々検討し，競争政策上の当否を判定することになる．

　ここで指摘すべきは，これら規準については，「政策的概念」の常として，不可避的に各人の価値判断を伴うという困難な問題がみられる．それゆえ，市場構造，市場行動，市場成果という3つの基本的視点から接近することで，ほぼ意見一致しているけれども，これらの規準のいずれを相対的に重要視するか，については，論者の競争政策上の立場によって相違が生じざるを得ない．

　我々は，この概念に伴う「あいまいさ」を批判して，その現実的意義を過小評価してはならない．というのは，有効競争規準は，現実の競争政策に関連して，① 独占禁止事件に取り組む際の手がかりをあたえ，② 資料の有効な収集と整理・分析のための基本的視角を提供し，③ 最終的な判断のための有力な根拠をあたえてきたからである［小西 1977：130-131］．逆に，もしも，我々がこのような規準を拒否するとすれば，競争政策を実施するための一般的な手がかりを失わざるを得ない．

　さらに，産業組織分析上においても，市場行動に関する分析が多様化し，それに伴って理論的産業組織論（いわゆる「新産業組織論（NIO: New Industrial Organization）」）が活発に展開されている．この種の理論展開は，経済理論の発展として十分注目されてしかるべきであるが，現実の競争政策にそのまま適用しにくい性格のものといえよう．また，昨今の激動する経済社会情勢の変化などにより，フレキシブル（柔軟）な政策路線の変更が余儀なくされる時代において，むしろ「有効競争」規準は，（あいまいさに伴う不確実性の問題，限界を含むとはいえ）独占問題に接近する際，相応の有用なトゥールであり続けるのではないかと思われる．

　このように，「望ましい競争」としての有効競争規準はシェラーの言葉を借りるならば，現実産業・企業の独占問題に関わる「第1次接近（a good first approximation）」［Scherer and Ross 1990: 55］としては十分に有用であると言えよう．

第4節　競争政策と独占禁止法

　すでに市場経済体制下における競争の必要性とその経済効果を説明してきたが，本節では，（1）競争を促進し，独占を禁止する「競争政策（独占禁止政策）」

の実施にあたり，国内において適用される「独禁法」の目的と主たる内容を簡単に整理し，ついで（2）産業経済の成長・発展にとって何ゆえに競争政策の役割が大きいか，について整理しておく．

1 独占禁止法の目的と主たる内容

日本において，政府は競争政策の根拠法である「独禁法」のもとで，産業・企業の成長・発展につながるように政策を検討・実施している．「独禁法」の正式名称は「私的独占の禁止及び公正取引の確保に関する法律（昭和22年法律第54号）」で，1947（昭和22）年に制定されると共に，執行機関としての公正取引委員会（以下，公取委）も設立された．この法律の目的については第1条において「（中略）公正かつ自由な競争を促進し，事業者の創意を発揮させ，事業活動を盛んにし，雇傭及び国民実所得の水準を高め，以て，一般消費者の利益を確保すると共に，国民経済の民主的で健全な発達を促進すること」と規定されている．つまり，この法律が競争を促進（独占を禁止）することによって企業活動を活発にし，消費者利益も確保することで，一国全体の経済成長をもたらすことを目的としているのである．

それゆえ，政府は的確な競争政策の施行により企業が日々活動している「市場（market）」を整備し，常にスムーズに自由に参入・退出が出来るよう，そして活発に競争が出来るようオープンで公正な市場環境を形成・維持・監視する役割が重要なのである．

それでは，独禁法において事業者のどのような違反行為に対して規制（禁止）し，取り締まっているか，について整理しておくと，① 不当な取引制限（カル

---

12) また，シェパードもこの基準を評価し，著作の中で，「本書の中心テーマは，有効競争の意義，測定とその推進にある」と述べている [Shepherd 1997: 2]．なお，経済理論のもとでは，同質の財・サービス間において活発な価格競争が展開されることになるが，現実の経済社会において企業は押しなべて低価格競争に陥り，その結果，疲弊してしまう．それゆえ，企業は出来る限り財・サービスの「差別化」戦略に注力し，非価格競争（品質競争，革新競争，サービス競争等）を展開することが望ましい．ここ最近は，AI（人工知能）の進化とその活用によって，企業はビッグデータに基づいて需給状況の的確な把握が可能となったため，その状況に応じて価格を自由に設定（ダイナミック・プライシング）出来ることは効率的な資源配分の実現可能性を持っている．一方で，企業は特定のライバルを排除するような不当廉売や高価格設定を行ったり，AIが自ら学習することによる「デジタル・カルテル」を引き起こすことに注意を要する．

表1　競争政策における4本の柱

① **カルテル規制**：ある一定の取引分野において，複数事業者が競争を制限するような協定の禁止
② **企業結合規制（構造規制）**：ある市場における独占の形成を予防するため，競争を制限するような合併・株式取得などの禁止
③ **不公正な取引方法の規制**：再販売価格の拘束，不当廉売，取引拒絶など，公正な競争を阻害するおそれのある行為の禁止
④ **私的独占の規制**：ある事業者が他の事業者の事業活動を排除もしくは支配することで，公正な競争を阻害するおそれのある行為の禁止

出所：筆者作成.

テル，談合など），② 企業結合（合併・買収など），③ 不公正な取引方法（再販売価格の拘束，不当廉売など），④ 私的独占（支配的・排除的な行為），の4本の柱に分類出来る（**表1**）.

　ここで「競争政策」にかかる類似用語と本書での扱いについてふれておきたい．日本における競争政策の根拠法が「独禁法」であること，そして「独禁法の母国」米国においても独占やトラスト（株式の信託の支配権を有する企業）を禁止する意味で「反トラスト政策」と呼ばれていたことから，1947年の制定当初から1980年代前後まで，多くの文献では主として「独占禁止政策」と使われていた.

　しかしながら，経済の復興期から成長・発展期へと次第に移行していくことに伴い，産業組織論の「SCPパラダイム」の市場構造（Structure）にあたる単に「独占を禁止する」にとどまらず，「競争を促進し，市場を活性化する」という市場行動（Conduct）においても政策的に対応する重要性が高まりを見せ，現在ではより広義な意味を網羅する競争政策が一般化していると思われる．よって，本書においても一貫して競争政策の用語を用いることにする.

2　市場経済体制下における競争政策の役割

　日本において，今後の産業経済のさらなる成長・発展の重要な手段として，より積極的に競争政策を実施するにあたり，いまだ国内産業・企業の関係者が競争政策の重要性を十分に理解・認識しているとは言い難い．また，消費者においても競争政策が我々の日々の生活にいかに関わり，役立っているのか，についての意識も広く浸透しているまでには至っていないであろう.

　よって，本章の最後に，競争政策で取り締まる事業者の4つの違反行為につ

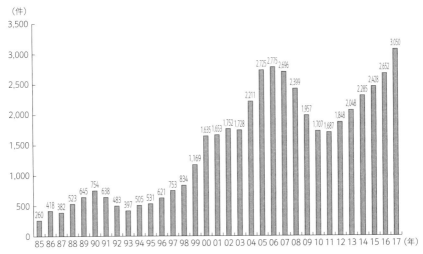

図1　日本におけるM＆A件数の推移

出所：中小企業庁『平成30年度版中小企業白書』（第6章第2部第1節）より抜粋.

いて経済的・社会的影響と関連させながら順に説明しておく.

　まず, 1つめの「不当な取引制限」について, ある市場においてカルテル, 談合などが行われている環境下にある企業は, ライバル企業との競争状態から回避されているため, 概して技術革新へのインセンティブは減退し, より良い商品やサービスの提供への努力も損なわれる. その結果, 長期的にはこの違反行為に関わった産業・企業の競争力は大きく低下してしまうことになる.

　2つめの「企業結合」について, 具体的には合併や買収（M&A：Merger and Acquisition）, 企業統合, 事業譲渡, 株式移転等を意味し, 近年では国内外において非常に増加傾向にある（**図1**）. よって, 公取委はこれら企業結合のうち一定の規模以上の案件については, ある市場において巨大な企業が誕生することにより競争を実質的に制限するような可能性がないか, 事前届出義務と事前審査を基本としている. 一般的に, 企業にとって企業結合の主要動機としては, ① 規模の経済性による効率性の向上, ② 市場支配力の増大, ③ 資産の増大, ④ 新市場の開拓, などが考えられる. ここで注意すべきは, 「企業結合」自体が違法行為と見なすわけではなく, あまりにも巨大であったり, 企業結合によって独占市場が形成されると当市場が競争制限的な状態になり, さらには巨大企業やグループの様々な支配的行為が問題となる.

　３つめの「不公正な取引方法」とは，優越的地位の濫用，再販売価格の拘束，不当廉売，差別対価などが典型的な違反行為として挙げられる．正当な理由がないにもかかわらず，取引相手に対して価格の強要，協賛金の負担や従業員の派遣強制などの不当な取引によって公正な競争を阻害し，不利益を与えることは経済取引上の主従関係において重大な問題となる．

　４つめの「私的独占」は，ある企業が他の企業を支配的・排除的な行為によって，一定の取引分野における競争を制限することである．日々の経済・産業の発展にとって，イノベーションの重要性は言うまでもないが（詳細は第１章），その際に，ある市場において新規参入者が出現することによって，既存企業も新たなライバル企業の存在に対する緊張感をもって競争意識が高まるのである．ここで，既存企業が自らの利益を確保するために敢えて競争を回避すべく新規参入者を不当な人為的手段によって妨害することは問題となる．

　以上，４つの違反行為について，政府の執行機関である公取委が独禁法のもとで積極的に取り締まることは，現代社会においてますます重要となっているのである．[13]

演習問題

　１．我々の暮らしている市場経済社会にとって，なぜ独占体制よりも競争体制が望ましいのか，について論じなさい．

　２．自由の理念と競争体制の関係について説明しなさい．

　３．競争体制によって「進歩」と「効率化」がもたらされる理由について述べなさい．

　４．独禁法の目的と主たる内容について説明しなさい．

　５．ここ最近の企業結合（合併および買収）の具体的事例を取り上げて，その経済的効果を論述しなさい．

---

13)　なお，独禁法は，独占企業に対してのみ取り締まるのではない．そのことを元公取委委員長の杉本和行氏は，「身近な経済活動を対象に，アンフェアなことが行われていないかをチェックするものであり，フェアプレー法といった方が中身に忠実かもしれない」と述べている（「あすへの話題」『日本経済新聞』2021年１月７日付夕刊）.

第Ⅰ部　競争促進の重要な2つの手段

―イノベーションと規制改革―

第1章　イノベーションと競争政策

はじめに

　経済成熟国としての日本が，21世紀においてもさらなる成長・発展をめざすために，研究開発，イノベーションへの取り組みはますます注目されるに値する．また，産業構造の変化も急速に進み，高付加価値を主眼とする軽薄短小型産業の活躍がめざましいことから，この状況に対応した諸政策の実施も迅速に望まれるところである[1]．

　今日のようにグローバル化におけるメガ・コンペティション（大競争）時代の産業・企業は，国内はもちろん，海外での利益（収益）率，マーケットシェア，さらには世界標準の獲得を視野に入れた戦略がとりわけ求められている．

　戦後の日本において，政府規制が比較的緩く，また早い時期から国際競争にさらされてきた自動車，機械，エレクトロニクスなどの製造業分野は，数多くの画期的なイノベーションをもたらしながら，20世紀における日本経済の成長のけん引役として大きな役割を果たしてきた．

　その一方で，金融，流通，運輸，電気通信などの非製造業分野においては，厳格な政府規制や護送船団方式，市場の閉鎖性などの高コスト体質の問題をかかえながらも，長きにわたって改革が非常に遅れていた．それゆえに，製造業と非製造業分野間における生産性，効率性，技術進歩の格差は，一時期かなり大きかったといえよう．

　しかしながら，1990年代のバブル経済崩壊後の構造改革の一環として，抜本的な「規制改革」（第2章）がようやく本格的に着手されはじめたことにより，21世紀をむかえた頃からは，非製造業分野における企業間競争，およびイノベーションもスピード化・活発化するところとなった．

　以上のような問題意識から，本章では，まず，（1）イノベーションと企業

1）　経済産業の発展に伴い，全産業に占める第一次産業の割合が低下する一方で，第二次，
　　第三次産業の割合が増加することを「ペティ・クラークの法則」と言う．

行動の関係を概観すると共に，世界標準の獲得とイノベーションをめぐる問題についてもふれておきたい．ついで，（2）ICT（Information Communication Technology：情報通信技術）の進展に伴う企業行動と競争政策について考察する．

第1節　企業間競争とイノベーション

1　イノベーションの経済理論
（1）企業行動の経済理論

　ここでは，市場における企業行動について分析している経済理論を簡単に紹介しよう．

　まず，1つめは取引費用論[2)]とは，端的に言えば企業間（もしくは企業と消費者間）における取引行為の際にかかる費用（コスト）についての分析である．この種の費用が昨今のようにますます多様化・複雑化・高度化した財・サービスを扱う上においてかなりの負担になっていることはいうまでもない．それゆえ，取引相手企業の選択が重要であり，例えば長期的（継続的）取引契約が望ましいのか，あるいは相手を特定せずにICTを活用したネット価格入札的取引契約が望ましいのか，など，取引対象となる財・サービスの技術水準や規格標準の特性を見極めることになる[3)]．

　2つめに，戦略的行動理論［小西編 2000b：83-97］とは，企業が意思決定における相互依存性が存在する当該市場において，あらかじめ競争者の意思決定や行動に影響を与え，自己に有利な状況や成果を作り出すような企業行動を分析する．例えば，企業はなるべく競争者を減らすため，（潜在的）参入者に対して

---

2)　この理論を最初に打ち立てたのは，コースであり，取引費用の概念や市場において費用の発生する根拠について指摘した．とりわけ "The Nature of Firm［1937］，および "The Problem of Social Cost［1960］の2つの論文が有名である．その後，ウィリアムソンが費用節減のための取引関係についてより詳細に研究をすすめ，2人共にノーベル経済学賞を受賞している．なお，取引コスト理論では，人間の合理性は限界があり，しかも悪徳的に自らの利益を追求する特徴を指摘する．それゆえ，人間同士の交渉・取引では様々な駆け引きが起こる．この駆け引きの無駄が「取引コスト」で会計上に見られる「見えるコスト」ではなく，「見えないコスト」になる．

3)　例えば，「ネットワーク外部性」が働く財・サービスについては，これらをいったん入手してしまえば，それ以後の切り替え，買い換え（乗り換え）の費用が高く，互換性を著しく制限するロック・イン（locked-in）現象がおこる公算が大きい．

高い参入障壁を作ることで参入を阻止（抑制）して支配的地位を築いたり[4]，いったんコスト割れの低価格を設定（略奪的価格引き下げ）し，競争者が市場から退出後に価格を引き上げる行動を取るのである．

（2）イノベーションと企業行動

　周知のとおり，企業は当該市場におけるシェア，および利潤獲得のために，日々，研究開発，ならびにイノベーションに向けて努力している[5]．ここでは，イノベーションが企業行動とどのように関係しているか，について整理しておく．

　企業が将来にわたって成長・発展を実現していくためには，「既存の製品・サービスの改良・機能向上」だけでなく，序章で述べたように「新製品の開発，新生産・輸送方法の導入，新市場の開拓，新産業組織の形成など」というシュムペーターのイノベーションにかかる理論を実現することである．

　とはいえ，企業が成熟化した経済社会においてイノベーションを実現するには，（以前のキャッチアップの時代と異なり）今後の不確実性の高い経済社会の方向性，および消費者ニーズを見極めながら挑戦していかねばならない．つまり，企業は独自の様々な経営戦略に基づいてイノベーションに取り組むことが必要になる．

　ここで，興味深い企業経営の理論によると，「上位企業が当該市場において成功を収めている場合，（その成功のゆえに）競争者に比して新たなイノベーションへのインセンティブが低く，一方で当該市場における下位企業がある種の画期的なイノベーションを生み出すことで，急速に当該市場での優位性が逆転する」ことを提唱しており，この現象こそ「イノベーターのジレンマ（The Innovator's Dilemma）」と呼ばれるものである[6]．この理論では，イノベーションを「持続的イノベーション（sustaining innovation）」と「破壊的イノベーション（disruptive innovation）」の2つに分類している．

4）　例えば，マイクロソフト社の基本ソフト（OS）である「ウィンドウズ」のようにいまや世界市場の90％以上を占め，結果として他者との競争がかなり制約され，マイクロソフト社の市場支配的地位の濫用行為が問題となり，訴訟に至った事例もある［和田 2011：114-20］．

5）　日本において，優れたイノベーションに与えられる「大河内賞」を受賞した事例の詳細について，武石・青島・軽部［2012：30-66：205-481］を参照．

　持続的イノベーションとは，従来の消費者ニーズを優先し，そのニーズに基づいて製品やサービスに改善・改良を重ねるタイプである．これに対して，破壊的イノベーションとは，従来の製品やサービスとは異なる新たな価値を組み入れるタイプである．持続的イノベーションは，当該企業の商品が改善・改良を定期的に行うことで，競争者の商品よりも圧倒的に差別化されている段階では優位である．やがて競争者の商品にも改善・改良が加わることで，商品の類似性は必然的に高まっていき，このタイプのイノベーションは限界に到達することになる．それゆえ，消費者に新たな価値を提供する破壊的イノベーションが市場における競争優位を獲得する上でますます重要となってきたと言えよう[7]．ただし，破壊的イノベーションを起こした企業も，その後は一転して持続的イノベーションを優先する公算が大きいため，次なる破壊的イノベーションへの可能性に向けて努力を惜しんではならないのである．

　こうして見てくると，実際のところ，両方のタイプのイノベーションをうまく持ち合わせながら，臨機応変に企業行動を展開することで，当該企業自体の存続と発展につながるといえよう．

2　世界標準とイノベーション
（1）世界標準の考え方

　様々な産業分野，とりわけICT関連産業の技術進歩は，より高度化，独占化の傾向にあり，このことは世界標準，ならびに規格統一化に大きく関わる．

　産業技術の規格・標準は，「規格標準（de jure standard）」と「事実上の標準（de facto standard）」の2つに分類出来る［柳川・川濵編 2006：272-74］．前者は，公的機関があらかじめ，財の安全性，品質，環境保護などの観点から，ある一定の規格をあらかじめ定めることで，産業・経済発展に寄与することを目的として

6）　Christensen and Raynor［2003］に基づく．クリステンセンは本書でイノベーションにジレンマが生じる5つの原則を以下のように述べている．① 企業は顧客と投資家に資源を依存している．② 小規模な市場では大企業の成長ニーズを解決できない．③ 存在しない市場は分析できない．④ 組織の能力は無能力の決定的要因になる．⑤ 技術の供給は市場の需要と等しいとは限らない．

7）　クリステンセンは，その後の著作，Christensen, Ogom and Dillon［2019: 41］において，イノベーションを① 持続型，② 効率型，③ 市場創造型，の3種類に分類し，「どれが良い悪いではなく，組織の成長を支える上で，それぞれに別個の役割がある」と指摘している．

いる．具体的には，日本工業規格（JIS: Japanese Industrial Standards）がよく知られており，海外でいえば，スイスのジュネーブには，国際標準機構（ISO: International Organization for Standardization），国際電気通信連合（ITU: International Telecommunication Union）などの国際機関がおかれ，各加盟国間での科学技術の発展，経済活動の協力を促進するための規格・標準を定めている［山田 1999：18-20］．後者は，イノベーションのスピード化が進むにつれて，公的機関が規格・標準を規定する以前に，活発な企業間競争を通じた結果，当該市場での圧倒的なシェアを占めることとなった当該企業の技術（知識）が，社会的に認知されることで，そのまま標準として確立するような場合である[8]．

　イノベーションから見出される世界標準の獲得，規格統一化の状況は，各国の国際競争力や産業競争力の強化につながる一方で，当該市場における企業独占，あるいはカルテル・協調などの競争制限行為が企業間で生じるリスクも伴う．それゆえ，序章で述べたように，市場経済社会においては，基本的には各企業が自由な意思・決定行動によって効率的・効果的成果をもたらすことを尊重する．と同時に，競争政策上，政府は企業同士が自由で公正な競争環境のもとで競争が行われているか，について注意を要することになる．

　つぎに，高付加価値の財・サービスを積極的に市場に供給しているICT関連産業，家電産業，医薬品産業などのいわゆるハイテク産業分野にとって，特に重要な「知的財産権（Intellectual property rights）」と世界標準との関連について考察する．

（2）世界標準と知的財産権制度

　知的財産権制度とは，「人間の幅広い知的創造活動の成果について，その創作者に一定期間の権利保護を与えるようにした制度」のことである[9]．**図1‐1**のとおり，知的財産権には，特許権，著作権などの創作意欲の促進を目的とした「知的創造物についての権利」と，商標権，商号などの使用者の信用維持を

8）　かつて，1970年代半ばから1980年代にかけてのビデオテープにおけるVHS（日本ビクター製）vs .Beta（ソニー製）の規格競争は有名である．詳細については，山田［1999：20-21］，柳川・川濱編［2006：286-88］．

9）　知的財産権制度の内容については，特許庁ホームページ「知的財産権制度の概要」を参照（https://www.jpo.go.jp/system/patent/gaiyo/seidogaiyo/chizai02.html, 2021年6月22日閲覧）.

目的とした「営業上の標識についての権利」に大別される[10].

　企業間競争が活発な産業分野において，企業が「事実上の標準」を獲得した場合，知的財産権を利用して，ある一定期間，企業の標準は保護されることが認められている．というのは，当該企業が引き続きイノベーションへのインセンティブを維持する（もしくはさらなるイノベーションを創造する）ための環境を与えるとの考えに基づいているからである．それゆえに，当該企業は知的財産法にもとづいて，関連市場での独占的地位を有することで，莫大な利益（利潤）獲得の機会を得ることとなる[11].

　日本をはじめ，多くの海外諸国において「プロパテント（pro-patent: 特許重視）政策」は国家戦略とも大きく関連することは言うまでもない．実際に，この政

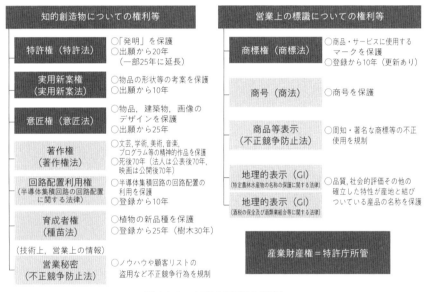

図1-1　知的財産権の種類

出所：特許庁ホームページ「知的財産権制度の概要」より抜粋.

---

10)　同上.

11)　なお，本書においては，「知的財産権制度」によって知的独占を容認することにつながり，ひいては経済的・社会的コストを生む問題点を詳細に解説する余裕はないが，この法制度に真っ向から反論する興味深い著作として，Boldrin and Levine［2008］を挙げておきたい.

策が国家経済再生および産業競争力の復活の手段として，1980年代のアメリカのレーガン政権時に活用された．具体的には，当時，日本の各産業分野の成長・発展が順調で，日米間での技術開発競争がますます激化するなかで，常に技術研究分野でリードしてきたアメリカでは，その研究成果に対して保護されていないことが産業競争力を低下させているとの批判が高まった．それゆえ，レーガン大統領は「産業競争力委員会」を設立し，当委員会が1985年1月に発表した「レポート（委員会の委員長であったYoung. J. A. の名前を取って『ヤング・レポート』と呼ばれる）」では，新技術の創造や実用化，知的創作物の保護などが提言された．これを受けて，アメリカ政府は従来のアンチパテント（anti-patent: 反特許）政策からプロパテント政策へ転換し，知的財産権の保護・強化策を推進することになったのである．その後，双子の赤字（財政赤字と貿易赤字）を抱えていた経済状況からようやく復活の道を辿っていく．

　このようにアメリカがプロパテント政策を重視するようになったことは，グローバル経済下において，先進諸国では自国企業が世界標準を獲得した場合，それ以後の当該企業の利益確保，さらには世界的地位の確立を重視するために，政府は一連の知的財産権の保護・強化に乗り出すことも意味しているといえよう．

　日米間においても，この時期から特許訴訟が一気に増加し，概して日本側が（和解金も含め）多額の賠償金を支払うケースが多く，日本企業の負担問題が深刻化するのである．そこで，この事態に対応する意味で，1997（平成9）年，政府は「21世紀の知的財産権を考える懇談会報告書」の発表を受けて，プロパテント政策に向けて本格的な舵を切り，さらに，2002（平成14）年7月には「知的財産戦略大綱」を発表した．

　以上のような動向から，2つの注視すべき課題を挙げておきたい．まず1つは，プロパテント政策で「事実上の標準」を保護されている企業の独占的地位の立場を崩せるような戦略をライバル企業である競争者も考えねばならないということである．例えば，既存の「事実上の標準」にとって代わるような新技術の開発・実用化（破壊的イノベーション）が望まれるところだが，現実には，

---

12)　包括貿易法成立（通商法スペシャル301条新設，関税法337条，特許法改正）．
13)　首相官邸ホームページ「知的財産戦略大綱」（知的財産戦略会議2002年7月3日）．
　　なお，アメリカでは21世紀に入り，プロパテント政策の行き過ぎが主張されるところとなり，2009年には特許法も改正されるに至っている．

表1-1　欧米企業のオープン&クローズ戦略事例

	アップル（アメリカ）	インテル（アメリカ）	ボッシュ（ドイツ）
オープン化・標準化領域	スマートフォン端末の製造工程を受託生産企業に開示（オープン化）	PC周辺機器の製造技術をアジア企業に開示（オープン化）	自動車制御用基本ソフトウェア「Autosar」の標準化を主導（標準化）
クローズ領域	デザイン（意匠権）タッチパネル技術（特許・他社にライセンスせず）	MPU（ブラックボックス化）	アプリケーション開発の制御パラメータ（ブラックボックス化）

出所：経済産業省・厚生労働省・文部科学省『2013年版　ものづくり白書』（2013年，p.108）をもとに筆者作成.

その実現まではかなりの時間を要するため，知的財産権が強力に行使されれば，競争者の企業行動はかなり制限されてしまうことになる．2つめは，ある企業が単独で「事実上の標準」を獲得し，独占的地位を有することは困難であると判断した場合には「オープン&クローズ戦略」の企業行動を巧みに活かしていくことである[14].

「オープン&クローズ戦略」とは，企業が自社の知的財産権の公開・ライセンス化（オープン化），もしくは秘匿・特許などによる排他権の行使（クローズ化）を使い分けることで，自社製品の市場拡大や競争力の確保をめざす戦略である．**表1-1**にみられるように，グローバル企業においても，自社のコア技術（差別化部分）をクローズ化する一方，他企業の得意分野については外部委託を積極的に活用する分業体制を構築することで，最終的に参加した複数企業間で利益を分け合うことになる．

もちろん，この戦略に日本の企業も動いており，例えば，トヨタの燃料電池車（以下，FCV）に関する特許利用の無償提供の事例などが挙げられる．トヨタは，自社が単独で保有するFCVにかかる5600超の特許について2015（平成27）年から2030（令和12）年末までを期限として特許の無償提供を発表した．同社は，2014（平成26）年12月にFCVの「ミライ」の発売を開始しており，自社の生産増強に加え，FCVの普及スピードを加速すべく，特許無償公開の決断に至っている．実は，以前にトヨタは電気自動車（以下，EV）やハイブリッド・カー（以下，HV）における特許やノウハウを独占したことで（クローズ戦略），他社との差別化製品の販売が可能であった．しかしながら，ライバル企業は類似製品の

14）　経済産業省『2013年版　ものづくり白書』（2013年，p.107）.

商品化や企業間競争が制限され，結果として消費者への認知度や市場拡大が遅れた苦い経験もしている．よって，2019（平成31）年にはFCVに加えてHVとEVの特許についても2030（令和12）年末まで無償提供することを発表した．自社利益の確保と共に，オープン戦略の導入で他社との提携・協力関係を優先し，最終的に次世代車全体の市場拡大を狙ったといえよう[15]．

（3）世界標準の獲得にむけた共同研究開発

　世界標準は，本来，企業が市場経済下における活発な企業間競争を通じて獲得することが望ましい．そして，その標準と知的財産権制度との関係について，政府はその後の経済成長・発展に貢献するような法制度改革への取り組みが不可欠となる．

　経済成熟化をむかえた日本では，より高度な技術開発と多額の研究資金を必要とする種々プロジェクトについて，企業単独での研究は困難であることも多く，複数企業間での「共同研究開発」が広がりを見せている．なお，共同研究開発は，一種の企業間の共同行為を意味するため，ここでは，競争政策上，どのような問題が生じうるか，について検討したい．

　まず，すでに指摘したように，企業は世界標準を獲得しても，それが知的財産権によって保護されなければ，その後の研究開発・イノベーションへのインセンティブ低下をまねく公算が大きい．さらに，知的財産権のライセンス契約におけるライセンサー（技術提供者）とサイセンシー（技術利用者）の関係についても，研究開発・イノベーションの促進につながるものでなければならない．それゆえ，公正取引委員会（以下，公取委）は，2007（平成19）年9月には「知的財産の利用に関する独占禁止法上の指針」も公表し，知的財産権を有する企業が，他の企業（競争者）に対して不当なライセンス拒絶にかかるような行為について，当該企業の行動が独占禁止法（以下，独禁法）上，違法に該当するか，詳細に検討して判断されることとしている[16]．

　そもそも複数企業が共同研究開発することによる利点は，① 参加企業が保有する技術（知識）が相互補完的であれば当研究開発の高度化，効率性の向上をもたらし，② 参加企業同士で研究開発費を分担すると共にリスクも分散出

---

15)　『日本経済新聞』（2019年4月8日付）．
16)　公正取引委員会「知的財産の利用に関する独占禁止法上の指針」（平成19年9月28日）．これ以後，2000（平成22）年，2016（平成28）年に指針改定を行っている．

来ることから，大規模研究開発について積極的に取り組む傾向にある，ことが主として挙げられる[17]．

　しかし一方で，問題点としては，① 参加企業同士が競争関係にあるため，自社の研究開発努力よりも競争者の努力にただ乗りしようとする傾向が高く，却って各企業の共同研究開発のインセンティブを低下させてしまうことになり，また② 参加企業同士でカルテルを結ぶ可能性が懸念される，ことが挙げられる．

　以上から，複数企業による共同研究開発が関連市場において，「事実上の標準」を獲得するにいたった場合，独占的地位を形成し，その結果，研究開発へのインセンティブが低下し，さらに企業間競争も阻害されることに注意すべきである．公取委も1993（平成5）年4月，「共同研究開発に関する独占禁止法上の指針」を公表し，ここで，競争政策上，問題となるのが，「カルテル・協調」，「私的独占」，「不公正な取引方法」等の競争制限行為である．さらに，指針では，参加企業の当該製品市場シェア合計が20％以下であれば独禁法上問題とされず，また，当該技術市場については，国内外企業の双方を考慮に入れて総合的に判断されるとしており，まさにグローバル時代を視野に入れた世界標準を獲得出来る共同研究開発が考慮されていると思われる[18]．

　ところで，日本における企業の研究開発投資は伸び悩んでいる一方で，さらなる新技術の開発は，日々望まれるところである．現に，日本の企業はマイクロソフト（Microsoft）やグーグル（Google）などの世界標準となるような製品（サービス）の開発になかなか至っていない．情報，環境，エネルギー，医療などの産業分野においては21世紀のリーディング産業としても位置付けられており，政府も，これら産業分野における世界標準の獲得にむけて，研究開発投資額のさらなる引き上げも含め，種々対策を早急に講じる必要があるが，とりわけ他の先進諸国に比して弱さが目立つ基礎研究開発投資はイノベーションの源泉に起因することからも研究資金増額の安定化を目指さねばならないであろう．日本では，高度経済成長時代に民間企業自らの研究開発投資が活発化して以降，

---

17)　これら利点に加えて，「規模の経済性」も含める学説も見受けられるが，実証的には
　　それほど明確にあらわれていない場合が多いようである．

18)　公正取引委員会「共同研究開発に関する独占禁止法上の指針」（平成5年4月20日）．
　　なお，これ以後，2005（平成17）年，2010（平成22）年，2017（平成29）年に指針改
　　定を行っている．

政府による研究開発投資負担割合が低下したいきさつがある（**図 1 - 2**）．よって，民間企業は基礎研究分野から応用・開発研究分野を中心とした研究開発の割合を増加させていくことになるが，1995（平成 7）年策定の「科学技術基本計画」において「基礎研究の成果は，人類全体の知的・文化的資産かつ社会経済に革新をもたらす」と位置付けられ，政府として取り組むべき重要課題にもなっている[19]．

　したがって，民間企業の研究開発投資が厳しい状況にある中，官民併せた研究開発投資の協力についてもなかなか進んでいない．2019（令和元）年度の政府研究開発投資は 5 兆7520億円で，その内訳として国が 5 兆2221億円（補正予算含む）[20]，地方自治体が5299億円で，今後も投資促進のためにかかる規制や法制度の合理的な見直し等をスピーディに実現していく必要がある．

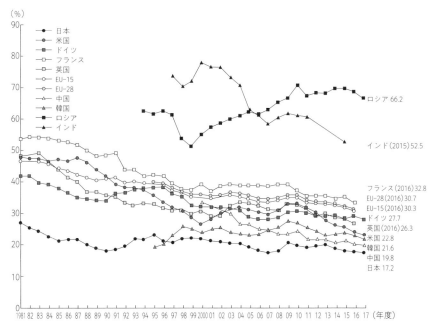

図 1 - 2　主要国等の政府負担研究費割合の推移

出所：文部科学省『令和 2 年版　科学技術白書』（第 7 章第 5 節第 2 - 7 - 2 図，2020年，p.234）より抜粋．

19)　文部科学省『平成27年版　科学技術白書』，p.80，p.111．
20)　同上『令和 2 年版　科学技術白書』，p.234．

　最後に，政府はイノベーション活動の主要な主体として大学および各研究開発機関の機能の強化を主張しているのであり，まさに産学官連携の共同研究開発についてもイノベーション創出のための重要な手段として，ベンチャー育成・活用の促進やこれら活動に的確に対応出来る多様な人材の育成により一層取り組んでいかねばらないであろう.[21]

┃ 第2節　ICT革命下の企業行動と競争政策

　ICTの急速な進展は，経済・産業構造の変化をますます加速させている．事実，これら技術を活かした新たなビジネス機会が数多く出現する中で，ベンチャーなど新興企業を含め，新たな企業形態も生まれている．このような変化に応じて，競争政策の在り方についても新たな課題が生じている.

　本節では，（1）ICT関連産業は「ネットワーク外部性」が強く働く傾向にあるため，結果的に当該市場において1社独占をまねく公算が大きく，ついで，（2）イノベーションと規制緩和の相互の進展によって産業構造が「産業融合（Industrial fusion，あるいはInter-industry convergence)」を通じて大きく変化する，という2つの現象をふまえながら競争政策の役割について考察する.

1　ネットワーク外部性と企業行動

　「ネットワーク外部性」とは，まさにICT分野の活発なイノベーションと共に普及することとなった経済用語であり，「同一の財・サービスの利用者数が増えれば増えるほど財・サービスから得られる便益（利便性）や効用も増大すること」である.[22]　そして，このネットワーク効果によって多くの利用者を獲得した企業は，同時にマーケットシェアも拡大することで結果的に当該市場において1社独占の地位を有する可能性が高くなる．また，企業は市場に参加する初期段階で，いかに利用者を獲得出来るかがその後のネットワーク効果の発揮につながる．それゆえ，すでに述べたような略奪的価格設定行動による不当廉売などの独禁法上，違法となる行為に及ぶこともある.

---

21)　同上『令和2年版　科学技術白書』，pp.216-217.

22)　ネットワーク外部性が発揮される身近な例としては，電気通信産業が挙げられるだろう．電話は加入者数Nに対して，$_NC_2 = N（N-1)/2$の連結数がもたらされることから，加入者数が多いほど利便性が発揮されることがわかる.

　ここで，指摘すべきは，この種の違法行為が，消費者利益にどのような影響をおよぼしているか，について公取委は慎重な検討が必要とされる．というのは，ネットワーク効果によって当該企業が独占的地位（状態）を確立した際，① その独占的状態が激しい企業間競争の状況下にあるために一時的にすぎない場合なのか，それとも② その独占的状態が当該市場におけるイノベーションへのインセンティブを極端に低下させる場合なのか，さらには，③ その独占的状態がネットワーク外部性をさらに発揮すべく，競争者同士の財・サービスについて「互換性」の取り決めをするいわゆるカルテル・協調を行なう場合なのか，などの異なる様々な企業行動が考えられるわけで，我々におよぼす経済的・社会的影響がこれら企業行動の選択によって全く異なるからである．

　したがって，公取委は，ネットワーク外部性については，多様な側面から企業間競争のプロセスを可能な限り詳細に検証しつつ，競争政策を実施すべきであろう．

2　産業融合と企業行動

　「産業融合」とは，イノベーションや規制緩和などの進展も含め，「従来は異なった産業領域の垣根が低下・撤廃されることで隣接する産業同士が一体化し，新たな産業が創造される現象のこと」をいう．昨今の高度経済化社会では関連市場の融合が進み，ますます複雑・多様化している状況にある．したがって，競争政策の実施にあたっても，各産業における構造変化の内容を慎重に調査したうえで，独禁法の運用にふみ切るよう新たな視点が求められている．

　この現象は，とりわけICTに関連する産業分野（情報，電気通信，エネルギー，放送メディアなど）の間で融合の規模・範囲が拡大していることはよく知られている．例えば，金融分野においては，ICTの進展に加えて規制改革の事情も大きく影響しており，1989（平成元）年には「金融システム改革法」の制定，2002（平成14）年には金融庁が銀行に対して本業以外の業務解禁にふみきったことは注視すべきであろう．そして今や，銀行，保険，証券の3産業間での業務の垣根はほとんど存在しなくなっている．さらに，金融分野へは流通業やICT産業分野などの異業種からの参入や規制緩和に伴う外資系企業からの新規参入もすこぶる活発で，金融業界は新たな競争の段階に入っており，「異業種間競争」，および「グローバル競争」の局面をむかえているのである（詳細は第5章）．それと同時に，金融商品やサービスの種類は，従来よりも明らかに多

岐にわたって消費者の選択機会は増大している．一方で,商品の購入する際は,業態ごとの縦割りで手続きする状態が長きにわたり続いていた．そこで，2020 (令和2)年6月5日，従来の「金融商品販売法」が「金融サービスの提供に関する法律」に改正され，金融サービス仲介業が創設されることになった[24]．利用者の利便性の向上に加えて，トラブルが起きた際の損害賠償の仕組みも規定している．このような金融分野のほかにも，通信と放送の融合によるネットからのあらゆる動画配信，通信と郵便の融合によるファクシミリやEメール等の登場は，我々の日常生活に利便性をもたらしている典型的な事例である．また，電力業界とガス業界の双方は，従来は一般家庭向けにそれぞれのエネルギーを供給していたものの,今は業態を超えてお互いの市場に参入し,電力会社はオール電化住宅の普及を促進することにより，これまでガス会社が大部分のシェアを占めていた給湯や調理熱源の市場に攻勢をかけている．一方，ガス会社は小型熱電供給システムの開発に力を入れ，そのガスエンジンによる発電熱を活用する給湯システムや発電型の家庭用燃料電池の販売も行っている．

　産業融合に際して競争政策上，注視すべきは企業合併・統合の機会も今後はさらに増えるということである[25]．ただし，異なる業種・業態の企業同士が合併し，新企業が設立すれば，両社の業務内容をはじめとして，社風，伝統，組織管理などの相違から合併後に数々の問題が指摘され，企業内部の非効率性が目立つケースもすでに多々見られる．さらに，もしも合併後に巨大企業が誕生することになれば,(とりわけ新業態としての)当該市場においては圧倒的な独占的(支配的)地位を有することで独占利潤を獲得すると共に，他企業の新規参入を阻害し，ひいては消費者利益を減退する公算も大きくなる．

　このようにみれば,産業融合は合併（企業結合）規制にも大きく関連しており，今後は，同業種間，異業種間のいずれの場合においても，当該市場において各企業が自由で公正な競争が維持されるよう，公取委は当該合併の経済的・社会

23）　ここで，フィンテック（Fintech）の潮流について若干，紹介しておく．フィンテックとは金融（finance）と技術（technology）を組み合わせた用語で，従来の伝統的な金融機関の画一的な金融商品ではなく，ICTを駆使した金融商品・サービスの仕組みを創設するベンチャーも多い．

24）　正式名称は，「金融サービスの利用者の利便の向上及び保護を図るための金融商品の販売等に関する法律等の一部を改正する法律」（令和2年法律第50号）で，詳細については，金融庁ホームページ，報道発表資料「令和2年金融商品販売法等改正に係る政令・内閣府令案等の公表について」（令和3年2月22日）参照．

的効果について綿密に分析し，競争政策の実施に活かさねばならない．

■ おわりに

　以上，経済成熟国としての日本が21世紀においても経済活力を維持し続けて成長していくために，市場における活発な企業間競争を通じて画期的なイノベーション，および，産業融合による新産業（新ビジネス）の創出につながることの重要性について競争政策の役割をふまえながら種々検討してきた．

　企業は，イノベーションの創造の過程において最終的に勝ち残った技術（知識）が「事実上の標準」として確立されることをめざすことはいうまでもない．というのは，プロパテント政策によって，この標準に含まれる知的財産のライセンス収入，および企業利潤の上昇，さらなる研究開発投資などが可能となるからである．

　プロパテント政策，および競争政策のいずれもイノベーションを推進する役割があることはいうまでもない．ただし，当該市場の活発な企業間競争を常に維持するために，これら双方の政策をバランスよく実施することが重要となる．このバランスが崩れれば，イノベーションを阻害する恐れがあることから，プロパテント政策においては，あまりにも強力かつ長期にわたる排他的な知的財

---

25)　近年において産業融合にかかる興味深い統合が実現したのでその経緯と課題を簡単に紹介しておく．2019（令和元）年，ヤフーを傘下に有するZホールディングスとLINEが経営統合を発表した．この統合に関して，公取委は①ニュース配信，②広告関連，③コード決済，の３事業に対する競争の実質的制限の有無について事前審査した．その結果，コード決済事業に関して①加盟店の手数料やデータの利活用などのコード決済事業に関する事項を３年間報告すること，②競争上の懸念が生じた場合は協議し対応策を検討すること，③排他的取引条件を撤廃すること，④経営統合から３年間は排他的取引条件を課さないこと，の措置を講じることを条件に統合を承認したのである．公正取引委員会「Zホールディングス株式会社及びLINE株式会社の経営統合に関する審査結果について」（令和２年８月４日）参照．そして，2021（令和３）年３月１日に経営統合を完了した．今後は，とりわけ「コマース」「ローカル・バーティカル」「フィンテック」「社会」の４つを集中領域として事業を拡大し，2023年度に売上高２兆円，営業利益2250億円をめざす．Zホールディングスホームページ，プレスリリース「ZホールディングスとLINEの経営統合が完了」（2021.3.1.）参照．なお，本経営統合が完了して早々にLINEの顧客情報管理におけるセキュリティ問題が発覚したことから，政府はLINEに対して厳しい行政指導を行った．

産権を認めることについて注意を払わねばならず，また競争政策においては，知的財産権で保護されている期間，当該企業がイノベーションへのインセンティブを低下させていないか，また競争者の企業行動に対して種々支配的地位の濫用行為によって競争を制限していないか監視する必要がある．

演習問題

1．本章に出てきた2つのタイプのイノベーションについて説明すると共に，今後，企業が成長・発展していくために，これら2つのイノベーションとの関わり方について論述しなさい．

2．我々の日常社会において「世界標準」となっている財やサービスについて取り上げて，その現状と展望について自分の意見を述べなさい．

3．知的財産権におけるオープン＆クローズ戦略について説明しなさい．

4．日本は諸外国に比して政府の研究負担割合が低いことが指摘されているが，**図1-2**もふまえながら今後の対策について論述しなさい．

5．産業融合とは何か，そしてその具体的事例を取り上げて説明しなさい．

第2章　規制改革と競争政策

は じ め に

　市場経済体制下において，市場の役割，政府の役割を整理・検討することは，きわめて重要である．そして，現在，世界主要国では，政府規制の制度改革が経済成長・発展に大きな意義を持つとして認識されている．

　実際のところ，アメリカ，イギリスなどでは，1980年代前後から抜本的な規制緩和（より正確には「規制改革」）が推進され，今日に至るまで，主として市場機構・競争原理に基づいた「小さな政府」としての経済運営を展開してきた．ここで指摘すべきは，規制改革とは，単に規制を緩和・撤廃することだけが目的なのではなく，改革によって活発な企業間競争が生まれる市場の環境を創設・維持すること，そして従来の監視・監督が徹底されることで消費者利益および国民経済の向上を重要視している点である．

　日本においても1990年代のバブル経済の崩壊，その後の度重なる大震災，長期にわたる景気低迷の状況などをふまえて，経済システムの構造改革と共に，規制改革の緊要性がかつてないほどに強調された．その一方で，これを批判し抵抗する動きも根強く，現実の展開は，紆余曲折であることも否めない．とはいえ，この改革はすでに経済的・社会的な「有益性」が高いことが立証されている．

　ところで，規制改革について，一部には不況時における克服のための特効薬であるかのような議論も散見される．しかしながら，不況克服のための景気政策は本来，マクロ経済政策が主要な役割をになうべきであり（もちろん，現実には，ここにも多くの問題があるけれども），この改革が直接の即効薬となるわけではない．いわば，規制改革は，日本経済・産業を効率化・活性化させる一手段であり，また長期的には不況問題にも少なからぬ貢献をする性格を持つのである．

　このような問題意識から，本章では，「競争促進」の効果をもたらす規制改革をめぐる議論について，競争政策の視点から検討したいと思う．その具体的

な内容は，まず，（1）規制改革の出現の背景と経済学的根拠について解説する．ついで，（2）規制改革の現実展開について概観し，（3）今後，産業，企業がさらなる進歩・発展を実現するために，いかにして「規制改革」と「競争政策」が実施されるべきか，について2020（令和2）年に広まった新型コロナウィルス感染への対応策も含めて指摘したい．

▌第1節　規制改革の背景と根拠

　もともと日本では，伝統的に「市場」に対する信頼感が十分でなく，その一方で，政府規制・介入を高く評価・支持する傾向がみられた．このような事情もあって，第二次世界大戦後，様々な分野で広範・多様な規制が導入されてきたのである．けれども，その後，時代を経てこれらが必ずしも所期の目的を達成しないだけでなく，逆にかなりの弊害を生じていることが次第に明らかとなる．

　そこで，以下，まず，（1）近年，日本において「規制改革」（政府の「総合規制改革会議」の名称からもうかがえるように，今日では「規制緩和」よりもいっそう前進的なニュアンスを込めて「規制改革（Regulatory reform）」の語を用いる傾向にある）が浮上した背景と現実の動向について考察し，ついで，（2）その原理的根拠を経済学的視点から整理・説明したい．

1　規制改革論議の台頭
（1）規制改革の背景
　周知のとおり，市場経済体制は本来，市場の働きに基礎を置きながら経済を運営する経済体制にほかならない．したがって，ここでの主役は「市場（market）」であって，政府規制・介入は出来るかぎり控えられることになる．

　けれども，日本では，このような理解が伝統的に不十分であり，市場に対する不信感も根強く存在してきた．その一方で，政府規制・介入に対する警戒感

1）　2001（平成13）年，自民党政権下において「総合規制改革会議」が内閣府に設置され，その後，政権の交代も影響し，会議の名称もたびたび変更されたが，2013（平成25）年から2016（平成28）年7月31日まで「規制改革会議」として設置され，現在は「規制改革推進会議」に引き継がれている．内閣府ホームページ「規制改革」参照．https://www8.cao.go.jp/kisei-kaikaku/index.html，2021年5月4日閲覧．

が稀薄であって，やや極端には，これを「歓迎」する傾向さえ見られた．ここでは，政府規制は，一般に私企業の横暴から一般国民を守るために不可欠なものだといった「楽観的な」認識があったのであろう．

　例えば，価格規制についていえば，私企業の「不当な高価格設定」から消費者を守るための措置として支持される傾向があったし，また参入規制，投資規制なども，ムダな「過当競争」を避けるうえで有益とみる論者が少なくなかった．いずれにせよ，このような傾向の根底には，「利益追求に走る」私企業への不信感と政府を「全能に近く，かつ公正無私」とみる暗黙の想定があったといってよい．

　しかしながら，このような認識が「現実的」でないことは，きわめて明らかであろう．また，序章で指摘したとおり，実際上，政府に対して「全能」や「公正無私」を要請するのも適切ではない．そして，現実に政府の能力や資質に「限界」が認められる以上，これに代えて，市場の働きに依拠するのがベターなケースがあることも十分に自覚されねばならないであろう．規制改革が要請される重要な根拠の一つは，実にここにある．

　この種の「中立的」政府観は，程度の差はあるにせよ，アメリカあたりにもみられた．かつてケイヴス（Caves, R. E.）は，これに関連して，「一般大衆は，ひとたび委員会（筆者注：規制委員会をさすが，当然に「政府」におき代えてもよい）が設置されれば，そう信ずることの正しさを事実が裏書きしているかどうかとは無関係に，経済成果に関する問題はその監督下にあるという気になるらしい」と指摘し，加えて「規制委員会は，公共の利益の守護者という本来の役割を離れて，規制される企業の利益に沿った政策を行うようになるかもしれない」[Caves 1967: 邦訳108]と警告した．とはいえ，敗戦後から経済復興・成長過程の時期においては，様々な理由付けをもって広範・多様な政府規制の網がはりめ[2]ぐらされていたことはいうまでもない．

　その後，世界各国において，政府規制が多くの非効率を生み，また業界の利益保護，消費者利益の軽視といった問題が自覚されるようになった．そして，1970年代に入ると，アメリカ，イギリスを中心に，政府の規制緩和や民営化が

　2）　一般的な政府規制の根拠，定義，種類，および関わりをもつ公的機関などについては，すでに多くの研究者，政府機関によって整理されているが，例えば植草［2000b：1章・2章］を参照．また，規制の数量面での推移・試算結果として江藤［2002：9-17］が興味深い．

実施されるところとなる．また，この動きを背景として，1979（昭和54）年，
OECD（Organization for Economic Co-operation and Development: 経済協力開発機構）が
「競争政策およびその適用除外分野または規制分野に関する理事会勧告」
（「OECD理事会勧告」）を公表した．その要旨は，「各国で実施されている政府規
制は，その導入当時，有意義であったにしても，その後の事情変化により有害
化しているケースが少なくない．そこで，この際，それぞれが検討し，不要な
規制は撤廃ないし緩和すべきだ」というにある[3]．

　この勧告を受けて，日本においても公正取引委員会（以下，公取委）がいちは
やく，当時16業種に関わる調査結果を公表したけれども（1982年），肝心の各規
制官庁の「抵抗」が根強く，現実の規制改革は遅々として進まなかった．しか
しながら，1980年代後半あたりから徐々に積極化していくことになる．

（2）政府規制見直しの動向

　つぎに，政府規制見直しの動向について，いま少し具体的に概観しておこう．
産業・企業を活性化させるために「民間活力」の有効性・必要性が叫ばれて久
しく，その行動を制限・制約している政府規制の在り方に批判の目が向けられ
ている．とはいえ，ここで強調すべきは，戦後日本の経済復興・成長過程にお
いては，国内産業を保護・育成するうえで，様々な政府規制が社会秩序の安定
や国民の健康・安全を守ることに努めてきた評価は尊重されてしかるべきであ
ろう．具体的には，「自然独占型」産業をはじめとする様々な産業に対して，
生産，価格，設備投資に関わる規制・介入が行われ，また国民の健康・安全や
環境を保護するための規制もみられた．むろん，これらの中には，「公共の利益」
を維持するために，今後も重要な役割を担い続けるものも含まれていることは
いうまでもない（後述）．

　問題となるのは，既述の諸規制の中で，導入時には一定の意義があったにせ
よ，経済社会が技術進歩の向上などによって日々ダイナミックに変化してきた
にもかかわらず，時代のニーズに合わない規制が残存し続けたことで，今日で
は，逆に，技術革新，経済の進歩・効率性の向上にマイナスと化し，さらには，
諸産業部門における企業間競争が著しく阻害され，消費者利益，経済成長を阻

3）　これらの経過については，例えば，公正取引委員会事務総局［1997：6章］，および
　　小西・和田［2003：63-65］などを参照．

害するようなケースが存在する点である[4]（通常「規制の失敗」，広義には「政府の失敗」ともよばれる）．

　それゆえに，政府規制をより積極的に総点検し，いらざる規制を整理・改革しなければならないのである．具体的には，従来，市場の働きにゆだねるのが不適切とされてきた公益事業（電気通信，電力，ガス，郵便，航空など）型の諸産業や，情報の非対称性を帯びやすい金融業（銀行，証券，保険），さらには過当競争の回避を目的とした農林水産業や流通業などの産業分野に対する規制内容が検討対象である．事実，これらの諸産業において既得権益を有する組織・団体や担当官庁の抵抗勢力も大きく困難を極めながらも，規制緩和・撤廃を進めてきた経緯がある[5]．

　さらに，これら規制は，ますます進展している経済のグローバル化・ボーダーレス化に対応して諸外国との経済的取引をスムーズにさせるべく配慮することも肝要となるであろう．

2　規制改革の経済学的根拠
（1）市場の失敗と政府の役割

　先述のように，いかに自由な市場経済とはいえ，政府が現実経済を「自由放任」し，いっさい介入せず，すべて市場の働きや競争原理に任せるのは適切ではない．というのは，「市場の失敗」という市場メカニズムや競争原理によって需給関係が十分に調整され得ない領域があり，これについては，政府が適切な規制・介入をもって対処しなければならないからである．

　とはいえ，技術革新の進展や経済情勢の変化によって，これら政府介入の在り方に対して見直すことも不可欠であろう．そして，現今の規制改革論議も，このような事情と密接なかかわりをもつことはいうまでもない．また，バブル崩壊以降の経済低迷の状況からも明らかなように，市場経済はそれ自体，景気・不景気の問題を有効に対応することができない．そこで，政府は，例えば時としてケインズ主義的な財政・金融政策をもって（ここにも，複雑・困難な問題があ

4）　規制によって生じた具体的な問題として，X非効率やレント・シーキング・コストの発生とそれに伴う費用および価格の上昇，研究開発や革新へのインセンティブ低下などがある［林 1990：45-46；植草 2000b：154-74；小西 2000：247-53］．

5）　例えば，小泉純一郎内閣時代の郵政事業および道路公団の民営化，規制改革をめぐる経緯はその代表的事例といえよう．

るけれども）総需要を調整する必要がある．つぎに，これら政府介入・規制が必要とされる主要なケースを簡単に概観しよう．

① 「市場の失敗」に対する政府介入
　(a) **公共財の整備**：港湾，道路，学校，公園，防災・消防，警察などについて需給調整の充実をはかる．
　(b) **外部経済・不経済問題への対応**：自己の責任とは無関係に，他の経済主体の行動によってもたらされた社会的利益・不利益が伴う問題について公平に処理する．
　(c) **「自然独占型」産業への対応**：電力，ガス，水道事業のように，従来から規模の経済性が優位であり，また特定の地域・地方において一社独占を認めざるをえない「自然独占型」産業に加えて，「日常生活に不可欠なサービスの安定供給」や「公共性・公益性が特に強い」（その内容は必ずしも明確でないため，より規制改革の重要性が強調されているが）といった理由をもって「公益事業」とされた業種に対し，料金・参入規制などが実施されてきた．ただし，近年は，技術革新に伴って諸産業が著しく進歩・発展してきたことで，この種の産業部門において（たとえば電気通信，電力，ガスなど）規制改革が急速に進んでいる．

② その他，政府介入が必要とされる分野
　(a) **情報の非対称性**：適切な財政・金融政策を駆使して総需要を調整しながら景気の安定をはかる．
　(b) **所得の公正な分配**：累進課税制，社会保障制度などを整備することで所得の再分配がおこなわれ，市場経済社会における「極端な不平等」や格差を是正する．

　ここで強調しておくべきは，我々は政府の役割を過信するのではなく，基本的には，規制改革を通じて民間活力の実行性がより高められつつある市場環境の下で経済運営が展開される「自己責任制」の意識を今後さらに養っていかねばならないということである．さらに，自由な市場経済を円滑に機能させるためには，競争促進・独占禁止の政策（競争政策）が重要であることをいま一度確認しておく必要があろう．

（2）規制改革の経済効果

　すでに述べているように，政府規制は，近年，技術革新や経済状勢の変化を
うけて，その意義にかなりの変化が生じ，逆に，規制緩和・撤廃ないし改革が
進められている．そして，経済理論分野では，規制改革に関わる経済効果につ
いて，様々なアプローチ手法によるモデル分析が試みられている[7]．

　一般的に，規制改革の経済効果は，① 価格・費用の低下，② 質・サービス
の向上，③ 研究開発・技術革新への高いインセンティブの発揮，④ 新規参入
者の増加，⑤ 新市場の創出，⑥ 選択機会の増大および多様化，などに整理出
来るであろう．

　いま，**図 2 - 1** を用いて規制改革の効果をとりわけ消費者余剰の増大と関連
させて簡単に説明しておきたい．なお，ここでの対象は純然たる「一社独占型」
産業ではなく，規制下にあっても，ある程度の「競争型」産業のケースを念頭
におくこととする．

　ある財の市場において，価格 p_0 で，数量 q_0 であったとする．この場合，消
費者余剰は三角形 BCE_0 となる．ここで，規制改革が推進されると，当該市場
の競争は新規事業者の参入も含めてさらに活発化し，加えて，産業・企業の効
率性が上昇するであろう．その結果，価格が p_0 から p_1 へ低下し，数量が q_0 か
ら q_1 に増加することから，消費者余剰は三角形 BDE_1 となる．したがって，規
制改革は，消費者に対して台形 CDE_1E_0 という消費者余剰の増加分をもたら
すことになる（ただし，規制改革の程度や各産業（生産者側）の経済指標を詳細に考慮し
たモデル分析においては，かなりに複雑な結果が導出されることを断っておく）．

　以上のように，規制改革は，経済的厚生の変化として重要な消費者利益の向
上にも貢献の一助をになっていることが明らかである．にもかかわらず，この
改革への反対論も少なからず存在する．その理由としては，端的にいって，企
業の合理化，あるいは倒産などによる失業者の増大や社会不安の蔓延に集約出

6）　規制改革の進展に伴って民間活力が経済活動を牽引していくシステムが確立してい
　　けば，政府の役割も記述している 5 つの政府介入分野のうち，主として②の（a）（b）
　　に特化することになるであろう．

7）　「規制の影響分析（RIA: Regulatory Impact Analysis）」は，社会における自由な経
　　済活動を制約・阻害する種々規制についての社会的費用を示すものとして一般的であ
　　る．また，江藤［2002：86-88］，および経済企画庁調査局［2000： 4 - 6 ］において，
　　具体的なモデル分析の紹介や分析上の留意点が述べられている．

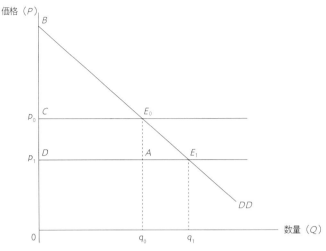

図 2 - 1　規制改革と消費者余剰（消費者利益）の関係

来るであろう.

　ここで注意すべきは，規制改革は，既存企業の自由かつ公正な競争環境を整備すると共に，新規事業の立ち上げ支援・養成による雇用創出も積極的に行うことを重要視している点である. このことは，いわば企業や個人に「機会の平等」を提供することをも意味しており，各産業における雇用の流動性も高まると考えられる. それゆえ，雇用機会の減少（もしくは喪失）を危惧する考え方については，規制改革の理論だけで解決出来る問題ではなく，むしろ税制や社会保障制度など他の改革も総動員して対応しなければならないであろう.

（3）経済的規制と社会的規制

　つぎに，政府規制の見直しをめぐる議論について，一般的に分類されている「経済的規制」と「社会的規制」の特徴・内容を整理しておく[8].

　これら二つの規制に関する一般的な認識は，おおまかにつぎのとおりになろう. 経済的規制は，需給調整を目的とした価格・数量規制，既述の「自然独占

---

8)　場合によっては，経済的規制と社会的規制を明確に分類できないようなケースも少なからず存在する［植草 2000b：34-35］. さらには，社会的規制の実態は，「公益性」という衣をかぶった経済的規制の場合も多いとの主張から，あえてこれらの区別をせず議論展開しているケースもある［八代 2013：12］.

型」産業分野に対する参入・退出規制，投資規制などが規定されてきたが，「ほぼ撤廃」という方向にある．一方で，社会的規制は経済社会における国民の生活に関する安全，健康，環境，防災などへの配慮から規制が設けられている．例えば，食品の偽装表示や医薬品の重い副作用，また建築物の耐震強度の偽装，環境汚染などの社会的問題が数多く指摘されるなかで罰則がかなり強化されている項目，および，かつては民間企業の参入に多くの制限が課されていた医療，介護福祉，保育，教育，さらには農業などにかかる項目については適正かつ迅速な制度改革の必要性が強調されている状況にあって，「臨機応変なる対応」が必要となる[9]．

▌第 2 節　規制改革の現実展開

　本節では，これまで規制改革がいかに実施されてきたか，また今後，どのような方向で展開されるべきか，という問題を取り上げる．具体的には，（1）公益事業の規制改革の状況としてその典型的な産業であった電気通信産業を概観し，つぎに，（2）2002（平成14）年に特定の地域で「実験的に」導入された「構造改革特区」の創設とその後の展開について紹介する．

1　「公益事業」における規制改革の推進

　従来の経済学によって示されてきた「政府の役割」の内容に関してとりわけ規制改革の観点から見直すならば，自然独占型産業における規制の在り方であろう．

　自然独占型産業は，あるサービスを供給する際，複数企業で分割供給するよりも，単一企業が一括供給する方が低コスト，高効率で資源配分を達成するとして，政府があらかじめ地域独占を認める代わりに価格やサービスなどを規制してきた．具体的には，既述のとおり電気通信，電力，ガス，航空などの公益事業部門がその対象に挙げられる．ここでは電気通信産業を取り上げ，その内容・特徴について見てみよう．

9）　政府側の対応では，2002（平成14）年に策定した「規制改革 3 カ年計画」あたりから，
　　医療，福祉・保育，教育，環境，金融，流通，運輸，エネルギーなどの分野を重点改
　　革項目と定めて競争政策と併用しながら取り組むこととなった．

（1）電気通信産業の歴史的展開

　国内の電気通信産業は，1952（昭和27）年の「日本電信電話公社法」の制定と共に，日本電信電話公社が公社化されて以降，1社独占による形態で全国電話回線網，端末機器などの敷設・拡充，および公正・安定的なサービス供給をめざすことで一連の電気通信システムを確立した．

　その後，高度経済成長期を通じて1970年代以降になると通信技術もしだいに発展を遂げ，多種多様かつ安価なサービスの供給が要請されることとなった．しかしながら，公社運営，かつ規制下にあっては，これら技術革新の反映としての「改善」の余地は望めない．そこで，公社による1社独占の限界が次第に自覚されるようになり，この際，量的拡大から質的拡大への転換が迫られると共に，新規参入を認めて競争化をはかり，より高度な技術，サービスを提供する市場の創出が期待されることとなったのである．

　ここで，アメリカに目を転じるならば，1970年代以降，多くの公益事業分野で大規模な規制緩和が実施されていた．とりわけ1980年代には，規制緩和の理論的基礎を提供した「コンテスタビリティ理論[10]」が集大成されたことで，この動きにいっそうの拍車がかかったといえよう．端的にいって，この理論は，当該市場において参入・退出が自由であり，かつ埋没費用（sunk cost）がない場合，潜在的競争者の圧力が常に作用することとなり，その結果，自然独占を含む寡占市場はもちろん，自然独占においてさえ，政府介入なしに効率的な資源配分が実現するというものである．このように，コンテスタビリティ理論は，規制産業に対する新たな政策の方向性を示したのである．

　以上のような国内外の事情もあって，まず，1971（昭和46）年，「公衆電話通信法」の改正により，公衆通信業務を損なわない範囲内で限定的に電話回線が開放され，1982（昭和52）年には原則自由という形で開放された．この結果，技術進歩を活かしたVAN（Value Added Network: 付加価値通信網）が数多く出現し，通信環境は一変していく．

　さらに1985（昭和60）年，「電気通信事業法（以下，事業法）」，「日本電信電話

10）　コンテスタビリティ理論についての解説は，例えば小西［2000:55-68］，依田［2001: 23-50］などが挙げられる．また，アメリカの種々産業における規制緩和の事例として植草［2000b：180-89］を参照．もっとも，近年立て続けに起きているアメリカでの電力危機の事態は，規制緩和時に必要とされるセーフティ・ネット構築の不十分さが露呈した問題であり，理論の現実政策への応用の難しさを示している．

株式会社法（NTT法）」の２つの法律が施行され，新規参入の自由化と公社の民営化が同時に実現する運びとなり，当時，従業員数31万6000人，売上高５兆1340億円の巨大民間企業であるNTTが誕生したのである．事業法では通信設備を自己設置・所有して事業を行う第１種通信事業者と他社の通信設備を借用して事業を行う第２種通信事業者を区分して，前者に対しては後者への支配的地位の濫用行為がなされぬように規制内容を厳しくしている．そして，市内通信，長距離通信，国際通信，移動体通信の各分野で数多くの新規参入者が次々と誕生することとなったが，その一方でNTTの市場支配的地位が他の競争者を圧迫するケース（例えば，高額な接続料要求）も生じてきた．したがって，1999（平成11）年にはNTT法改正によって，NTTの持株会社方式による分離・分割が実施され，さらに地域通信としてのNTT東・西日本，長距離・国際通信のNTTコミュニケーションズ，移動体通信網のNTTドコモがそれぞれ誕生した[11]のである．

　ここで興味深い点としては，NTTと新規参入企業の活発な競争はもちろん，当時，分離・分割されたNTTグループ同士においても企業間競争が生み出されている状況（例えば，固定電話NTT東・西日本と携帯電話のNTTドコモ間の競争）であろう．また，携帯電話および産業融合の典型であるIP（Internet Protocol）電話が普及すればするほど固定電話市場が縮小傾向にあることから，NTT東・西日本，そしてNTTコミュニケーションズの３社は抜本的な経営計画として，インターネット技術やブロードバンド対応のサービス拡充のため，共同出資で新会社を設立する一方，固定電話通信網への投資を原則停止することを決定した．

11）　NTTが1987（昭和62）年にサービスを開始した携帯電話について言えば，移動体通信事業として，1992（平成３）年のNTT移動体通信網株式会社（2000年にNTTドコモに社名変更）設立と共に，NTTから営業譲渡された経緯がある．また，移動体通信事業は，いまや固定電話よりも携帯電話の使用率が高いことに加え，「スマホ元年」と言われた2011（平成23）年以降，各社がそろって折り畳み携帯（ガラケー）からスマートフォン（高機能携帯電話）への販売戦略に力を入れている．スマホの登場は，個人が保持する情報とインターネットの先に広がる世界の情報を一元管理するツールと，他者とのコミュニケーションツールとを合体させ，いつでもどこでも手軽で便利な活用を可能としたいわば「パソコンと電話機能の統合」の実現である．携帯電話を含むモバイル産業についての発展と競争政策に関わる詳細な文献として，川濱・大橋・玉田編［2010］を参照．

（2）電気通信産業の取り組みと今後の課題

　先にみたように，電気通信産業は段階的な規制緩和・民営化によって，いまや独占市場から競争市場へと移行しているが，依然としてNTTは，巨大な企業規模，厖大（ぼうだい）な顧客数，さらには従来から所有してきた広範なネットワーク設備を有する（ネットワーク外部性）ことから，その市場支配的地位を利用して他企業を圧倒する危険性が皆無ではない．事実，NTTによる市場支配的地位の濫用行為が当産業全体の効率性・公平性を阻害している問題はいまなお指摘されている．例えば，2001（平成13）年5月より導入されたマイラインサービスの顧客獲得競争においても，NTTグループへの登録数が全体の60％以上になるという「やや極端な」結果が生じたり，またNTT東日本が，デジタル加入者回線（DSL）事業をめぐって競合する接続業者の新規参入を妨げたとして，公取委が「私的独占」の疑いで調査に着手した経緯がある．そこで，このような問題について，アメリカやEU（欧州連合）で実施されて効果をあげている「弱小の競争者を一時的に保護するための支配的事業者に対する規制（ドミナント規制）」を国内でも導入するべく，先の事業法とNTT法がいくたびも改正され，事業者区分の廃止，事業の許可制，基本料金も大きく低下するなどによって，種々経済的効果が見られた[12]．

　21世紀に入り，電気通信産業はさらなる技術革新を背景として，我々の生活にはパソコン，スマートフォン（以下，スマホ），タブレット等の一般化が急速に進む．とりわけ，**図2-2**のとおり無線データ通信網のさらなる進化と基地局の充実がスマホの普及とサービスの向上をもたらしている[13]．「スマホ元年」とも呼ばれる2011（平成23）年あたりから既存大手3社のNTTドコモ，KDDI

---

[12]　重要なことは，この種の規制は市場の働きを阻害しない範囲にとどめるべき点である．かりに，NTTに対抗しうるような競争者が出現すれば，この規制はすばやく撤廃されるものでなければならない．公取委も独占禁止法（以下，独禁法）と事業法との調整をはかりながら，電気通信産業を含む公益事業分野への競争政策に積極的に取り組みつつあることを付言しておく．

[13]　具体的には，2020（令和2）年春から，日本において都市部を中心に新たな通信規格・機能としての5Gサービスが開始されている．5Gは従来の4Gよりも通信技術が格段に向上し，「超高速」，「多数同時接続」，「超低遅延」，の3つの特徴を有する．この5Gの導入はロボット技術の発展とも大きく関わることで，医療，建設，自動車産業分野等においても活用されることで期待されている．ちなみに海外諸国でいえば，2019（令和元）年からすでに韓国，アメリカ，イギリスにおいて5Gが導入されている．

（au），ソフトバンクが寡占状況下での企業間競争を繰り広げてきたが，長きにわたって手数料を含む料金の高止まりや契約企業の乗り換えにかかる利用者負担などが指摘されてきた．そこに，ICT企業大手の楽天が携帯電話通信市場への新規参入を発表し，2020（令和2）年から5G（第5世代）のサービス開始と共に本格的に参入を果たしたことは，既存大手3社にとっては新たなライバル企業の出現であり，当該市場における競争の活性化には期待が持てるといえよう．

なお，総務省が同年6月30日に発表した世界6都市（東京，ニューヨーク，ロンドン，パリ，デュッセルドルフ，ソウル）の通信料金を比較した「電気通信サービ

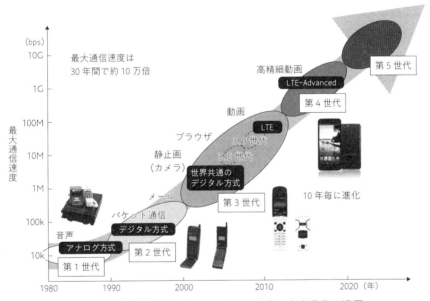

図 2-2　移動通信ネットワークの高速化・大容量化の進展

出所：総務省ホームページ，「令和2年版情報通信白書」（第1部第1章第1節）より抜粋．

14）　携帯電話通信業者は，移動体通信事業者（MNO: Mobile Network Operator）と仮想移動体通信事業者（MVNO: Mobile Virtual Network Operator）に分類出来る．前者は総務省から周波数帯を割り当てられ自社基地局を介して通信網を提供する一方，後者は前者から通信網を借り受けることで施設費を削減出来る代わりに安価な料金設定でサービスを行う．なお，楽天は後者のサービスについては2014年から「楽天モバイル」として導入していたが，今回，前者への参入を果たしたのである．

スに係る内外価格差調査——令和元年度調査結果——」においても，日本は
ニューヨークに比して高く，料金の硬直化が顕著であった．このような要因か
ら，各携帯電話通信企業は，料金プランや乗り換え契約の見直しに舵を切る状
況にある．また，この分野においては今後も通信技術のさらなる進化と共に大
きく環境が変化するため，規制改革と共に競争政策の役割がますます重要にな
るといえよう．

　最後に，新型コロナウィルス感染拡大に伴う電気通信産業の果たす役割とし
て，通勤・通学等が制限される事態が長期間続く中にあっても，感染防止対策
としてテレワーク，オンライン授業，オンライン診療等が急速に普及すること
になり，利用者に対しては「社会インフラ」としてのスムーズかつ安全なネッ
トワーク構築の提供が求められる．

2　構造改革特区の設立から国家戦略特区への展開へ

　つぎに，規制改革の注目すべき動きとして展開している「特区（特別区域）
制度」について触れておきたい．

　既述のとおり，規制改革は今日，「世界の趨勢」であり，また，その経済効
果が大きいことも明らかであることから，国内でもより積極的推進をはかるべ
きであろう．

　しかしながら，現実には，規制の恩恵に浴してきた業界・企業（既得権者）
の根強い抵抗，加えて，規制官庁たる官僚側にとっては規制改革が従来の規制
権限を喪失させるという葛藤問題もみられる．また，いわゆる「族議員」の政
治的活動も見逃すことはできない．これら「抵抗勢力」は，様々な形で反発し，
改革のスピードの遅れの大きな要因でもある．さらに，産業分野によっては，
規制改革の効果が事前に十分明らかでないことから反発をうむケースも考えら
れる．

　このような状況下，種々の抵抗を多少とも和らげるために，国全体一律で規
制改革を進めるだけでなく，地方・地域の特性を活用する規制改革（いわば規
制の特例措置）を導入する試みが浮上するところとなる．まず，2002（平成14）
年12月に「構造改革特別区域法」が施行されたのである．同法の目的には「教
育，物流，研究開発，農業，社会福祉その他の分野における経済社会の構造改
革を推進すると共に地域の活性化を図り，もって国民生活の向上及び国民経済
の発展に寄与する」と具体的に改革を進めるべく分野が記されている．そして，

政府の特区推進本部は，この法律に基づいて，地方公共団体や民間企業などから「特別区域（以下，特区とする）」にふさわしい計画・構想について募集・認定の手続きを経て，これまでに多くの活動が実現してきた[15]．地域限定で実験的に特例措置が認められることで，これら特区で実施された様々な試みの成功事例が増えていけば全国展開が可能となる．さらには，2011（平成23）年 6 月，従来の中央政府への依存体質から地方の自立と活性化を見据えた「地方創生」の観点から地方・地域への財政的支援措置を含めた「総合特区制度」も導入される[16]．その後，国内経済の成長戦略と大胆な規制改革をより一層進めていくため，2013（平成25）年12月，「国家戦略特別区域法」が施行された．今までの構造改革特区と総合特区に比して国家戦略特区は活用出来る区域を厳格に指定し，岩

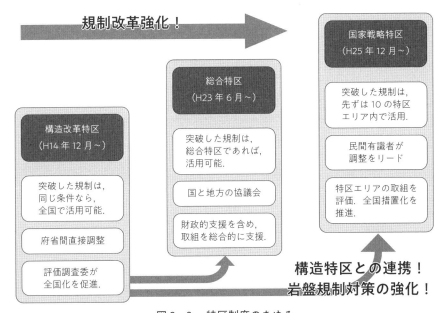

図 2 - 3　特区制度のあゆみ

出所：内閣府国家戦略特区ホームページ，「制度概要」より抜粋.

---

15)　代表的な構造改革特区の事例集として，構造改革特別区域推進本部『構造改革特区〜地域の活力で日本を元気に〜（事例集）』（2013年11月版）.

16)　内閣官房まち・ひと・しごと創生本部事務局ホームページ，地方創生「総合特区」（https://www.chisou.go.jp/tiiki/sogotoc/index.html，2021年 5 月 4 日閲覧）.

表 2-1　国家戦略特区の特例措置一覧（2020年10月現在）

分野	規制改革例
都市再生	都心居住促進のための容積率・用途等土地利用規制の見直し エリアマネジメントの民間開放（道路の占用基準の緩和）
創業	外国人を含めた起業・開業促進のための各種申請ワンストップセンターの設置 NPO法人の設立手続きの迅速化外国人家事支援人材の活用
外国人材	外国人家事支援人材の活用　創業人材等の多様な外国人の受入れ促進
観光	滞在施設の旅館業法の適用除外 古民家等の歴史的建築物に関する旅館業法の適用除外
医療	国際医療拠点における外国医師の診察・外国看護師の業務解禁 テレビ電話を活用した薬剤師による服薬指導の対面原則の特例
介護	ユニット型指定介護老人福祉施設設備基準に関する特例
保育	都市公園内における保育所等設置の解禁　「地域限定保育士」の創設
雇用	雇用条件の明確化のための雇用労働相談センターの設置 高齢者等に関する重点的な就職支援
教育	公立学校運営の民間への開放（公設民間学校の設置）
農林水産業	企業による農地取得の特例　農家レストランの農用地区域内設置の容認
近未来技術	電波に係る免許発給までの手続きを大幅に短縮

出所：内閣府『国家戦略特区の活用事例～岩盤規制改革による社会課題解決～令和3年版』（2020年，p.2）より抜粋.

盤規制の改革に突破口を開くことを目指している．これら3つの特区は**図2-3**のとおり，それぞれの特徴がありながらも一貫して規制改革の強化に向けて連携した運用を行っている．そして，すでに多様な分野において規制改革に伴う興味深い取り組みが実施されている[17]（**表2-1**）．

3　規制改革下の競争政策

　グローバル時代における規制改革の推進と共に，公正かつ自由な競争状態が維持される制度やルールの見直しもいっそう進めなければならない．それゆえ，以下では競争政策の施行機関である公取委の役割と規制改革下の競争政策の在り方について述べておきたい．

---

17)　内閣府『国家戦略特区の活用事例～岩盤規制改革による社会課題解決～令和3年版』（令和2年12月）を参照.

　規制緩和後には今まで規制下で硬直的であった市場構造の組織転換や再編成が促進されるなど企業の自由度が拡大する．その一方で，当該産業では市場支配を企図し，企業の合併および買収（M&A）へと走る傾向が生じる公算も大きくなる．そして，この状況を「自由放任」しておくことになれば，集中度は上昇し，ここから産業の寡占化（より極端な場合は，独占化）の事態をまねくであろう．さらには，権力・支配力の集中・拡大化によって，自由な市場経済の基盤に悪影響を与える可能性も大きいのである．それゆえに，規制緩和後の当該市場における公正な競争条件を維持するために，たえざる努力を重ねなければならず，公取委の役割がますます重要さを増す中，2003（平成15）年4月，「公取委内閣府移行法」が施行される運びとなった．同法によって，公取委は，これまでの総務省から内閣府への移管が実現し，特定省庁の所管から独立したことは評価されるべきであり，競争政策の視点からも規制改革がさらに進む期待も大きいといえよう．

　ところで，日本の独禁法は，1947（昭和22）年，マッカーサー元帥率いるアメリカ占領下の連合軍（GHQ）の主導によって制定された．けれども，当時の様々な経済・政治的事情によって導入された「適用除外制度」の存在が，その後の日本における競争政策の「骨抜き状態」をまねく大きな要因となったことは否めない．しかも，この制度は，政府規制を補完する性格のものも数多く含まれていたのである．それゆえに，適用除外制度を廃止することは，競争政策の強化につながると共に，規制緩和についても一定の効果をもつことになる．事実，この制度について，1980年代半ば以降（本格的な規制緩和の実施と並んで），大規模な見直しが開始されることとなり，1999（平成11）年の「適用除外制度整理法」によって大部分の項目が廃止されるに至っている．このように，適用除外制度が廃止されていくと，従来よりも独禁法が明確な判断の下で運用出来ることとなる．したがって，依然として政府規制が不可欠である対象分野についても，例えば新規参入者や弱小（中小規模）事業者に対するセーフティ・ネットの構築が実現しうる独禁法（あるいはガイドラインなど）の改正次第で，規制の緩和・撤廃の項目が増加するかもしれず，また民間活力の導入が可能な項目を慎重に選択することで経済・産業全体の効率性が高まる視点も入れることで規制改革をさらに進めていかねばならないと思われる．

　昨今，グローバル化，ボーダーレス化，ICTの進歩などに伴う経済・産業構造の変化が国内外を問わず企業間競争をさらに活発化させている状況におい

て，世界各国間の規制の在り方の相違が海外企業・産業との通商・貿易問題を発生させる場合も多々見受けられる．それゆえ，規制改革に関する国際協力が今後の課題とされている．とりわけ，「市場の開放度（market openness）」の程度がいかに世界経済全体の成長・発展に寄与するのか，については1990年代からすでに国際機関のOECDやWTO（World Trade Organization：世界貿易機関）が様々の研究・調査を通じて世界各国に呼びかけている．ただし，世界各国の規制改革のスピードや取り組みは，国独自の方針や戦略などにも大きく影響するため，各種規制に関する世界共通の原則を打ち出すことはかなりの時間を要するように思われるが，少なくとも規制改革の有効性については広範な合意があり，各国はそれぞれの立場から規制改革に関わる国際的「平準化」のために協力を進めるべきであろう．そのような枠組みの一つとして期待されているのが「相互承認協定（MRA: Mutual Recognition Agreement）」である［OECD 1997a: 邦訳435-43; 1997b: 邦訳477-478］．この協定は，多国間で一挙に共通の規制改革を進めるのではなく，特に貿易・通商，および政治的に結びつきの強い相手国と取引される財について，二国間で基準の整合化をはかり，取引上の障壁やコストを削減するねらいがある．そして，この二国間レベルの協定が世界各国の間で増加すれば，規制改革もしだいに平準化が進むことになる．なお，ここで，留意されるべき点は，① 非協定国との貿易，および投資の機会が不当に差別的とならないこと，そして，② 二国間協定を結ぶ際に，両国間で安易な基準の整合化に走らないこと，であろう．

おわりに

　以上，規制改革をめぐる議論について，競争政策の視点から種々検討してきた．

　日本では，規制改革の必要性が早い時期から指摘されながらも，結局のところ，他の先進諸国に比べてかなり遅れて，1980年代半ば頃からようやく本格的な取り組みが始まった．

　政府規制を抜本的に見直すことは，経済運営上，市場の役割と政府の役割について時代の変化を勘案しながら再考し，その結果，可能なかぎりにおいて市場の役割を尊重することにほかならないであろう．したがって，現在の経済社会に沿った規制改革としては，国民の安全，健康，防災，環境面などに関わる

規制以外については，基本的に撤廃される方向で進められている状況にある．

　なお，新型コロナウィルスの感染拡大と規制改革の関連について簡単にふれておきたい．コロナ禍において，我々の日常生活や様々な常識が大きく塗り替わることになる中，政府の種々対応策の遅れが指摘されたが，その要因としての庁内におけるデジタル化の不備が顕著となった．

　実は2001（平成13）年に「情報技術基本法」が制定されて以降，政府はICTの先進国家を目指しながらも庁内のICTシステムの効率化も進まず，また国民へのマイナンバーカードの認知も普及も進まなかった．それゆえ，2020年春の感染拡大当初に決定した国民１人当たり10万円の現金給付の際には，政府と地方公共団体のデータの一元管理がうまくいかず，振込み手続きに時間を要した．ここで，**表 2 - 2** のとおり，海外諸国をみると政府主導でデジタル化を進め，個人認証カードの保有率も高い国は，電子政府としてのランキングで上位を占めている．日本は2014（平成26）年には６位であったが，その後は10位前後で推移していたものの，2020年（令和２）年は14位まで低下した．

　このような事態に政府は庁内全体でICT関連業務における管理・一元化の権限を有する組織として2021（令和３）年の「デジタル庁」創設を決定した．そして，行政手続きに必要であった押印・書面撤廃，オンライン診療の恒久化，テレワーク普及に必要なルール改定，等をはじめとして様々な産業分野でのデ

表 2 - 2　　国連の電子政府ランキングおよび日本の位置づけ

順位	2014年	2016年	2018年	2020年
1	韓国	英国	デンマーク	デンマーク
2	オーストラリア	オーストラリア	オーストラリア	韓国
3	シンガポール	韓国	韓国	エストニア
4	フランス	シンガポール	英国	フィンランド
5	オランダ	フィンランド	スウェーデン	オーストラリア
6	日本	スウェーデン	フィンランド	スウェーデン
7	米国	オランダ	シンガポール	英国
8	英国	ニュージーランド	ニュージーランド	ニュージーランド
9	ニュージーランド	デンマーク	フランス	米国
10	フィンランド	フランス	日本	オランダ

出所：国連経済社会局（UNDESA）の発表資料（2020年７月10日）をもとに筆者作成．

ジタル化を活かした規制改革を積極的に進めていく必要がある.

　上記のような一連の改革は, ポストコロナにおいても, 経済・産業がこれからも健全な進歩・発展を続けるためには, 公正かつ活発な競争環境を保持する重要な一手段としてもますます積極的に推進されねばならないといえよう.

演習問題

1. 一般的に「市場の失敗」が起こりうるケースとこれらの対応としての「政府の役割」についてまとめなさい.

2. 政府規制の2分類について詳しく説明しなさい.

3. 規制改革を実施することによる経済効果について具体的な事例を挙げながら自分の意見を述べなさい.

4. **表2−1**の国家戦略特区制度の特例措置分野のなかで, 今後の日本の経済成長・発展に特に重要と思われるテーマを選択し, その理由について論述しなさい.

第Ⅱ部　日本の競争政策の歴史と展開

第3章　原始独禁法の制定と
　　　その後の法改正（1945～1950年代）

┃ はじめに

　第Ⅱ部では，日本の競争政策（独占禁止政策）について，その歴史的内容，特徴を詳細に考察する．

　そもそも競争政策の歴史は，「独占禁止の母国」，アメリカが起源である．19世紀末のアメリカにおいて，石油，鉄鋼，運輸などの重要産業では「トラスト（trust）」と呼ばれる企業形態の独占化が急速に進展し，この動向を阻止するための民衆による立法要求が高まったことで，まず1890年に「シャーマン法」が制定される．ついで，1914年に「クレイトン法」および「連邦取引委員会法」が制定され，これら3つの法律を総称して「反トラスト法」と呼ばれることとなった．[1] 反トラスト法が制定されて以降，第2次大戦前までの時期は政策の基礎となるべき経済理論が十分に確立していなかったこともあり，政策路線は揺らいできたものの，100年以上にわたるアメリカの競争政策（アメリカでは反トラスト政策と呼ばれる）の取り組みが，現在に至るまで日本をはじめ世界諸国に影響を与えてきたことはいうまでもない．

　日本の競争政策は，1947年，独占禁止法（以下，独禁法）がアメリカ占領軍の強い影響のもとに制定されたことにはじまる．けれども，日本では，「競争」を「倫理的」に好ましくないとみる傾向が強く，独禁法は，容易に理解・支持されなかった．それゆえ，制定後，その緩和・改正がくり返され，また通商産業省の産業政策ともしばしば対立したのである（第3章）．

　しかしながら，八幡・富士両製鉄の大型合併をめぐる論争やオイル・ショック時のカルテルによる物価急騰の苦い経験を通して，独禁法は次第に定着し強化されていくことになる（第4章）．とりわけ，1990年代は，日米構造問題協議

1）　なお，厳密にいえば世界で最初に独禁法（競争法）自体を策定していたのはカナダである．アメリカの反トラスト政策の歴史的展開や特徴については，和田・小西［2006：77-106］，小西［2000b：165-79］などを参照．

や小泉純一郎内閣の「構造改革」路線といった「追い風」によって，一気に市場開放が進み，現在に至るまで競争政策はほぼ一貫して強化の方向へと進みつつあると言える（第5章）．

よって，以下では，まず，（1）日本の「伝統的思考」観の内容・特徴を指摘し，つぎに，（2）独禁法制定時の事情とその後の緩和・改正について検討する．

第1節　日本の伝統的思考と競争政策

日本における競争政策の推移を論じる場合，あらかじめ「日本の伝統的思考」とのつながりを意識しておくべきであろう．というのは，このような視点を欠くならば，独禁法が再三にわたって緩和・改正されたことや，また公正取引委員会（以下，公取委）がしばしば通商産業省（現，経済産業省）の「産業政策」と対立した理由が理解できないからである．そこで，本論に入る前に，この事情について簡単に確認しておく．

市場経済体制のもとでは，本来，競争を促進し独占を禁止する政策（競争政策）は重要な意義を有し，また独禁法は「経済憲法」と称されている．しかしながら，日本では，「協調（和）は美徳，競争は悪徳」とみる思考が有力であり，ここから，「競争原理」は，倫理的に好ましくないとされ，また経済運営の方式としても「（官民）協調」（や「政府計画・統制」）のほうがはるかに優れているとみられがちであった．加えて，後発の工業国として出発した事情があるためか，企業の大規模化，「独占化」に対してすこぶる好意な考え方であったと言える（そして，この特徴は，今日においてもなお一部に根強く存在している）．ここでは，「企業規模が大きくなればなるほど，国際競争力は強化され，技術開発の成果も高まる」といった判断があるのであろう．

それはともかく，このような伝統的思考が，競争政策的思考と大きく対立するものであることはいうまでもない．したがって，日本における独禁法は，「競争促進・独占禁止」思想がほとんど存在しない土壌のうえに，アメリカ占領軍によって「上から」あたえられたものだということになる．かくして，法律は成立したものの，これを機会に市場経済社会における競争政策の意義が理解・確認されることにはならず，むしろ逆に，「独禁法は，日本の精神風土に合わない」とか「戦勝国が敗戦国を弱体化させるための措置だ」といった感情的反

発を招く結果となった.

　独禁法が制定された直後から，その緩和・改正がしばしば要請され，また，伝統的思考の立場にある通産省と公取委が対立をくり返したのも当然の帰結というべきである.

　以上で明らかなように，日本の競争政策を検討しようとするとき，単にそれ自体の歴史的経過をみるだけでは不十分であり，先述したように，反競争的風土のなかに独禁法が「上から」あたえられ，ここから，様々の摩擦や「混乱」が生じたという事情を確認しておかねばならない.

▎第 2 節　独占禁止法の制定とその後の緩和・改正

　本節では，まず，戦後のアメリカ占領軍による経済民主化政策実施から1958（昭和33）年の独禁法緩和・改正の挫折あたりの時期をとり上げたい. 具体的には，まず，（1）占領軍GHQによる財閥解体・過度経済力集中排除措置，および独占禁止法制定などを考察し，つぎに，（2）当初の独占禁止法（原始独禁法）の内容・特徴を整理し，最後に，（3）その後の独占禁止法の緩和・改正の過程をみていく.

1　財閥解体と独禁法制定
（1）財閥解体と集中排除措置

　いうまでもなく，日本で独禁法が制定されたのは，第 2 次世界大戦後のことである. 戦前における日本の産業は，日本財閥調査使節団団長のコーウィン・エドワーズ（Edwards, C. D.）も指摘したように，「いかなる先進資本主義国の大産業も比肩し得ない」［小西 2001：1 章；公正取引委員会事務総局編 1997a：13］ほどの高集中ぶりであった. とりわけ，三井，三菱，住友，安田の 4 大財閥は，当時の国内経済の 2 割以上を支配するほどすこぶる強大であって，これを頂点とする財閥と巨大トラストのほぼ完全な支配下にあった.

　しかも，戦前・戦時の政府の政策は，（先述した日本の伝統的思考からもうかがえるように）合併推進による産業・企業の巨大化，およびカルテル化を積極的に支援・促進しようというものであった. ここでの基本的認識は，「競争体制は大規模化を阻害し，また重複による浪費・ムダを生じるから巨大企業による独占・協調体制や政府統制のほうが次元が高く，優れている」というものにほか

ならない．よって，戦前・戦時に強固な独占・統制体制が成立したことについ
ては容易に理解できよう．そして，この種の政策思考は，今日においてもなお
一部官庁に残存しているように思われる．

　第2次大戦後，アメリカ占領軍は，「財閥組織が，日本帝国主義の経済的支
柱を成すもの」であるから，「経済の非軍事化，民主化のために解体」［公正取
引委員会事務総局編 1997a：13］し，経済を民主化しようとした．その政策は，具
体的には，① 財閥の解体，経済力集中の排除，② 戦時経済における統制立法，
統制団体の廃止，③ 独禁法の制定，を主たる内容とする．そのめざすところは，
まず，戦前・戦時に形成された巨大コンツェルン，トラストを解体し，また
各種統制立法，統制団体を廃止して戦時の独占体制を根こそぎ打破するにある．
さらに，これらの措置によって実現された「競争体制」を恒久的に維持・促進
するために，独禁法の制定が企図されるところとなった．けれども，すでに指
摘したように，このような「反独占」的措置が「競争嫌悪」の土壌のうえで行
われたことを忘れてはならない．したがって，その後，様々の「反動」が生じ
たのも，まことに当然というべきである．

　それはともかく，とりわけ注目すべきは，財閥解体，経済力集中排除の措置
であろう．これらによって，三井，三菱，住友などを中核とする財閥の支配体
制が徹底的に解体され，また王子製紙，日本製鉄，大日本麦酒，三菱重工業な
どのように「過度の集中」と判断された巨大企業がそれぞれ分割されるところ
となった．もっとも，これらの集中排除措置は，1948（昭和23）年ごろから国
際情勢の変化によって占領軍の対日政策が大きく変化し，当初の方針からいち
じるしく後退・緩和したことは周知の事実である．とはいえ，ここに戦前の独
占体制が解体され，「競争的環境」が現出したという事実は否定できない［公正
取引委員会事務総局編 1997a：13-24］．

（2）独占禁止法の制定

　つぎに，独禁法の制定の経緯についてみよう．すでにふれたように，この法
律は，財閥解体や集中排除の措置によってもたらされた「競争体制」を維持・
促進するための恒久立法として，占領軍の強い影響のもとに1947（昭和22）年
に制定された．[2]

　制定当初の独禁法は，一般に原始独禁法とよばれる．これは，アメリカの反
トラスト法（シャーマン法，クレイトン法，連邦取引委員会法を主たる法源とする）を1

本にまとめたものであって，さらに「純粋・理想的な規定」を加味していた[3]．例えば，①株式所有，役員兼任，合併などの企業結合を厳しく制限し，②（影響軽微な場合は除く）カルテルを画一的に禁止し，③不当な事業能力の較差の排除を定める（企業分割措置）など，アメリカの場合よりもはるかに厳しい内容であった．

　原始独禁法がアメリカ法以上に厳格となった理由は，1つには財閥解体，過度経済力集中排除措置の場合と同じく，日本に対して2度と戦争をくり返す経済力をもたせぬという勝者としての「懲罰的な」意識があったことは否定できないであろう．けれども，一方で，アメリカ以上の「理想的な」産業組織を実現しようという「実験的」意図もあったかにみえる［安藤編 1972：182-183］．そして，初期の財閥・巨大企業の徹底的解体路線からもうかがえるように，独占による強大な政治権力，市場支配力の存在を許さぬような多数の小企業からなる産業組織を実現しようと考えていたふしもある［安藤編 1972：182-183］．やや極言すれば，完全競争型の市場構造を「理想」視していたとも受けとれるほどである[4]．

　しかしながら，この種の市場構造は，たとえ「個人の自由」の理念にとって「理想的」であるにしても，規模の経済性を享受できぬなど，現実の政策目的としてはすこぶる不適切である．それゆえに，原始独禁法的思考は，反トラストの理念としては傾聴に値するかもしれないが，あまりにも厳格にすぎて，現実性，有効性に問題が残る．戦後日本では，一部に，「独禁法は，大規模自体を否定するものであり，国際競争力を低下させる」とか，「独禁法は，19世紀的な自由競争に郷愁をいだいて，歴史を逆転させようとするものだ」といった主張がみられたが，この種の「誤解」が原始独禁法の「超厳格性」に負うとこ

2）　その制定までの詳細な経過については，［公正取引委員会事務総局編 1997a：25-26］参照．しかも，この時期のアメリカは，戦前のニューディール期の競争制限的な政策が不適切であったとの反省により，みずから反トラスト法を画期的に強化しようとしていた点を見逃してはならない．

3）　このことは，安藤編［1972：183］にみられる脇村義太郎氏の発言などからもうかがえる．

4）　日本では，当時，このような把握がかなり有力であった感があるけれども，ハドレーは，これに対して強く反論している［Eleanor 1970: 11; 邦訳11-12］．もちろん，占領軍といえども，現実に完全競争型市場構造をそのまま実現しようと考えていたわけではないであろう．

ろも皆無ではなかろう．加えて，この法律が占領法規であった事情もあり，「戦勝国が敗戦国の弱体化をはかって押しつけたものだ」といった感情的反発も生じた．このように，日本最初の独禁法は，市場経済体制下における「競争促進・独占禁止」の意義が十分に反省・理解されることなく制定されたのである．

　これに対して，同じく戦後はじめて独禁法をもつようになったとはいえ，旧西ドイツ（現ドイツ）の場合は，かなり事情が異なっている．というのは，戦後の旧西ドイツでは，戦前・戦時中のナチスによる独占体制・統制経済や自由圧迫の苦い経験が反省され，自由主義的なフライブルク学派の政策原理に基づきながら市場経済，競争秩序がひろく支持されていた．したがって，独禁法（「競争制限禁止法」）は，1957（昭和32）年の制定時こそ日本よりも遅れたけれども，このような原理的反省に基づいた広範な国民的合意によるものである．ここにドイツが日本とは逆に，その後くり返し（1988年までに6回）強化の方向で法改正を行ってきたゆえんがあると思われる．一方，日本の場合，独禁法が戦後いちはやく（アメリカからの要請で）制定されはしたものの，その意義が広く理解・確認されたとはいえず，また，戦前・戦時型の独占体制，政府統制（または規制）に対する反省も十分とはいえなかった．それゆえ，独禁法制定直後から，くり返し緩和改正が企図されたり，なんらかの経済的難局に直面するたびに協調化，統制化に走る傾向がみられたのもこのような事情が少なからず影響していると思われる．

2　独占禁止法の緩和・改正

　つぎに，原始独禁法が緩和・改正される過程を概観しよう．すでに明らかなように，原始独禁法は，すこぶる厳格な内容のものであった．しかしながら，この法律は，その後，大幅に緩和・改正されることとなる．

　戦後独禁法の大きな緩和・改正は，2度を数えるのであって，第1次改正は1949（昭和24）年，ついで1953（昭和28）年に第2次改正が行われた．このうち，とくに重要な意味をもつのは，第2次改正であったといってよい．この他にも，1958（昭和33）年に第3次改正が企てられ，また，1962（昭和37）年には通商産業省（2001年より経済産業省）による特定産業振興臨時措置法案が国会に提出されるなどの動きがあったが，いずれも不調に終わった．以下，これらの内容を展望する．

（1）第1次緩和・改正

　先に指摘したように，原始独禁法は，アメリカ占領軍による「純粋・理想的な」目的と「懲罰的な」意図とが混在した性格をもち，その内容は，現実にはかなりの「行き過ぎ」が認められた．もっとも，当時はなお，戦後の統制経済期であったから，現実には，公取委自体の活動の余地は少なく，反独占政策の主役は，むしろ持株会社と整理委員会であって，もっぱら財閥解体・経済力集中排除の政策が活発に施行されていた．けれども，その後，国際情勢の変化に伴い，1948（昭和23）年ごろから占領軍の対日政策が大きく変化して，日本経済の自立・復興を進めるようになった．具体的に，1952（昭和27）年4月にサンフランシスコ講和条約が発効し，日本が政治的独立を獲得したことから，まず財閥解体・集中排除措置が大きく緩和され，ついで，独禁法の緩和・改正も認められるところとなる．

　このように行われた第1次改正は，① 国際契約の事前許可制から事後届出制への改正，② 株式の保有，役員の兼任，合併および営業の譲受などに関わる厳しい制限の緩和，を主たる内容としている．これらはいずれも，占領政策の行き過ぎを是正し，「現実化」をめざすという性格をもつといえよう．

（2）第2次緩和・改正

　上記のように，第1次改正については，総じてやむを得ないとみる傾向があったけれども，1953（昭和28）年の第2次緩和改正には一部にかなりの批判がみられた．このたびの改正の要点は，①（影響軽微な場合を除く）すべてのカルテルを禁止する第4条を削除したこと，② 不況カルテル，合理化カルテルを許容したこと，③「不当な事業能力の較差排除規定」（第8条，企業分割措置といわれた）を削除したこと，④ 株式所有，役員兼任，合併の制限など私的独占の予防規定を大きく緩和したこと，⑤ 事業者団体法が廃止されて独禁法に収容されたこと，⑥ 再販売価格維持行為に対する適用除外の容認，などであろう．

　一見して明らかなように，ここでは，カルテル規制がとりわけ大幅に緩和された．この際，戦前・戦時のカルテル（協調）有益論，競争有害論的思考が大きな統制を演じたことは疑い得ない．しばしば指摘されたように[5]，「すべてのカルテルを禁止する条項の削除」と「不況カルテル，合理化カルテルの許容」は，

5）　例えば，今村［1961：18］.

あらゆるカルテルを違法とみるこれまでの立場から，カルテルに善悪をつけて「悪いカルテル」だけを規制する立場に変わったともいいうる．このような把握によれば，カルテルに対する独禁政策上の立場が，一般禁止原則から濫用禁止原則に転じたことになる．それはともかく，この改正が，その後のカルテルの頻発やいささか「安易な」不況カルテル（例えば1971年から翌年にかけての粗鋼・エチレンなどの不況カルテル）許可に少なからぬ影響を与えたことは，たしかであろう．

　また，この改正までは，第8条の「不当な事業能力の較差排除規定」によって，独占的支配企業の分割が実施可能であったけれども，その削除によって市場をほぼ完全に支配し，かつ独占の弊害顕著な企業に対する措置がいちじるしく困難になったといえよう．ちなみに，アメリカでは，カルテルの一般禁止原則が強く支持され，また，独占的企業の分割も（現実に発動されることは多くないとはいえ）実施可能であった．それゆえに，日本の独禁法は，第2次改正によって，一挙にアメリカ法以上の緩和的な内容をもつことになった．いずれにせよ，今回の改正は，大幅な緩和的内容のものであり，とくに，カルテルに対する態度の改変に注視する必要がある．

（3）第3次緩和・改正の挫折

　第2次改正は，このように大規模なものであったが，さらに，その後の不況を背景にして，政府，産業界によって三たび独禁法改正が企図されることになる．

　具体的には，政府は，産業界の期待をうけて，1957（昭和32）年，独占禁止法審議会を内閣に設置し，改正作業に着手した．この審議会は当時，「カルテル友の会」などと皮肉られたりしたけれども，たしかに，その答申（1958年）[6]には，様々なカルテルや合併推進的な提案が含まれていた[7]．なかでも注目すべきは，「自由競争秩序を維持することが『公共の利益』に合致する」という独占禁止法の根本認識そのものに疑問が提起されていた点であろう[8]．そして，ここでは，依然として伝統的な「競争有害・協調支持」の思考が強く反映してい

6）　元公正取引委員伊従寛氏によれば，脇村義太郎教授が，審議会委員の名簿をみて，「カルテル友の会だな」といわれたことに始まるようである．高瀬・黒田・鈴木監修［2001：182］参照．

7）　［公正取引委員会事務総局編 1997a：66-67］

たといわざるを得ない．この種の思考は，その後も根強く残存し，貿易自由化・資本自由化期の産業再編成論や八幡・富士両製鉄の合併推進に大きな影響を及ぼすことになる．

　また，これに関連して指摘すべきは，当時，独禁法の番人たる公正取引委員会（以下，公取委）を廃止（ないし経済企画庁への移管）しようという動きがあったという事実である［高瀬・黒田・鈴木監修 2001：165；187］．結局のところ，実現をみなかったとはいえ，戦後日本における「独占禁止政策有害論」のたぐいがいかに強力であったか，を象徴的に示すものであろう．

　ところで，独禁法審議会の答申に基づく独禁法改正案は，1958（昭和33）年10月の国会に提出されたが，折からの警察官職務執行法改正問題をめぐる国会の紛糾にまき込まれて審議未了の廃案となった．したがって，大規模な緩和・改正は一応，先述の1949（昭和24）年，1953（昭和28）年の２回にとどまったわけである．

　とはいうものの，1958（昭和33）年施行の「鉄鋼公開販売制」などに代表される通産省の行政指導強化，公取委の法運用の消極化などもあり，実質的には改正法案が成立したのとほぼ同じような状況であった言ってよいであろう．それでは，つぎに，適用除外法，行政指導などにふれておこう．

（4）「緩和措置」の増加

　独禁法の緩和・改正に関連して，適用除外法や行政指導などを見逃すことはできない．というのは，これらはいずれも，独禁法からの「抜け道」という性格をもつからである．まず，適用除外法についてみよう．

　適用除外法には，例えば，電力，ガス，水道といった「自然独占」型産業のように，本来，競争原理で律するのが適当でないとされる業種を対象にしたものや，著作権，特許，協同組合などに関わるものでもある．これらが独禁法の対象外とされるのは，その性格上，一応はそれなりの根拠をもつといわれてきた（とはいえ，第２章でみたように，「自然独占」型産業の中には，技術革新によって状況に変化が生じ，競争産業化した際には，同法の適用を見直すことは当然である）．けれども，1952（昭和27）年ごろから相次いで成立した中小企業安定法，輸出入取引法お

8）　答申のなかには，「自由競争秩序を維持することが『公共の利益』に合致するとの考え方は狭きに失する」という有名な指摘がみられた［公正取引委員会独占禁止政策二十年史編集委員会編 1968：153］．

および個別産業ごとの適用除外法（例えば機械工業振興臨時措置法，電子工業振興臨時措置法，繊維工業設備等臨時措置法，肥料価格安定等臨時措置法など）のようなカルテル結成を容易にするための立法は，競争政策の視点からすれば問題があったのである．

　さらに注目すべきは，勧告操短と公開販売制度であろう．これらは，適用除外法がない場合に，通産省が介入することによって「合法的に」カルテルを結成させる手段となっていた．このような措置が競争政策を弱体化させたことはいうまでもない．

　なお，公取委は，当時の状況を回顧して「独占禁止政策の緩和を求める動きは1958年改正法案の国会提出によってピークに達したが，この改正が不成立に終わってからは，緩和の方向での改正は２度と試みられず，また，この時期を境として，適用除外法制定の動きも一転して下火となった．こうして独占禁止政策が日本に定着するために通らなければならなかった試練の時期はようやく終わった」[公正取引委員会事務総局編 1997：6]と述べている．

┃おわりに

　以上，日本の競争政策の歴史的経過やその特徴を，主として日本の伝統的思考や産業官庁による「競争制限的な」政策路線と関連させながら考察した．

　戦後，独禁法が制定されはしたものの，当初は，協調尊重・大規模支持の「伝統的思考」が強く，また，「官民協調体制」を掲げる通産省の「産業政策」との対立が激しかったこともあり，競争政策の意義について容易に市民権をえることができなかった．

　一方で，1956（昭和31）年の経済白書には「もはや戦後ではない」との表現が記されたように，1950年代後半あたりから，日本は経済復興期から高度経済成長期へと移行していく中で，政府は国際競争力強化のために，過当競争の防止，企業の大規模化を促進する時代が続くことになる．

　それゆえ，日本において独禁法，競争政策の体系が導入されたとはいえ，市場経済・競争原理に関する支持・理解が広まるにはもう少し時間がかかるのである．

演習問題

1. 日本の競争に対する「伝統的思考観」について説明すると共に，その思考観が競争政策に反している理由を述べなさい．

2. サンフランシスコ講和条約発効による政治的独立後，1960年代あたりまで日本の独占禁止法および独占禁止政策（競争政策）は，どのように展開していくか，について説明しなさい．

第4章 高度経済成長から低成長時代の 競争政策 （1960〜1980年代）

はじめに

　前章において，独占禁止法（以下，独禁法）の制定の背景，その後の緩和・改正の経緯について考察したが，本章では，1960年代半ばごろからの通産省による産業再編成，ないし大型合併の推進，さらには競争政策の緩和をめぐる動きについて検討を進めていく．これらの流れは本来の競争政策の路線とは逆行しており，当時の「特定産業振興臨時措置法」（バイパス立法）の制定や通産省が推奨していた産業政策の一環である大型合併の推進によって，「間接的な緩和」をはかったと言える．

　その一方で，この時期の高度経済成長時代の到来に伴う消費者物価の上昇が激しく，政府も物価安定が重要な政策課題となる．実際に，1960（昭和35）年9月の「消費者物価対策について」の閣議が了解されて以降，独禁法を物価対策として活用される必要性が徐々に要請されていく．

　さらに，1970年代の2度にわたる石油危機（オイル・ショック）を契機として，さらなる物価上昇およびこの物価上昇に便乗したカルテルが様々な産業界において頻発したことで，消費者利益が大きく損なわれることとなった．このような事態から1977（昭和52）年に独禁法制定以来はじめての強化・改正が行われたのである．

　そこで，本章では，まず，（1）1960年代半ばごろに強く主張されていた貿易自由化対策および資本自由化対策としての産業再編成論（新産業体制論）を整理し，ついで（2）その具体的実践といわれた八幡・富士両製鉄の大型合併について検討する．そして最後に，（3）1970年代における独禁法の強化・改正をとり上げ，安定成長（ないし低成長）時代へと移行していく日本の競争政策への認識の変化，および施行状況について考察する．

▍第 1 節　貿易・資本自由化期と産業再編成

1　貿易自由化と産業再編成論

　独禁法そのものの大きな緩和・改正については 2 回にとどまっていたが，その後もまた，やや別の角度から競争政策の緩和が企図される．以下，その内容を概観しよう．

　図 4 - 1 のとおり1960年代に高度経済成長時代をむかえた日本は，1963（昭和38）年から1964（昭和39）年にかけて，IMF 8 条国への移行，GATT11条国への移行，さらにはOECD（経済協力開発機構）への正式加盟などを実現し，経済の国際化，すなわちこれまでの封鎖体制から開放体制へと移行していくことになる．また，諸外国から貿易自由化（後には，資本自由化）を迫る声が日ごとに高まった．そこで，の事態に対処するため，またもや通産省を中心に競争政策の緩和が企てられるのである．もっとも，このたびは独禁法の規定を直接に改正する道をとらず，特定産業振興臨時措置法（以下，特振法）というバイパス立法の制定によって緩和をはかろうとしたことに注視する必要がある[1]．この法案は，貿易自由化に対処して国際競争力を強化するために，自動車，有機化学工業，特殊鋼などの「戦略産業」において，生産，設備，購入などの各種カルテルを認め，また減税などの優遇措置を通して合併を推進しようとするものである．その根底には，当時，通産省が主張した政府と産業界による官民協調体制形成の構想（「新産業体制論」ともよばれた）があったことはひろく知られている．その内容を要約すれば，つぎのようになるであろう．

　① **規模の過小論**：日本産業は，欧米先進諸国に比して企業規模が過小であり，規模の経済性を十分享受することができない．
　　そこで，国際競争に打ち勝つために，競争政策を緩和して合併による集中化を促進する必要がある．
　② **過当競争論**：日本産業には，甚だしい過当競争がみられる．
　　そこで，これを排除して有効競争秩序を形成すべきであり，形成の方

---

1)　この間の事情について，御園生等［1968：49］に「独禁法改正という立法によらなかったのは，貿易自由化により権限を失った通産省にとって，新しい誘導行政の根拠法規たらしめようとする意図にもとづくものであった」という指摘がみられる．

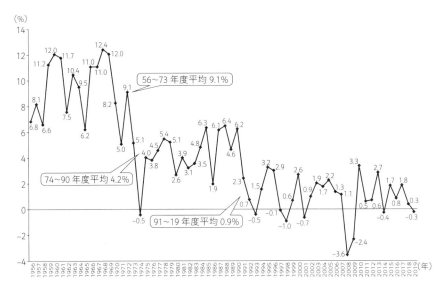

図4-1　日本における経済成長率の歴史的推移

出所：内閣府ホームページ，『国民経済計算（GDP統計）』より抜粋.

注：年度ベース，複数年度平均は各年度数値の単純平均．1980年度以前は「平成12年版国民経済計算年報」（63SNA
　ベース），1981～94年度は年報（平成21年度確報，93SNA）による．それ以降は2008SNAIに移行．2020年
　10-12月期2次速報値（2021年3月9日公表）

　　　法論としては，政府・産業界・金融界の3者協調方式，すなわち官民協
　　調体制が望ましい.[2)]

　以上で明らかなように，その内容は要するに，規模の過小論と過当競争論を
軸にして，（企業規模の拡大と協調体制の形成を主要内容とする）産業再編成の必要性
を説いたものである.

　通産省によるこのような主張はもともと，フランスの「官民協調経済体制」
に範を求めたものだといわれる［和田 2011：17-18］．一方，産業界は，この経済
体制が事実上「官僚統制」と同じ効果をもつとみて難色を示し，みずからは民
間企業の自主的な協調ないし共同行為による「自主調達方式」を主張した[3)]．と
はいえ，官民協調体制にせよ，自主調整方式にせよ，共に市場メカニズムを主

────────────

2)　両角良彦「産業体制論──通産省側の1提案──」［両角ほか 1963］参照.

3)　例えば，東洋経済新報社編［1962］，公正取引委員会編［1963］などに収められた各
　界代表者の諸論文を参照.

眼に置いた競争原理を評価せず，もっぱら大企業間の合併や協調（カルテル）の推進を重視したことから，両者の構想としては大きな相違があるわけではない．それはともかく，このころから日本でも競争原理の重要性が少しずつ認識される動きもあったため，上記の政策路線は，ある一定の批判も受けることとなった[4]．加えて，この特振法案については，産業界側が官僚統制の強化を恐れてすこぶる冷淡な態度をもっていたのであり，「スポンサーなき法案」などといわれる始末であった．それゆえ，この法案は，修正を含め 3 度にわたって国会に提出されたものの，結局のところ審議未了で廃案となる．

2　資本自由化と産業再編成論

通産省の新産業体制論的主張は，特振法が廃案となり，一時下火になったかにみえたが，その後再燃し，さらに1960年代半ばごろから資本自由化対策との関連でほぼ完全に復活した．もっとも，この間に現実の日本経済・産業は，先の通産省・産業界側の深刻な悲観論にもかかわらず，貿易自由化を大過なく乗り切っていたのである．そこで，通産省側の主張もこれに対応して，「貿易の自由化の場合は，なんとか乗り切れたが，資本自由化はそうはいかない」といった新たな視点から産業再編成論が展開されることになる．

この時期の議論は，過当競争論もさることながら，なによりも企業の大型化推進の必要性を強調する点に大きな特色があった．それゆえ，かつて産業界から官僚統制をまねくと批判された官民協調的主張が後退したために，以前のように政府と産業界のあいだに意見対立があまりみられなくなったことも新しい現象であった[5]．

ここで，資本自由化期の産業再編成論の内容，特徴を概観しよう．この時期の産業再編成論者によれば，資本自由化は，国内経済や産業に対して貿易自由化の場合とは比較にならぬほどに深刻な影響を与える．というのは，貿易自由化とは，「外国商品と日本商品との競争の自由化」であり，主として「商品の価値と品質によって競争が行われる」のに対して，資本自由化は，「外国企業と日本企業の日本市場における競争の自由化を意味する」からである．そこで，

4）　例えば，舘・小宮・新［1964］は，その有力な批判の 1 つであった．また，小西［1966］も参照．

5）　この時期の通産省による議論内容については，林［1967］および稲葉・坂根編［1967］などを参照．

資本自由化時代の競争は，これまでの「商品の競争」から「企業の競争」に移行するという．そして，この種の競争は，資本力，技術力，販売力などの企業要素を総合した，いわゆる「企業競争力」を構成する諸要素をめぐって直接行われるものである．それゆえに，この立場からすれば，「企業規模は，大きければ大きいほどよい」ということにならざるを得ない．したがって，国際競争に打ち勝つためには，（GM，デュポン，GE，USスチールなど，当時の世界トップ企業レベルなみに）企業規模を飛躍的に拡大しなければならないと強調されるところとなる．

　このような企業規模拡大論には，貿易自由化期の議論と比べてかなりの相違がみられるのは明らかである．というのは，貿易自由化期の場合には，少なくとも理論的には「適正規模」を追求する形をとっていた．けれども，ここでは，これが一掃され，「最大の企業規模こそが最良の規模」という主張に変わっている．

　そして，当時，大きな論議をまき起こした八幡・富士両製鉄の大型合併推進論も，結局のところ，この種の企業競争力説に基礎をおいていたと言える．このような立場からすれば，独禁法による合併規制がまったく無意味かつ有害ということになる．よって，彼等の主張が結局のところ，やや極端にいえば，戦前からの伝統的「大規模有益論」の系譜につながる「あらゆる産業を1社に集約するのがベスト」という思考に通じる点は，十分に確認されてしかるべきである．しかしながら，この帰結については（旧社会主義国の苦い経験や産業組織論の諸研究が示すように）現実の政策として実施すればすこぶる問題点が多いということになる（後述）．

▌第2節　大型合併と協調化の進展

　資本自由化対策としての産業再編成論は，1967（昭和42）年に資本自由化がスタートした時期に活発に主張された．そして，1968（昭和43）年3月には，実際に旧王子系製紙3社（王子製紙，本州製紙，十条製紙）の合併，続いて4月に八幡・富士両製鉄の合併などの発表があった．このうち，旧王子系3社の場合は，その後，合併の事前審査をとり下げたけれども，八幡・富士の大型合併は1969（昭和44）年10月30日，（営業の一部譲渡命令はあったものの）同意審決という形で承認され，1970（昭和45）年3月31日，当時としては世界最大の鉄鋼会社「新

日本製鐵株式会社」が設立したことで大きく話題に上ったのである．

　この合併事例は，日本の独禁法制定以来，史上空前の規模のものであったために，その是非をめぐって厳しい議論が交わされた．両社合併にいちはやく賛意を表明した通産省・産業界側の見解は，先述の資本自由化期の産業再編成論を根拠にしている．彼等によれば，この合併こそは，「資本自由化対策としての産業再編成」の模範的実践であり，高く評価さるべきものである．また，一般世論も当初は，「この合併が国際競争力強化につながる」と判断したようであり，歓迎ないし賛成の論調が数多くみられた．

　しかし，その一方，「自由化しても輸入の急増や外国企業進出のおそれがないほどに強大な鉄鋼業」において，業界 1 位と 2 位の企業が（国際競争力強化の緊急の必要性から）合併しようとする点に疑問をいだくケースも少なくなかった．例えば，「近代経済学者」の場合，当初からこの合併に批判的な人が多く，後に「独占禁止政策懇談会」に結集して「大型合併についての意見書」を発表する（1968年 6 月15日）．したがって，この大型合併案件については，1 年数ヶ月にわたり，その当否をめぐって活発な競争をまき起したのである[6]．

　ここで，指摘すべきは，日本の鉄鋼業は当時，すでに世界最強と評されていたから，両社が「国際競争力強化」のために，合併すべき理由はみあたらないということである[7]．結局のところ，その真意はおそらく，鉄鋼業界の競争力を排し，新日鐵をリーダーとする協調体制を形成することにあったといえよう[8]．それはともかく，この合併が承認されたことは，日本の競争政策のなかでもとりわけ合併規制に甚大な影響を与えるものであり，以後，大型合併に関する規制が極めて困難になったことは否定できない．しかも，日本の鉄鋼業は，新日鐵成立以後，その強固なプライス・リーダーシップが確立され，すこぶる協調的な産業に転じたことは周知の事実である．

　以上，貿易・資本の自由化期の通産省と競争政策との関連について検討した．

---

6)　大型合併をめぐる論争については，『東洋経済臨時増刊・企業合併特集号』（7／3号，1968年），『東洋経済臨時増刊・産業政策と八幡・富士合併特集号』（12/11号，1968年）がそれぞれの主張内容を把握するうえでもっとも便利である．

7)　また，かりに「国際競争力の強化」の必要性を認めるとしても，業界 1 位と 2 位の企業が緊急に合併しなければならぬほどの「危機」にあるのであれば，通産省がなにゆえに 3 位以下を放置していたのか疑問である．

8)　事実，八幡製鉄社長が当時，「この合併は，国際競争力強化のためのものではない」と発言し，通産省など合併支持者をあわてさせた一幕もみられた．

当時,マスコミでは,これらの対立がしばしば「通産省対公取委」,あるいは「産業政策対競争政策」という形でとり上げられたけれども,実態は通産省がかなりに優勢であり,その結果,八幡・富士両製鉄の大型合併も成立したといわざるを得ない.

第3節　石油危機と独占禁止法

　第2次世界大戦後の独禁法制定からこの時期までの独禁法をめぐる過程を顧みるならば,「一路後退の歴史」であったといいうる.けれども,大型合併推進の動きとは逆に,物価問題,消費者保護との関連で競争政策が注目されるようになったことに関心を向けねばならないであろう.さらに,その後,第1次石油危機を直接の契機として,ついに1977(昭和52)年,日本の独禁法制定以来,初めての「強化・改正」が行われた.よって,以下,これらの内容とその後の経過について概観する.

1　物価問題,消費者保護と競争政策

　前述のとおり,八幡・富士両製鉄の大型合併に対して「競争政策上疑問」との声が少なくなかったにもかかわらず,当時の日本の政策思考からみて成立したことは理解できよう.けれども,その一方で,このころから,物価問題とのかかわりにおいて独禁法を評価する傾向が見受けられ,事実,競争政策も次第に活発化するところとなった.

　戦後,日本経済は,順調に復興・発展してきたけれども,その一方で,高度成長期以降,持続的なインフレ進行が大きな問題となっていた.

　いうまでもなく,物価対策には,財政・金融政策をはじめとして様々な手段があるけれども,競争政策もまた,有力な1つとして脚光を浴びるところとなる.そのゆえんは,当時,産業の寡占化が進行し,ここから,多くの業界内で協調的な値上げがくり返されていた結果,恒常的に物価が上昇していたからである(寡占の管理価格インフレーション).それゆえに,競争政策の「厳格な」施行によって,これら産業を競争化させ,物価安定をはからねばならぬということになったのである.そこで,価格カルテル規制の強化,勧告操短の撤廃,適用

───────────
9)　ただし,念のために付言すれば,本来,「物価安定」の政策目的について,独禁政策に過度の期待をよせる行き方は適切でないであろう.

除外カルテル認可の慎重な取扱い，協同組合の価格協定の規制指導，価格硬直商品の調査などの措置が次々と行われた［公正取引委員会事務総局編 1997a：132］．これら一連の措置が，通産省による今までの競争制限措置に一定の制約をあたえ，多少とも競争政策強化の効果を生み出したことは，たしかであろう．

さらに，この時期において，消費者保護措置の台頭があったことも忘れてはならない．というのは，当時，虚偽・誇大広告や欠陥商品，さらには有害・危険商品の存在が次々に明るみに出て，大きな社会問題になった．例えば，欺まん的表示としては，① 商品名やレッテルには「牛肉缶詰」をうたいながら，中味は馬肉や鯨肉であった「にせ牛罐事件（1960年）」，② 実際は合成レモンであるにもかかわらず，あたかも天然レモンのジュースであるかように執拗に広告していた「合成レモン飲料事件（1967年）」，③ 枚挙にいとまのない不動産の誇大広告事件などがその典型例であったといえよう．

これらを契機に，競争政策が欺まん的表示規制と結びつくことで，公取委が消費者保護とのかかわりで急速に期待を集めるようになる．不当表示と過大な景品付販売を規制する「景品表示法（1962年）」は，このような社会的状況を問題視した消費者団体の要請などに対応したかたちで成立したものにほかならない．また，これに関連して，再販売価格維持行為の規制も強化されたことを付言しておこう．

以上で明らかなように，当時の公取委の活動は，「私的独占，不当な取引制限の禁止」については，「低調」であったけれども，これら「不公正な取引方法の禁止」の分野では，総じて「活発」であった．もちろん，この行き方は，（当時，多くの批判がみられたように）「独占禁止・競争促進」という本来の役割からすれば，まだまだ充分であったとはいえないであろう．とはいえ，日本の競争政策は，このような経路をへて次第に定着していくことになったのである．

2　石油危機と独禁法強化・改正

日本経済は1960年代，長きにわたって高度成長を実現し，また産業の国際競争力も飛躍的に強化された．けれども，1970年代に入るや，公害問題，諸外国との経済摩擦，さらにはドルショックのような経済的困難に直面した．経済成長においても，高度成長から一転して低成長へと向うことになる．これらの環

---

10)　これらの中には，「駅から歩いて十分」という曖昧な表示を追求された際，「歩いてじゅうぶん」のつもりだったと弁解した事例もあったという．

境変化は，不況カルテルの申請や違法カルテルを急増させ，産業界に協調ムードが蔓延する．そして，このような状況下において，1973（昭和48）年10月，第１次石油危機が発生したのである．

　石油危機は，OPEC（Organization of the Petroleum Exporting Countries: 石油輸出国機構）[11] 諸国が第４次中東戦争を契機に石油の供給削減，大幅値上げを敢行したところから生じたのであって，日本のような石油輸入諸国に甚大な打撃をあたえた．日本では，「石油がなくなる」との恐怖からトイレットペーパーやチリ紙などがスーパーの店頭から姿を消す混乱が生じ，また物価もたちまち２ケタ上昇する状況に陥った．

　しかも，その後，このすさまじい物価急騰のかげでヤミカルテルが数多く結成されていたことが明らかとなり，ここから，独禁法強化への要望が空前の高まりをみせ，自民党をはじめとするすべての政党が，独禁法の強化・改正を主張するところとなった．この状態は，これまでこの法律に対する一般の理解・支持があまりみられなかった日本では，画期的というべきである．

　とはいえ，このような状況によって作成された1975（昭和50）年の第１次改正法案は，結局のところ廃案になってしまう．さらに翌年に再提出された第２次改正法案もまた廃案となったことに及んで，独禁法の改正熱も一時まったく冷えきった感があった．けれども，同年，福田赳夫内閣が成立したことで，ふたたび改正論が浮上し，多くの紆余曲折を経た結果，ついに1977（昭和52）年５月27日，第３次改正法案が成立したのである．

　ちなみに，今回の主要な改正内容としては，① 現実に施行するのは多くの困難があるとはいえ，構造規制（営業の一部譲渡）がとり上げられたこと，② 価格の同調的引上げに対して，その理由の報告を求めることにより，寡占企業の安易な統一的値上げ行為を抑制しようとしたこと，③ 不当な取引制限などに対して課徴金を課し，これまでの「カルテルはやり得」という状況を是正したこと，④ 株式保有の制限を強化して，一般集中の高まりを抑制しようとしたこと，⑤ 罰金の限度額を若干引き上げたこと，などを挙げることが出来る．

　そして，これら強化改正事項の効果をふり返ってみて現実にもっとも大きな役割を演じたのは，カルテルに対する「課徴金納付命令制度」の導入であると

11）　石油産出国の利益保護を目的として，1960（昭和35）年９月にイラン，イラク，クウェート，サウジアラビア，ベネズエラの５カ国で設立した組織である．その後，加盟国は増加し，2016（平成28）年現在，13カ国が加盟している．

いえよう．この導入によって，「カルテルはやり得」の風潮に多少とも歯止め
がかかったことは否定できない．そして，何よりも記憶すべきは，この改正が
日本の独禁法制定以来，最初の強化・改正である点である．

3　低成長時代と競争政策

　すでにみたように，1977（昭和52）年の独禁法強化・改正は，これまでの緩和・
改正路線を一変させるものであった．そして，事実，これ以降の政策は，国際
状勢などの「外的要因」が公取委に大きく「味方した」こともあり，緩慢なが
らも一貫して強化の方向へ進んでいくといってよいであろう．

　例えば，1979（昭和54）年 9 月のOECD理事会による「競争政策およびその
適用除外分野または規制分野に関する理事会勧告」や1989（平成元）年からの
日米構造問題協議などは，これら「外的要因」の代表例というべきであろう．

　以下，1977年から1988年あたりまでを「低成長経済下の競争政策」として，もっ
ぱら，（ 1 ）構造不況産業対策をめぐる産業政策との対立問題，（ 2 ）OECD理
事会による規制緩和勧告の問題，の 2 つを中心に検討したい．

（ 1 ）構造不況産業と競争政策

　1970年時代の経済成長は，これまでの高度成長とは一変して年率 3 ～ 5 ％台
へと鈍化し，「低成長時代」を迎えるところとなる．産業構造もまた，「重厚長
大型から軽薄短小型」ないし「素材型から組立型」へと転換を迫られ，その結
果，基礎素材産業の一部に大きな需給ギャップが生じた．したがって，これら
の産業は，（景気循環とは無関係の）「構造的不況」に陥り，過剰設備の整理が重
要な課題となったのである．

　このような事態に直面して，通産省は，当初，公取委に対して「独占禁止法
の枠の外での措置を求めてきた」［公正取引委員会事務総局編 1997a：327-328］という．
その内容を具体的に述べるならば，① 通産大臣が不況業種に設備廃棄カルテ
ルを結ばせて，カルテルに加盟しないアウトサイダーには設備新設を禁止する，
② これら業種での合併・営業譲受けを通産大臣の承認事項として，独占禁止
法の合併規制を適用しない，ということになる．いうまでもなく，ここでは，
① 産業政策が本来，競争政策よりも優先されるべきであり，かつ，② 政府統

---

12)　古城誠「日本の競争政策の歴史的概観（ 2 ）──1977年改正とそれ以後の独禁法強
　　化──」［後藤・鈴村編 1999：53］参照.

制的手法は，市場機構や競争原理よりもはるかに有効だ，という通産省の伝統的認識が色濃くみられる．そして，このことは，当時にあってもなお，かつての官民協調体制論的思考が根強く残存していたことを示すものであろう．

　一方，公取委側は，市場機構・競争原理の立場から，過剰設備廃棄は，共同行為によるのではなく，企業の自主的な判断によって対処すべきだと主張し，通産省と鋭く対立することになる．結局のところ，両者間の調整がなされ，かつ通産省側の「譲歩」もあって，この問題は一応決着した．こうして成立したのが，1978（昭和53）年の「特定不況産業安定臨時措置法（以下，特安法）」にほかならない．

　この特安法では，アルミニウム精錬をはじめとする14業種が構造不況業種に指定された．そして，段ボール原紙製造業など8業種においては指示カルテルが実施され，過剰設備の処理が行われた．しかしながら，1979（昭和54）年2月に第2次オイルショックが生じ，特安法による指定業種の多くにふたたび過剰設備が発生した．そこで，「特定産業構造改善臨時措置法（以下，産構法）が1983（昭和58）年に制定され，さらに1987（昭和62）年には「産業構造転換円滑化臨時措置法（以下，産転法）」が制定されたのである．

　以上で明らかなように，通産省は，産構法や産転法などを制定させるほど，当時にあってもなお，「産業調整問題は，上からの『統制的手法』によらねばならず，したがって，独占禁止法から適用除外すべきだ」といった伝統的思考の影響下にあった．とはいえ，通産省の姿勢に一定の変化が生じていたことも確かであって，従来のように，自己の政策路線を一方的に押し進めるのでなく，公取委との調整をはかろうとするようになっていた．そして，その後，しだいに「価格機構の機能と企業間競争の役割を積極的に評価する政策に転換した」[13]ようである．その意味では，競争政策の基本的姿勢において，公取委との差異が少なくなったということになろう．したがって，戦後くり返し生じてきた「産業政策対競争政策」，ないし「通産省対公取委」という構図は，構造不況産業をめぐる政策路線の対立を最後に，一応解消の方向に進んだといってよい．また，このことが，その後の競争政策強化に結び付いていくことは明白であろう．

---

13)　小宮隆太郎「序章」［小宮・奥野・鈴村 1984：14-15］参照.

（2）OECD理事会勧告と競争政策

　なお，この時期の競争政策に関連して見逃し得ないのは，OECD理事会による1979（昭和54）年の「規制緩和勧告」である．その要旨を述べれば，OECD理事会が加盟国に対して，「各国で採用されている政府規制は，その導入当時，有意義であったにしても，その後の事情変化により有害と化しているケースが少なくない．そこで，この際，それぞれが検討し，不用な規制を撤廃ないし緩和すべきだ」ということになる．この勧告をうけて，公取委は「規制法令の把握と政府規制産業16業種の調査を進め，1982（昭和57）年 8 月，調査結果に基づく公取委の見解を取りまとめて公表した」［公正取引委員会事務総局編 1997a:15］．しかしながら，当時はなお，規制官庁の「抵抗」も強く，現実の規制緩和は遅々として進まなかった．これについては，公取委の『独占禁止政策五十年史 上巻』において，「しかし，これ（筆者注：公取委の見解）は省庁のほとんど顧慮するところとはならず，規制緩和が社会全般の理解を得るにはなお10年近い時日を要し，公正取引委員会（以下，公取委）は，当時においてこの分野における知られざる先駆者として忍耐強い調査活動を続けていくこととなる」［公正取引委員会事務総局編 1997a:330］と述懐している．とはいえ，OECD理事会勧告は本来，「世界の趨勢」となるはずのものであり，日本の関係省庁といえども，いつまでも無視し続けうる性格のものではない．その意味で，この勧告は，長期的には公取委にとって強い「追い風」となったというべきであろう．

　その他では，当時の公取委は1978（昭和53）年に「事業者団体の活動に関する独占禁止法上の指針」を打ち出したのをはじめ，いくつかのガイドラインを相次いで作成・公表し，「予防行政」に力を入れたことも忘れてはなるまい．

▌おわりに

　以上，独禁法が制定されて以降も，協調尊重・大規模支持の「伝統的思考」が強く，容易に市民権をえることができなかった時期から，1950年代後半あたりから競争政策の重要性が次第に定着するようになったといえよう．

　そして，1977（昭和52）年には，日本の独禁法はじまって最初の強化・改正が実現し，それ以後は，総じて厳格化の道を歩んでいくことになる．

　なお，競争政策自体，かなりに強化されていくとはいえ，独占禁止の母国であるアメリカに比して，まだまだ制度や取り組みも十分ではなかった．

　それゆえに，1980年代前後，海外諸国との経済関係もよりいっそう活発化すると共に，競争政策に対する広範な国民的合意の確立を本格的にめざしていくことになる．

演習問題

1．大型合併をめぐる問題について，1960年代の通産省と公取委の対立を説明しなさい．

2．高度経済成長期まで日本の競争政策は事実上，骨抜きと言える状況であったが，いつからどのような理由で強化されることになったか，について詳しく論述しなさい．

第5章　グローバル時代の競争政策（1990年代以降）

はじめに

　前章において，日本が高度経済成長時代から低成長時代へと移行していく中で，物価対策ならびに消費者保護の観点から競争政策に対する重要性も次第に認識されはじめ，1977（昭和52）年には独禁法制定以来，初めての強化改正も行われたことを述べてきた．2度の石油危機の経験によって，日本では「省エネ」に対する様々な研究・開発の取り組みが推進され，これまでの重厚長大型産業から軽薄短小型産業を中心とした産業分野が台頭しはじめ，それら産業では活発な企業間競争が展開されるのである．

　1980年代に入ると，世界経済においてグローバリゼーションが急速に進展し，世界各国間での貿易も活発化する一方で，貿易摩擦問題も深刻化するところとなり，二国間レベルに代表される日米構造問題協議（SII: Structural Impediments Initiative）では，日本の市場の閉鎖性が批判され，独禁法の積極的な運用や強化改正が強く要請される．同時に，世界レベルにおいても公正かつ自由な貿易体制の枠組み・ルール化の検討が大きな課題となったのである．

　1991（平成3）年のバブル経済崩壊以降，周知のように日本経済は長期低迷に陥るが，一方で情報・通信技術の革新である「ICT革命」により，産業・企業でのスピード化・ネットワーク化が一気に進む．また，国内経済の本格的な回復・活性化のための手段として，政府も規制緩和・自由化の推進と競争政策の積極的な運用を支持していくこととなる[1]．

　21世紀をむかえて，2005（平成17）年の独禁法改正では，公取委の調査権限の強化，課徴金の対象違反行為の拡大や課徴金額の増額が規定されたことをはじめ，独禁法はさらに強化・改正の一途をたどっている．このような一般的背景としては，公取委も指摘するように，「供給者・生産者重視から生活者・消

1）　現に，2003（平成15）年，競争政策の施行機関である公取委が総務省から内閣府に移行したことで，公取委の立場・権限は強化されたといえよう．

費者重視へとシフトした政策の流れ，経済のグローバル化の進展に伴う独占禁止法の厳格な運用を求める内容からの要請の高まり，規制緩和の進展等」〔公正取引委員会事務総局官房総務課編 1997a：485〕の要因があげられる．

　そこで，本章では，まず，（1）競争政策の視点から，日米構造問題協議について考察し，また，この時期の政策強化の内容について簡単に紹介する．そして，（2）21世紀に入り，より一層グローバル化が進む中での日本の競争政策の施行状況と共に，とりわけ企業再編・救済としての公的再生支援の内容と課題について言及する．最後に，（3）日本と関わりの深い「独占禁止の母国」アメリカ，およびEUの競争政策の特徴について概観しておこう．

▌第1節　日米構造問題協議と競争政策

　1980年代，アメリカは，日本からの輸出が急増する一方で，対日輸出が一向に伸びず，厖大な貿易赤字を抱えることでかなりいらだっていた．アメリカ側の主張によれば，輸出が伸び悩んでいるのは日本市場が「閉鎖的・排他的」であるゆえであり，ここから，日本に対する市場開放に向けての様々な要求が提起された．とりわけ問題視されたのは，「貯蓄・投資パターン，土地利用，流通，排他的取引慣行，系列関係及び価格メカニズムの6項目」〔公正取引委員会事務総局官房総務課編 1997a：486〕である．そして，そのうちの「（流通以下に掲げられた）4項目が競争政策に関わるものであり，アメリカ側は，これに基づきながら日本の競争政策の強化を強く要請したのである．

　さらに，1990（平成2）年の日米協議の最終報告によると，日本が施行すべき具体的措置として，「① 独占禁止法違反行為に対する厳正な対処と審査体制の拡充・強化，② 課徴金引上げのための法改正，③ 刑事告発・損害賠償制度の活用，④ 流通・取引慣行ガイドラインの作成・公表，⑤ 景品に関する公正競争規約の見直し，⑥ 独占禁止法適用除外制約の見直し，⑦ 系列に関する調査の定期的実施と結果の公表」〔公正取引委員会事務総局官房総務課編 1997：16-17〕といった多様な項目が提示されている．

　もともと日本政府は，「外圧に強くない」傾向がみられる．そこで，このたびの協議結果を受けて競争政策を強化すべく，まず，公取委の組織・権限の強化（例えば1996年6月，公取委事務局が事務総局に改組された）をはかり，かつ競争制限的な政府規制の緩和に取り組むこととなった．また，これまで様々な規制を

行ってきた諸官庁も，このような状況を迎えて，公取委や競争政策の存在を意識せざるをえなくなる．それゆえ，日米構造問題協議が，日本におけるその後の規制緩和，競争政策強化の促進にかなりの役割を果たしたことは明らかであろう．

　ここで，独禁法の主たる強化内容について見ておくと，まず，課徴金制度が挙げられる．前章で指摘したように，この制度は，1977（昭和52）年の法改正の際に，ほぼ「無力」に等しかったカルテル規制を実効性の高いものにすべく導入されたものである．導入後は確かに一定の効果はみられたものの，違反行動に対する「抑止力」としては十分といえなかった．そこで，1991（平成 3）年 4 月，課徴金の算定率が原則 4 倍の 6 ％（中小企業については 3 ％）に引き上げられる．さらに翌年12月には，刑事罰強化に関わる独禁法改正も成立した．そして，カルテル，入札談合などの違反行為に対してこれら二つが積極的に適用されるようになる．また，1999（平成11）年には独禁法の適用除外制度が大幅に縮小（ないし廃止）され，長きにわたって適用除外項目規定となっていた不況・合理化カルテルも完全に廃止された．ただし，この時期の国内の制裁制度は，アメリカ，ドイツなどに比してまだまだ「寛大」といわざるをえなかった．したがって，「違反行為に対する抑止力」という視点からすれば，なおいっそうの強化が要請されるところとなる（後述）．

第 2 節　グローバル時代における日本の競争政策の展開

1　21世紀の日本の競争政策

　1947（昭和22）年の独禁法制定以来，日本の競争政策も70年以上を経てきたが，すでに述べたように，「本来の」競争政策の重要性を認識し，本格的に施行するようになったのは1970年代後半以降である．そして，独禁法がアメリカの反トラスト法や欧州のEU競争法の内容・水準に肩を並べるまでに至ったのは21世紀に入るころといえよう（**図 5 - 1**）．

　以下では，21世紀に入って以降の独禁法の重要な改正の要点，および競争政策の注目すべき事例について紹介しておきたい．

（1）独禁法の近時における主要な改正内容

　公取委は，21世紀をむかえ，「競争政策のグランド・デザイン」を策定し，[2]「市

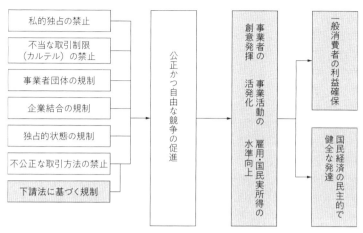

図 5 - 1　独占禁止法の目的と規制内容

出所：公正取引委員会ホームページ「独占禁止法の概要」より抜粋.

場の番人」としての機能をより一層発揮していく上での方向性を示している.
具体的な方向性の概要としては, ① 迅速かつ実効性のある法運用, ② 競争環
境の積極的な創造, ③ ルールある競争社会の推進, ④ 種々施策を遂行するた
めの組織・人員・予算の抜本的拡充（**表 5 - 1**）と競争政策に関する国民的理解
の増進, を掲げている. 現に, 近年においては, これら方向性の内容をふまえ
ながら独禁法の改正に取り組んでいるように思われる.

2001（平成13）年の改正内容（2002年施行）は, ① 大企業の株式保有制限が廃

表 5 - 1　近年の公正取引委員会の定員数および予算額の推移

年度 （平成・令和）	28	29	30	元	2	3
定員数（人）※	840	832	834	839	842	841
予算額 （百万円）	10,994	11,222	10,972	11,390	11,553	11,462

注：定員数には, 委員長および委員 4 人を含まない.
出所：公正取引委員会ホームページ『平成28——令和 2 年度の予算案における
　　　公正取引委員会の予算及び機構・定員について——』（報道発表資料）を
　　　もとに筆者作成.

2 ）　公正取引委員会ホームページ, 年次報告「平成14年度公正取引委員会年次報告」第
　　　2 部第 1 章.

止されたこと，② 法人等に対する罰金の上限額を 5 億円に引上げること，などである.

　2003（平成15）年には，公取委が総務省から内閣府の外局に移行される法案が可決した．このことは特定省庁の所管から独立し，内閣総理大臣の所管に属することとなったわけであり，政府内における公取委の果たすべき重要性および役割が大きく認識された証左として評価出来るであろう.

　さらに2005（平成17）年（2006年施行）は，① カルテル，入札談合等に関する課徴金の算定率を10％に引き上げること（中小企業については 4 ％），② 課徴金減免制度を導入すること，が主たる改正内容として規定された．とりわけ課徴金減免制度の必要性については，アメリカやEU等の海外諸国が導入後，大きな成果をあげてきたことから，日本でも導入の必要性が議論されてきたものの実際の導入はかなり遅れた.

　課徴金減免制度は，企業自らが関わったカルテルや入札談合について，その違反内容を公取委に自主的に申し出て，情報提供などに協力した場合に申請企業の先着順で 5 社までの課徴金が減免されることになる．摘発されることで高額な課徴金を支払う不安を抱える違反企業にとって，他社よりもいち早く自白するインセンティブが高まり，結果として申請件数が大幅に増えることとなった.

　2009（平成21）年の改正（2010年 1 月 1 日施行）は，上記以外として，① 課徴金対象の違反行為が共同取引拒絶，差別対価，不当廉売，再販売価格維持，優越的地位の濫用にまで広がったこと，② カルテル・入札談合の首謀者がその他の違反事業者の行為に対して様々な指示・要求するような悪質な場合，課徴金額が50％増額となること，などかなりの強化内容となった.

　続いて2013（平成25）年の改正（2015年 4 月 1 日施行）で注視すべきは，公取委が調査した事件について自ら行政処分を判断する「審判制度」が紆余曲折の審議の末，結果的に廃止されたことであろう．日本の審判制度は，1947（昭和22）年の独禁法制定以来，公取委が常に独立した立場から独禁法上，問題と思われる事件について専門的見地から裁判に準じた準司法手続きを行ってきたことに特徴があった．しかしながら，産業界・経済団体から，本制度は公取委が「検察官と裁判官を一身に兼任する」もので，法手続きの公平性と中立性を著しく欠いているとして批判されてきた[3]．それゆえ，今回の改正により，審決に不服がある場合の抗告訴訟については，東京地方裁判所の専属管轄となり，審理・

裁判が行われることとなったが，従来の審判制度に代わるような手続きで効果的な審査がなされているかについては疑問が残るところである[4].

　独禁法は国際的な動きに対応する形においても重要な改正が行われている．2015（平成27）年11月の環太平洋経済連携協定（TPP: Trans Pacific Economic Partnership Agreement）の合意によって，独禁法の違反企業が自主的に問題解決（是正）することで違反認定を行わず，調査・処分を終了する制度導入が義務付けられたことについて触れておく．この制度は「確約手続（コミットメント）規則」と呼ばれ，公取委としても，調査期間の短縮と違反状態の早期是正がはかられ，効率的・効果的な案件処理が可能となることから2016（平成28）年12月9日に「環太平洋パートナーシップ協定の締結に伴う関係法律の整備に関する法律」が成立したことに伴い，その後の独禁法改正によって「確約手続規則」を導入する[5].

　さらに2019（令和元）年の改正（2020年12月25日施行）では，①課徴金における算定基礎の追加や算定率の見直し，②課徴金減免対象の申請者の上限の撤廃，③「調査協力減算制度」（以下，協力制度）の導入，がとりわけ注目出来る内容である．**表5-2**のとおり，今回の課徴金減免の見直しでは，従来の申請順位に応じた一律の減免率に加えて企業の調査協力の度合いに応じた減免率を企業と公取委の間で協議して算定し，合意の上で適用する協力制度を導入したことに大きな特徴がある[6].

　2006（平成18）年に導入された課徴金減免制度は，当初，密告するような制

3）　例えば，公益社団法人関西経済連合会「審判制度の廃止に係る独占禁止法改正案の早期成立に関する意見書」2013年2月5日.

4）　審判制度の廃止については，公取委の独立性，権限の弱体化を招くとして多くの法曹界・法学者が異論を唱えていた.

5）　公正取引委員会ホームページ，「独占禁止法の一部改正を含む『環太平洋パートナーシップ協定の締結に伴う関係法律の整備に関する法律』の成立について」（https://www.jftc.go.jp/houdou/pressrelease/h28/dec/161209_4.html, 2021年6月23日閲覧）.この法律が成立したことに伴い，公取委は同12月12日，「公正取引委員会の確約手続に関する規則」（以下「確約手続規則」）を施行した．その後，2018（平成30）年3月8日の「環太平洋パートナーシップに関する包括的及び先進的な協定」締結に伴い，法律名を「環太平洋パートナーシップ協定の締結及び環太平洋パートナーシップに関する包括的及び先進的な協定の締結に伴う関係法律の整備に関する法律」に改正する.

6）　公正取引委員会ホームページ，「課徴金減免制度について」（https://www.jftc.go.jp/dk/seido/genmen/genmen_2.html, 2021年6月23日閲覧）。

表 5-2　企業の申請順位と減免率

調査開始	申請順位	申請順位に応じた減免率	協力度合いに応じた減算率
前	1 位	全額免除	
	2 位	20%	+最大40%
	3～5 位	10%	
	6 位以下	5 %	
後	最大 3 社（注）	10%	+最大20%
	上記以下	5 %	

注：公正取引委員会の調査開始日以後に課徴金減免申請を行った者のうち，減
　　免率10%が適用されるのは，調査開始日前の減免申請者の数と合わせて 5
　　社以内である場合に限る。
出所：公正取引委員会ホームページ「課徴金減免制度について」より抜粋.

度は日本に馴染まないという批判的な意見も多かった．しかしながら，実際には（想定外の）申請件数の大幅な増加と大規模なカルテルの摘発につながっている．それゆえ，このたびの協力制度によって，違反企業が当該事件に対する調査にさらに積極的に協力するインセンティブが高まると期待されている．

　現に，2020（令和 2）年12月22日，リニア中央新幹線の品川駅と名古屋駅の建設工事を巡る入札談合事件において，公取委は大手ゼネコン 4 社に対し独禁法違反で排除措置命令を出したが，4 社のうち 2 社については自主申告に応じて課徴金が 3 割減額された事例がある．[7]早々に自主申告したのは，課徴金減免のメリットと企業イメージを維持するための経営判断と言えよう．よって，今後も公取委はより一層，効率的・効果的な真相解明，違反行為の排除，カルテル抑止を目指していくことになる．

（2）近年の競争政策の注目すべき事例

　すでに見てきたように，21世紀をむかえ，日本では頻繁な独禁法の強化改正に伴って，競争政策も積極的に施行されてきたと言えよう．

　ただし，国内企業の大型合併の案件については容認される事例が散見される．

7）　公正取引委員会ホームページ，「東海旅客鉄道株式会社が発注するリニア中央新幹線
　　に係る品川駅及び名古屋駅新設工事の指名競争見積の参加業者に対する排除措置命令
　　及び課徴金納付命令について」（令和 2 年12月22日）（https://www.jftc.go.jp/houdou/
　　pressrelease/2020/dec/201222.html, 2021年 6 月23日閲覧）.

実は，近年，世界的に見ても大型のM&Aの件数が急増しており，各国の競争[8]
当局は国境を越えて行われたM&Aについては規制基準のコンバージェンス（収斂化・共通化）を図りながら慎重に合併審査が行われている．

　以下では，日本において① グローバル市場との関連を考慮すべき鉄鋼産業の大型合併事例，② 国内市場と地域経済の影響について考慮すべき地方銀行の合併事例，について言及しておきたい．

① 新日本製鐵と住友金属工業の合併

　2011（平成23）年2月3日，日本の業界最大手の新日本製鐵株式会社（以下，新日鐵）と住友金属工業株式会社（以下，住友金属）が2012（平成24）年10月を目途に経営統合するとの発表を行った．今回の発表は公取委への事前相談と合併比率決定のいずれも後回しの報告となる異例のスピード計画の発表であったが，これほどまでに合併を急いだ大きな要因として，海外諸国のライバル企業の大型化，および顧客企業のグローバル化，に集約出来るであろう．

　日本の鉄鋼メーカーは，原料である鉄鉱石購入相手企業が世界の鉄鉱石市場の上位3社（ヴァーレ，リオ・ティント，BHPビリトン）で6割以上を占めている高[9]
度寡占で価格支配力を有していることから，価格交渉にたびたび苦慮している．その上，**表5-3**のとおり，国別の粗鋼生産量を見ても，コロナ禍にあっても[10]

8）　水道事業市場における注目すべき近時の事例として，2021（令和3）年4月12日，フランスの水道・廃棄物・エネルギー管理企業，ヴェオリア・エンバイロメント（Veolia Environnement）による同じく水道関連企業を手掛けるスエズ（Suez）の買収案件が挙げられる（VeoriaHP, "Press release, Veolia and Suez announce that they have reached an agreement allowing the merger the two groups", Paris, April 12, 2021）．ヴェオリアは，長年のライバルであるスエズに数カ月にわたって買収提案を拒否されていたが，買収条件として1株当たりの買取価格（€20.5）を引き上げたことなどを受け，交渉がまとまり買収総額は約260億ユーロで合意に至った．そして同年5月14日，両社は正式に最終合意したことを発表した．なお，水道事業はすでに世界市場においてヴェオリア，スエズ，および英国のテムズウォーターを含む「3大メジャー」とも言われていたことから独禁法上の懸念にも対応する必要があるため，スエズが手がけるオーストラリア事業を同国の廃棄物処理大手クリーンアウェーに売却する．

9）　これら資源メジャー3社のうち，BHPビリトンによるリオ・ティント（Rio Tinto）の買収計画が2007（平成19）年に持ち上がったものの，世界各国の競争当局が当買収に対する審査を行ったうえで当計画の理解が得られないとして断念した経緯がある［和田 2011：137-42］．

表5-3　国別の粗鋼生産量ランキング（2020年）

順位	国名	2020年（万トン）	前年比（%）
1	中国	10億5300	5.2
2	インド	9960	−10.6
3	日本	8320	−16.2
4	ロシア	7340	2.6
5	アメリカ	7270	−17.2
6	韓国	6710	−6.0
7	トルコ	3580	6.0
8	ドイツ	3570	−10.0
9	ブラジル	3100	−4.9
10	イラン	2900	13.4

出所：World Steel Association（WSA）Homepageのデータをもとに
　　　筆者作成.

　前年比5.2％増の生産量で中国が2位以下を圧倒的に引き離している．また，中国は国内鉄鋼メーカー同士の合併も増加しており日本の鉄鋼メーカーにとっては厳しい競争環境にあると言える．

　このように世界の鉄鋼市場におけるグローバル競争で生き残るための規模拡大は，国内鉄鋼メーカーにとって企業戦略の一手段である．また，大口顧客相手である国内自動車メーカーが現地生産の比率を高めていくにつれて国内需要はますます減少する傾向となり，今後は新興国など海外向け製品の品揃えの確保・受注の安定的な獲得，そして品質のさらなる向上をめざす必要が大きな課題である．

10）　World Steel Association HP, Press releases, "Global crude steel output decreases by 0.9% in 2020", Brussels, 26 January, 2021（https://www.worldsteel.org/media-centre/press-releases/2021/Global-crude-steel-output-decreases-by-0.9-in-2020.html, 2021年6月23日閲覧）．2019年の世界の鉄鋼メーカー粗鋼生産量の世界1位はアルセロール・ミタル，2位は宝武鋼鉄，3位は日本製鉄であった．なお，2020年の新型コロナウィルスの感染拡大の影響で世界全体の粗鋼生産量は減少した一方，中国は国内の感染対策が奏功し，国内景気が回復したことで，自動車産業や住宅建設，インフラ関連の鋼材需要が堅調で生産量は増加していることから，2021年，宝武鋼鉄がアルセロール・ミタルを抜いて世界1位になることが発表され，中国企業としても世界初のトップの座につくこととなった．

　公取委は，2011（平成23）年 5 月31日に両社の合併計画の届出を受理して以降，両社が競合する商品・役務について約30の取引分野を画定し審査を進めた結果，「無方向性電磁鋼板」および「高圧ガス導管エンジニアリング業務」については独禁法上の評価として，競争を実質的に制限することとなると判断された．それゆえ，その後，当社が特定の鋼板について住友商事に対するコストベースの引受権の設定，商権譲渡などの問題解消措置が講じられたことを受けて，最終的に同年12月14日に容認されたのである[11]．そこで，両社は2012（平成24）年10月 1 日に正式に合併し，「新日鐵住金株式会社（以下，日本製鉄）が誕生する運びとなった[12]．

　さらに，日本製鉄は2016（平成28）年 5 月13日には日新製鋼株式会社（以下，日新製鋼），2018（平成30）年 7 月20日には山陽特殊製鋼株式会社の株式を公取委の審査を経て相次いで取得している[13]．

　ここで興味深いのは，今回の合併は，前章で見た1970（昭和45）年当時として世界第 1 位の八幡・富士の合併（新日鐵の誕生，現在の日本製鉄）に比して独禁法上をめぐる論争があまり活発でなかったということである．約50年を経てきた間に，世界各国の鉄鋼メーカーの大型化が進み，いまや世界第 1 位は中国の宝武鋼鉄，第 2 位はルクセンブルクに本社を持つアルセロール・ミタル（Arcelor Mittal）となっていて，両社の粗鋼生産量は日本製鉄の約 2 倍である．このよ

---

11)　公正取引委員会ホームページ，報道発表資料「新日本製鐵株式会社と住友金属工業株式会社の合併計画に関する審査結果について」（2011年12月14日，pp. 1 -17）．

12)　新日鐵住金ホームページ，プレスリリース「新日鐵住金株式会社の発足について」2012（平成24）年10月 1 日．両社は合併によって ① 鉄鋼事業のグローバル展開，② 技術先進性の発揮，③ コスト競争力の強化，④ 製鉄以外の分野での事業基盤の強化，の施策の実行通じ，「総合力世界No.1 の鉄鋼メーカー」をめざすとしている．その後，2019（平成31）年 4 月 1 日に「日本製鉄」に社名変更している．

13)　まず，日新製鋼取得に際し，ライバル企業の神戸製鋼所に対して日新製鋼が保有する特定の鋼板（溶融亜鉛－アルミニウム－マグネシウム合金めっき鋼板）の特許および製造ノウハウをライセンスすることなどの問題解消措置によって容認された．公正取引委員会ホームページ，「新日鐵住金（株）による日新製鋼（株）の株式取得」（平成28年度：事例 5 ）．つぎに山陽特殊製鋼取得に際し，ライバル企業の神戸製鋼所に対して山陽特殊製鋼が所有する軸受用小径シームレス鋼管の圧延設備に係る一定割合の持分や商権を譲渡することなどの問題解消措置によって容認された．公正取引委員会ホームページ，「新日鐵住金株式会社による山陽特殊製鋼株式会社の株式取得に関する審査結果について」（平成31年 1 月18日）．

うなグローバル市場の動向から見れば，製造している製品や関連市場も似通った日本の国内メーカー同士で合併することの相乗効果についてはもはや大きな期待はできないと思われる．

　昨今のグローバル競争下において，ライバル企業との差別化戦略や新市場開拓を積極的に進めるにあたり，今後は海外メーカーとの提携やM&Aの動きがむしろ加速化すると考えられる．よって，公取委は慎重な合併審査と共に国際カルテルについての捜査もますます重要となっていくと言えよう．

② 地方銀行の相次ぐ経営統合

　近年，地方銀行の経営統合の是非に関する論争が起こっている．地方銀行は主として地元産業・企業，および地元住民に根付いたサービスの提供や融資を行ってきたが，人口減少・高齢化が著しい地方の状況により地方経済の地盤沈下が進むことで地方銀行の収益力・体力も大きく低下している．このような背景から2016（平成28）年2月，長崎県最大規模の十八銀行と長崎県地盤の親和銀行を傘下に有するふくおかフィナンシャルグループ（以下，ふくおかFG）が経営統合することを発表した．当時，金融業界では当合併が地銀の再編と競争力強化，および地方創生のモデルケースとして注目されることとなる．

　当合併について，金融庁は経営統合による規模の経済性，経営の安定化が期待されることから肯定的であった．しかしながら，公取委は金融庁との考えとは一線を画した．具体的には県内中小企業の7割以上が両行のいずれかから資金借り入れがある状況において，両行が経営統合すれば貸し手の立場が強くなることで公正な競争が阻害され，貸出金利や手数料等の上昇をまねき，結果として利用者負担が大きくなる影響などに懸念を示した．両行は公取委の懸念材料に対する問題解消措置をなかなか示せないことが，審査を長期化させてしまう．その後，両行がライバル企業に約1000億円の貸出債権を譲渡すること，第三者による貸出金利のモニタリングを導入すること，等を条件として公取委は2018（平成30）年8月24日に当合併を承認し，翌年4月に経営統合が実現した．[14]

---

14)　公正取引委員会ホームページ，「株式会社ふくおかフィナンシャルグループによる株式会社十八銀行の株式取得に関する審査結果について」（平成30年8月24日）．その後，同社は2021（令和3）年5月，デジタル専業の「みんなの銀行」を新設してサービスを開始した．同社は国内初のデジタルバンクとしての挑戦でもある．『日本経済新聞』（2021年1月15日付）．

　ところで，上記の経営統合の審査が長引いている時期と並行して，全国各地において地銀の再編が相次いだ．例えば，関西地方では2018年4月24日に近畿大阪銀行，関西アーバン銀行，みなと銀行の3行（関西みらいFGの設立[15]），また同年10月1日，北陸地方において第四銀行と北越銀行（第四北越FGの設立）などの再編が実現している（**図5-2**）．

　最後に，近年における相次ぐ地銀再編と競争政策との関係について指摘しておく．十八銀行とふくおかFGの経営統合に対し，公取委は長崎県内での中小企業向けの融資シェアが8割近くなることで健全で公正な競争環境が維持されるか，について問題視していた．一方，金融庁は日本銀行の調査資料をもとに，両行が統合しても県外からの融資が増加することで貸出金利の高止まりなどの弊害は小さいことから，経営環境の厳しい地銀の再編によって地方の金融システムの安定化を目指したい考えがあった．

　このたびの公取委と金融庁の対立は，すでに見た1970〜80年代の産業構造転換に伴う政策路線についての公取委と通商産業省（現．経済産業省）の対立，いわば「競争政策対産業政策」の概念を思い起こさせる（第4章参照）．

　2020（令和2）年11月27日，政府は地方経済の低迷や長期にわたる低金利に伴う運用難，さらには新型コロナウィルス感染の影響も加わったことで地方金融機関がより深刻な経営環境にあることから，独禁法の特例法を施行した[16]．この特例法では，統合基準の見直しや審査の例外規定を導入しており，県内で寡占状態が生じている場合でも経営統合を認める．

　今後，この特例法の活用で地銀の再編はさらに加速すると思われるが，再編

---

15)　その後これら3行は，さらに再編が続く．具体的には2019（平成31）年4月，これ
　　ら3行のうち近畿大阪銀行と関西アーバン銀行が合併し，関西みらい銀行が誕生する．
　　2021（令和3）年4月には関西みらいFGがりそなホールディングスの完全子会社化と
　　なった．

16)　金融庁ホームページ，「地域における一般乗合旅客自動車運送事業及び銀行業に係る
　　基盤的なサービスの提供の維持を図るための私的独占の禁止及び公正取引の確保に関
　　する法律の特例に関する法律施行規則」及び「中小・地域金融機関向けの総合的な監
　　督指針」（令和2年11月27日）．この特例法は，地域サービスの存続のため，地域社会
　　を支える地方金融機関および交通サービス産業についても認められている．ちなみに，
　　2021（令和3）年5月14日，青森県を地盤とする青森銀行とみちのく銀行は，2022年
　　4月を目途に経営統合し，持ち株会社を設立することを発表した．経営統合後の両行
　　の県内貸し出金シェアは7割を占めるがこのたびの特例法を始めて適用する事例とし
　　て注目される．

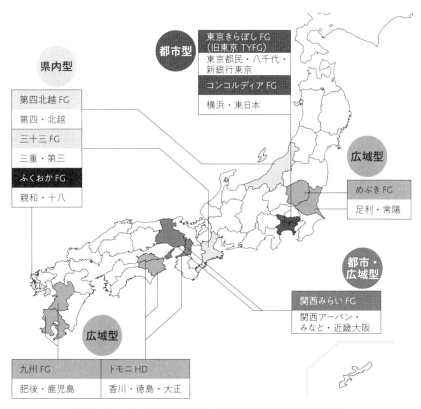

図 5 - 2 　 4 　近年の国内における地方銀行再編の動き

出所：『日本経済新聞』（2018年 8 月24日付）より抜粋.

後の地銀に求められているのは合従連衡を通じた経営効率の改善や手数料・貸
出金利に関連した商品ビジネスの提供等を中心とする従来型の経営スタイルか
ら脱却することである．まさに地銀は地方・地域の経済・社会基盤としてのプ
ラットフォーマーの役割がある．よって，現在，各都道府県が地方創生を推進
していくにあたり，地銀が様々な金融サービスを手段として地域の経済主体で
ある居住者，地域中小企業，地方自治体をうまく連携させることが可能と思わ
れる．そのため，地銀は同業種の経営統合による再編だけではなく，異業種分
野，さらにはデジタル分野との業務提携などで新たな事業創出をサポートして
いくべきであろう．地域全体を活性化させて持続可能な日々の経済活動を維持

すべく社会こそ，重視すべき点であることを強調しておきたい．

2　公的再生支援をめぐる競争政策上の問題

　政府が不振企業への支援・救済措置として資金支援を実施するには，国内の経済事情はもとより，とりわけ当企業が国民の日々の生活に不可欠な財・サービスを提供している公益事業である場合は考慮されるケースが多い．

　とはいえ，ここで指摘すべきは，この資金源は国民の税金であり，際限なく支援し続けるのは不可能なことである．政府が業績の悪化した企業を救済し続ければ，逆に怠慢経営の企業も数多く出てきて（モラルハザード），結果的に国内の産業構造の転換や改革が遅れ，もっと深刻な状況に陥る公算が大きくなる．

　したがって，市場経済体制では，企業経営は自己責任原則が基本であり，市場における競争の結果，経営が困難な状況に陥った企業が市場から退出することはやむを得ず，むしろ民間主導による自律的な経済成長，および企業の発展支援をどのように描くかが課題である．

　企業救済の事例として，例えば，日本の半導体企業の経緯は非常にドラマチックである．1980年代後半から1990年代初頭において，日本ではバブル経済時期とデジタル経済社会の到来で，国内大手電機メーカーは半導体事業が大きな収益源となっており，半導体はまさに「産業のコメ」とも呼ばれていた．ところが，新興国の企業の技術力の向上はめざましく，安価な商品を提供する競争企業が次々と台頭してきたことから，日本メーカーはさらなる研究開発投資に必要な資金力に対応出来ず困難な状況にあった．一方で，豊富な自己資金を有する米国のインテル（intel）や韓国のサムスン電子と日本メーカーとの収益格差が広がっていくことになる．よって，日本メーカーは半導体事業のうちDRAM製造から次々と撤退すると共に，主要国内メーカー同士の再編を通じて最終的にエルピーダメモリが唯一国内メーカーとして残ることとなったのである．[17)]

　しかしながら，その後，エルピーダメモリの業績は思わしくなく，2009（平成21）年に改正産業活力再生法の企業の第1号の適用により，日本政策投資銀

---

17)　DRAM（Dynamic Random Access Memory）とは，半導体の記憶素子の1つで，随時，読み書きが自由に行えるメモリーのことで，SRAM（Static Random Access Memory）に比して回路がシンプルな上に安価であることから，ほとんどのコンピュータのメインメモリーに使用されている．

行からの300億円の出資を受けると共に，台湾の南亜科技やアメリカのマイクロン・テクノロジー等との事業提携や経営統合に向けて交渉を進め，再建を目指していたものの実現に至らなかった．そして，ついに2012（平成24）年2月，製造業としては戦後最大規模の負債額となる4,000億円超で経営破綻したのである．経済産業省は当時，公的資金の活用について「DRAM事業は国民生活や経済産業活動上，極めて重要である」と説明していたにもかかわらず，その後，所管官庁職員の不正による逮捕などもあり，政府の中途半端な再建対応策として批判が多い事例である．なお，エルピーダメモリは2013（平成25）年7月，マイクロン・テクノロジーへの株式取得とスポンサー契約を締結し，マイクロン・テクノロジー傘下のDRAM企業として再出発し，復活することとなり，翌年2月には商号をマイクロンメモリジャパン株式会社に変更した[18]．会社更生法申請から丸7年が経過した2019（令和元）年6月11日，国内唯一のDRAM工場としてたくましく生き残っている広島工場の新棟が完成し，開所式が行われた．

　近年，世界の自動車業界における自動運転技術の向上や脱炭素社会をめざすための電気自動車（EV）の急速な普及で，従来の自動車に比べて半導体部品を数多く使用することから需要が高まっている．さらに，新型コロナウィルス感染の影響でテレワークが推進されてパソコンやスマートホン等のデジタル機器の需要が増えたことにより，生産が追い付かないほど半導体需要は活発である．このような状況に加えて，今後はAI（Artificial Intelligence：人工知能）関連の半導体需要も大きくなることが予測される．

　それゆえ，政府としては公的再生支援を行う際に，当該産業・企業が業界全体の新陳代謝を阻害しているのであれば，延命措置としての公的資金投入を即中止し，一方で，今後の国内経済の発展や日々の生活に必要な当該産業・企業がこのたびの新型コロナウィルス感染拡大のような想定外の状況で一時的な経営難に陥っている場合，即時，補助金・助成金や融資の対応を行う必要がある．現に2018年には国内最大級の官民ファンドである「産業革新投資機構」も発足している．ここで重要なのは，政府の対応の見極めということになる．21世紀に入り，経済・社会環境も激動期にある中で，まさにSDGs（Sustainable Development Goals）の観点から持続可能で社会に貢献しうる産業を支援・育成

---

18)　その後，2018（平成30）年8月には商号をマイクロンメモリジャパン合同会社に変更している．

するための産業政策を実施すべきであろう．

　最後に，公的再生支援を行う際に，競争政策上，留意すべき３つの原則があると考えられている[19]．１つめは「補完性の原則」で，民間だけでは円滑な事業再生が不可能であり，公的支援を行わざるを得ない場合に限って，民間の機能を補完するために実施されるようにすべきである．２つめは，「必要最小限の原則」で，様々な政策目的を達成するために事業再生が必要である場合に限って，当該事業再生のために必要最小限となるような規模・手法等実施されるようにすべきである．３つめは，「透明性の原則」で，公的再生支援を行う際，支援基準や支援手続等の一般的な事項に関する情報だけではなく，可能な限り，個別の事案に関する情報について迅速性や情報へのアクセスの容易性に配慮しつつ開示されるようにすべきである．

第3節　アメリカ・EU競争政策の動向

　ここまで日本の競争政策の内容，特徴および展開を中心に検討してきたが，最後に日本ともかかわりの深いアメリカとEUの競争政策の内容について若干，言及しておこう[20]．

（1）アメリカの反トラスト政策

　すでに述べたように，アメリカは「独占禁止の母国」であり，競争政策を実施してから130年以上の歴史がある．1890年に「シャーマン法」，1914年に「クレイトン法」と「連邦取引委員会法」が制定され，これら３つの法律を総称して「反トラスト法」と呼ばれる．執行機関としては，司法省反トラスト局と連邦取引委員会が担当し，前者はシャーマン法またはクレイトン法にかかる違反行為，後者はクレイトン法または連邦取引委員会法にかかる違反行為を担当する．

　反トラスト政策の原理的基礎は，1930年代にメイソン（Mason, E. S.）を中心に形成され，1959年，ベイン（Bain, J. S.）の『産業組織論』で体系化した．いわゆるハーバード学派と呼ばれ，1970年代半ばまでこの学派のもと，厳格な政

---

19)　公正取引委員会ホームページ，「公的再生支援に関する競争政策上の考え方」（2016年3月31日）p.3.

20)　アメリカおよびEU競争政策の詳細な内容については，和田・小西［2006］を参照．

策路線が実施された．1981年に成立したレーガン政権は，この時期の国内経済の不振を招いた原因の1つを厳格な反トラスト政策としたうえで，政策を緩和して国内経済の活性化をめざすべきとした．このような考え方から市場メカニズムを重視し，自由放任的なシカゴ学派の政策路線が実施される．しかしながら，1990年代に入るころからシカゴ学派の政策論は，必ずしもアメリカ国内において望ましい経済成果が達成されたわけではないという批判が見られる．それゆえ，シカゴ学派の数々の諸批判を修正した「ポスト・シカゴ学派」が台頭する．

　以上のように時代に応じて政策路線が大きく変化してきた．さらに，近年は，より洗練された経済理論も見られる一方で，企業間競争の実態を重視した判決が増加している．

　なお，21世紀に入り，ICTの急速な発展を牽引し，台頭してきた巨大企業である米国の「グーグル（Google），アマゾン（Amazon），フェイスブック（Facebook），アップル（Apple）」（以下，GAFA）の存在が経済社会にいかなる影響を及ぼしているか注目されている[21]．そして，競争政策の観点からいえば，GAFAがデジタル市場のデータ寡占・独占化をもたらすことによる市場支配力，および取引業者に対する支配的地位の濫用の問題が指摘される一方で，巨大企業こそ研究開発への投資が大きく，より一層のイノベーションや効率性をもたらす効果も強調される．いまやGAFAは我々消費者にとって日々の生活に不可欠で便利なサービスを提供していることは間違いない．しかしながら，すでにGAFAをめぐる様々なトラブルや訴訟が頻繁に起こっている状況で，2021（令和3）年1月に就任したバイデン大統領は，公正な企業間競争の促進を目的として本格的に大企業への監視を強める大統領令に署名した．

　実のところ，ここしばらく米国では巨大IT企業が消費者にサービスの向上をもたらしている面を重視し，寛容な姿勢が維持されてきた．ところが2021（令和2）年10月，議会下院の委員会が発表したGAFAに関する報告書において，

---

21)　なお，GAFAMと記されている場合のMはマイクロソフトを指す．そして近年は，GAFAと共に，中国の巨大IT企業で，国内検索エンジン最大手のBaidu（バイドゥ），国内電子商取引最大手のAlibaba（アリババ），国内ネットサービス最大手のTencent（テンセント），通信機器最大手のHuawei（ファーウェイ）の頭文字をとったBATHも注目されている．時価総額から見れば，BATHとGAFAの規模は歴然としているものの，中国にて国家戦略であるICTへの投資と支援は大きく，今後も注視すべきである．

これら4社の圧倒的な支配的地位が多くのライバル企業を市場から不当に締め出し，結果として社会に不利益を生じさせていると問題視したのである．

　さらに，バイデン大統領はGAFAが国内経済の格差拡大の一要因であるとの認識から，反トラスト政策の改革に乗り出すこととなる．注視すべきは，連邦取引委員会(FTC: Federal Trade Commission)の委員長に史上最年少の32歳の女性，リナ・カーン（Khan, Lina）氏が就任したことであろう．彼女はGAFAの低価格で多様なサービス提供の側面ばかりを重視するではなく，デジタル市場における寡占・独占状態の市場構造が結果的に社会全体に与える影響の深刻さを主張しており，権力・支配力の監視と取り締まりを強める姿勢である．

　よって，今後もますますデジタル市場における競争政策の重要性と役割が問われることを指摘しておく．[22]

（2）EUの競争政策

　通常，EU競争法と呼ばれるものは，それ自体独立した法体系をもっているわけでなく，欧州連合の機能に関する条約（Treaty on the Functioning of European Union）の101条，102条，理事会規則2004年第139号に基づいている．そして日米と異なり，条約107条の国家補助の規制を含むのがEUの競争政策の大きな特徴といえよう［和田 2011：77-78：2019：51-54］．執行機関は，欧州委員会であり，2019（令和元）年12月に女性初の委員長，フォン・デア・ライエン（von der Leyen, Ursula Gertrud）氏が誕生したことは大きな話題となった．委員会の中で競争政策の担当部局として競争総局が設置されている．

　EU競争法は，一連の統合を実現する上で，特に経済成長・進歩をめざすための手段として位置づけられており，そのことに貢献する競争制限的な内容は許容されるため，多くの適用除外項目が存在している．[23]また，27加盟国間の経済格差や「競争」に対する認識の相違から，加盟国共通のEU競争法を施行する際にかなりの困難が生じると共に，各加盟国競争法とEU競争法の整合性，および「補完性の原則」の在り方に課題がある．

22）　本書では，GAFAに関する詳細な内容を扱わないが，デジタル市場における競争政策の内容として，杉本［2019：118-41］，大橋［2021：246-96］等に詳しい．

23）　2016（平成28）年6月23日，英国ではEU離脱に関する国民投票が行われて，離脱票（1741万742票：51.9%）が残留票（1641万1241票：48.1%）を上回る結果となった．そして，2020（令和2）年1月31日，英国は正式にEUを離脱した．

　EUは，加盟国間のいっそうの政策調和の必要性が指摘されている一方で，EU域内が抱えている様々な問題（ギリシャ危機後の債権問題，移民・難民問題，英国のEU離脱後の交渉問題，等）が解決しないことから各国の独自性・保護主義の動きが強まっている．よって，EU域内共通の種々政策や法運用が滞らないよう，各国が「競争」と経済・産業発展の関連性についてしっかりと把握することが重要である．

　さらに，EUにおいてもアメリカと同様，GAFAに対しての監視・取り締まりを強めている．これら巨大IT企業が昨今のデータ独占，不当な収集，および個人情報の流出問題を起こしていることから，EUでは世界に先駆けて2018（平成30）年 5 月25日よりプライバシー等の個人データの権利・保護のための一般データ規則（GDPR: General Data Protection Regulation）を導入している［和田2019：62-63］[24]．

┃　お わ り に

　以上，1990年代以降のグローバル化時代に伴う日本の競争政策の特徴や展開について考察すると共に，日本とかかわりの深いアメリカとEUの競争政策についても若干，紹介した．

　1977（昭和52）年の独禁法強化・改正以降，とりわけ1990年代前後から日米構造問題協議といった「外圧」の追い風もあって，その後の競争政策の強化，および公取委への一般的理解・支持は相当に進んでいると言えよう．

　年々，カルテル，入札談合を含めた違反事件は数多く摘発されていると共に，大型カルテルや国際カルテルの摘発も増加傾向にある．また，近時の動向としてグローバル市場における日本製鐵の合併事例や国内市場と地域経済の影響について考慮すべき地方銀行の合併事例について検討した．

　そして，公的再生支援をめぐる競争政策上の問題については，かつてのリーマンショックやこのたびの新型コロナウィルス感染等による経済状況における政府の役割についても指摘した．

　今後も，市場経済，競争原理の意義・重要性は消費者利益の向上，ひいては社会厚生の水準が高まる上でも広く認知されねばならないところであるが，21

24）　さらに，宮下［2018］が詳しい．

世紀に入り，AIを始めとして，IoT（Internet of Things），ビッグデータなどを活用した新たなビジネスも多々出現するデジタル・エコノミーの時代にGAFAに代表される巨大企業の存在が経済社会にいかなる影響を及ぼしているか，注目されている．本書では紙幅の関係上，GAFAについて詳しく論じることはできなかったが，GAFAのようなデジタルプラットフォームの急成長によってデジタル市場はますます複雑化しており，これら企業を取り締まる際，既存の競争政策・競争法の解釈や基準・ルールでは限界があると言えよう．現に2021（令和3）年2月1日，巨大IT企業を規制する「特定デジタルプラットフォーマーの透明性及び公正性の向上に関する法律」（通称，デジタルプラットフォーマー取引透明化法）が施行されるなど，日本においても政府がデジタル社会に対応した競争政策・競争法を円滑に運営出来る新たな基準や関連法の整備に取り組むことが重要である．

演習問題

1．1980年代の日米貿易摩擦問題が深刻であった際，競争政策としてどのような対応が行われたか，について説明しなさい．

2．課徴金減免制度について説明すると共に，違反企業が自白することで課徴金が減免されることに対し，自分の意見を述べなさい．

3．特定の産業・企業を公的支援する場合における競争政策上の役割と課題について論じなさい．

25）　経済産業省ホームページ，「デジタルプラットフォーム」，https://www.meti.go.jp/policy/mono_info_service/digitalplatform/index.html．そして経済産業省は2021（令和3）年4月1日，「デジタルプラットフォーマー取引透明化法」の規制対象となる事業者を指定した．指定されたのは合計6社で，具体的には，物販総合オンラインモールの運営事業者のアマゾン・ジャパン，楽天グループ，ヤフーの3社，アプリストアの運営事業者のアップル，同社子会社のiTunes，グーグルの3社である．指定事業者の6社には取引条件などの情報開示および自主的な手続き・体制を整備し，実施した措置や事業の概要について毎年度，自己評価を付した報告書を提出することを義務付ける．

第Ⅲ部　現実産業のケース・スタディ

第6章　自動車産業

は じ め に

　戦後から現在に至るまで，日本の自動車産業は，国内の経済発展を象徴する代表的産業の１つであるといっても過言ではない．そして，このようなめざましい進歩・発展をもたらした最大の要因として，通商産業省（2001年より経済産業省）による「産業政策」（産業保護・育成政策）を挙げる論者も少なからず存在する．たしかに，その貢献を軽視することはできないが，自動車産業の実際における展開は，必ずしも通産省の意図したコースを進まなかったのであり，また，それゆえに進歩・発展を遂げたという側面もみられる．事実，1970年代以降の段階的な市場開放の推進が，自動車産業の自己責任原則に基づく国際競争力の強化につながり，国内での企業間競争はもちろんのこと，諸外国の自動車メーカーとの活発な競争をももたらした点は重要である．したがって，自動車産業の発展をもっぱら産業政策の功績に帰す行き方は，適切といえず，いっそう広い視点から検討する必要があるといえよう．

　また，21世紀に入り，地球環境保全がすこぶる重大な問題となっており，各自動車メーカーもこれに対応すべくガソリンエンジンと電気モーターの併用による「ハイブリッド・カー（HV: Hybrid Car）」をはじめとして「電気自動車（EV: Electric Vehicle）」，「燃料電池車（FCV: Fuel Cell Vehicle）」など，新たな自動車の創造に力を入れている．

　ところで，戦後，日本の自動車業界は，トヨタ，日産が圧倒的な地位を占める「２社体制」をもって再出発したが，1960年代あたりから，二輪自動車からのホンダ，軽自動車市場からの東洋工業（現マツダ）[1]，さらには三菱[2]，鈴木[3]など

1）　前身はコルク瓶栓の製造会社というユニークな出発である．その後，本業の低迷によって機械事業への転換をはかり，同時に1927（昭和2）年，東洋工業株式会社を設立する．主として三輪・四輪トラックを手掛けていたが，1960（昭和35）年，軽四輪「R360クーペ」を完成させる［東洋工業株式会社編 1972］.

の参入により，市場構造が大きく変化し，その後，国内において「11社体制」
が確立した時代もあった．そして，1990年のバブル経済崩壊以降に，「2大メー
カー」のひとつである日産が経営不振によってフランスのルノー（Renault）社
の傘下に入ったのをはじめとして，その他にも海外メーカーとの資本提携や買
収案件が大幅に増えることとなる．さらには，国内外を問わず，自動車メーカー
による排ガスや燃費にかかる不正事件の発覚が相次いでいることは，各メー
カー同士の熾烈な技術開発競争が大きな要因と言えるであろう．

　本章では，以上のような問題意識をもって，まず（1）日本の自動車産業の
発展過程を考察し（なお，商用車の検討については，便宜上，省略する），ついで（2）
グローバル化時代において自動車産業が取り組むべき課題について言及する．

第1節　戦前・戦後の自動車産業

1　戦前の自動車産業

　周知のように，アメリカは，第2次世界大戦以前から，世界自動車産業のリー
ダー国であった．それゆえに，アメリカの各自動車メーカーは諸外国に次々と
進出し，日本においても，1925（大正14）年にFord Motor Company（以下，
Ford）が横浜，1927（昭和2）年にGeneral Motors Corporation（以下，GM）が
大阪に相次いで子会社を設立したのである．そして，両社はアメリカから部品
を大量に輸入し，「組み立て方式」によって量産量販・組立生産の技術を持ち
込んだ上に，日本の下請部品メーカーを育成したことから，日本の自動車産業
成長のきっかけをもたらしたのはたしかであろう．

　ちなみに，国内では1907（明治40）年に東京自動車製作所が国産初のガソリ
ン自動車の製造に成功した．しかし，この成功は乗用車生産の発展につながら
ず，国産自動車会社はそれ以後，1917（大正6）年制定の「軍用自動車補助法」
による補助を受けながら，もっぱらトラックを中心とした軍用車の生産に専念
するのである．したがって，当時の特徴としては，トラックは国産，乗用車は
輸入という「棲み分け」が明確であったと言える．

2）　三菱財閥が自動車事業に進出し，その後，三菱自動車工業株式会社を発足させるま
　　での歩みについては，三菱自動車工業株式会社編［1993：第1部］を参照．

3）　織機製作所から出発し，戦後鈴木自動車工業株式会社を設立．「軽四輪のパイオニア」
　　として1955年，「スズライト」を発売した［鈴木自動車工業株式会社編 1990：34-41］．

その後，満州事変（1931年）を契機として，戦時体制が急速に形成・強化されるところとなり，自動車産業についても，1936（昭和11）年，「自動車製造事業法」が制定されて，軍事・国防上の目的から本格的に保護・育成しようとする．具体的には，①自動車産業を許可制とし，「トヨタ自動車工業」，「日産自動車」，「東京自動車工業（現いすゞ）」の3社に許可をあたえ，これらの限定メーカーを手厚く保護する．一方で，②外資系2社については，「過去の実績以上の増産」を認めず，加えて，輸入部品に対する関税を大きく引き上げたのである．それゆえ，GM，Fordは，日本からの撤退を余儀なくされ，これによって国内自動車市場では国産メーカーのみによる生産体制が確立した．

　こうして，第2次大戦に突入する状況下の1941（昭和16）年，「自動車統制会」が設立され，生産・配給から資材・資金・労務の需給に至る広範な統制が行われることになる．とはいえ，当時の日本自動車企業の技術はすこぶる貧弱であり，加えて戦争による人員・資材の不足や爆撃による被害もあって，所期の目的達成とはほど遠いままに敗戦をむかえたのである．

　そして，戦後，GHQの経済民主化政策によって，先の「自動車製造事業法」は廃止され，また自動車生産制限・販売統制も解除されることとなった[7]．

　それでは，以下，戦後から高度経済成長時代あたりまでの展開を「産業政策」と関連させながら概観しておきたい．

2　戦後の自動車産業

　日本の自動車産業は，戦後，工場設備の老朽化，資材不足などに悩まされ，また日産がGHQの接収を受けるなど，混迷をきわめた．けれども，朝鮮戦争（1951年）による特需が企業業績の好転をもたらし，これを基礎に，1950年代後半あ

4）　戦後，製造技術を身につけるため，当時の自動車先進国であるアメリカを訪問し，「フォード方式」などを持ち帰ったのである．その後，「トヨタ生産方式」が生まれることとなる［トヨタ自動車工業株式会社編 1978：177-80］.

5）　変遷の詳細については日産自動車株式会社編［1983；1985］を参照.

6）　東京自動車工業は，1937（昭和12）年，自動車工業株式会社と東京瓦斯電気工業株式会社自動車部の合併によって設立されたが，前身については，いすゞ自動車株式会社編［1988：1-96］．さらに，その後の社名変更の内容については，いすゞ自動車株式会社編［1988：128-129］を参照.

7）　戦後のGHQによる日本の自動車産業政策の詳細については，日本自動車工業会編［1988：59-79］を参照.

たりから需要拡大もあって飛躍的な発展を遂げる．工場の新増設が相次ぎ，新規参入も活発であった．とはいえ，当時の国産車の性能は，欧米車に比してなお相当に劣っていたことは否めない．その後，各メーカーによる新車開発競争を通して性能は急速に向上し，輸出も急増したのである．

　ところで，日本の自動車産業の発展の根拠について，おおまかには，① 各メーカーの企業努力による生産システムや技術進歩，およびリスクに敢然と挑戦した「企業家精神」の賜物とみる立場と，② 通産省を中心とした政府による業界保護・育成政策を目的とした「産業政策」の貢献を評価する立場，が存在する．したがって，戦後の自動車産業の発展を論ずる場合，政府主導（通産省）と民間企業がそれぞれいかなる役割を演じたか，という問題について検討されなければならない．以下，このような視点について考察しておく．

（1）通産省と企業家の対立

　まず，通産省が戦後，自動車産業に対してどのような政策を進めようとしたか，について概観してみよう．

　先述のとおり，下請部品メーカーとして製造技術を身に着けた日本の自動車産業は，戦後，経済復興・発展の基幹産業の一つとして大きな期待が寄せられ［熊谷編 1973：125］[8]，ここから政府はまず，1955（昭和30）年に「国民車育成要綱」，1956（昭和31）年には「機械工業振興臨時措置法」を制定する．また，設備投資促進に不可欠な資金援助，幼稚産業保護の典型的手段としての輸入制限措置や高率関税を導入した．さらに，1961（昭和36）年，通産省は欧米諸国から要請された貿易・資本自由化への対策として「特定産業振興臨時措置法（以下，特振法）」の制定を提案する．ここで通産省の企図するところは，外国商品・企業の進出にそなえて日本産業の国際競争力を強化するために，① 大型合併を推進して企業規模の拡大をはかり，②「過当競争」を排除して「官民協調体制」を形成しようとするものであった．そして，通産省は自動車業界について，「乗用車への新規参入をストップした上で，既存メーカーを 2 ～ 3 グループに集約し，過当競争を抑え，量産効果をあげる」と考えていた．しかし，特振法案については，当時の官僚統制を恐れる産業界が強く反発し，さらには大蔵省（現財務省）や金融業界もまた，きわめて冷淡であった．そして，当の自動車業界

8）　なお，興味深い内容としては，当時「比較生産費説」に基づく見解から，自動車産業の育成を無用とする立場も見受けられたことである．

も「協力的」とはいえず，例えばホンダの本田宗一郎氏なども「新規参入を認めないとは何事だ．……政府が介入すれば企業の力は弱まる．……自由競争こそが産業を育てるんだ」[本田 2001：111-14][9]と反論した．それ以後，この法案は，独占禁止法上の合併基準や適用除外項目との関連でも問題があるという近代経済学者の批判もあって，「スポンサーなき法案」となり，それゆえ，廃案となった[通商産業省・通商産業政策史編纂委員会編 1991：106-107]．結局のところ，自動車企業を 2 〜 3 グループに集約する構想も実現せず，逆に，その後は次々と新規参入者が現れることで，「11社体制」による活発な競争が展開されていったのである．

　以上で明らかなように，現実は，通産省の企図するところとはならず，戦後における自動車産業発展の根拠をもっぱら「産業政策」の功績に帰す行き方は適切でないということになろう．

（2）資本・貿易の自由化と高度経済成長時代

　1960〜70年代，自動車産業は，高度経済成長の到来を受ける形で「規模の経済性」を活かした大量生産システムを確立すると共に，急速なモータリゼーションの進行に対応してさらなる技術の向上，生産拡大を実現していく[10]．

　ここで注目すべきは，当時，欧米諸国から「日本の自動車産業の競争力は，いまや十分であり，この際，市場を開放すべきだ」と強く要請されたにもかかわらず，通産省，業界はこれに応じず，もはや成長産業として政府から「自立」した形で発展すべきこの時期に，依然として外国車に厳しい輸入制限を課し続けた点であろう．したがって，（輸出増はいうまでもなく）国内需要増加の恩恵が，もっぱら国内メーカーのみに帰したわけであり，さらなる量産拡大へと進んだのである［熊谷編 1973：134]．

　こうして，日本の自動車メーカーは産業政策のもとで飛躍的な発展を遂げた

9）　また，クリスティンセンも戦後日本の自動車メーカー，オートバイメーカーについて「政府による支援は，正しい方向に向けられれば産業と経済の発展に寄与するが，それでも政府支援が企業に成功をもたらす最大の要因となることはまれだ」と述べている [Christensen, Ojom and Dillon 2019: 189]．

10）　なお，品質と生産性の両方に対応する画期的な生産システムの開発としては，「トヨタ生産方式」がその典型であり，その後の自動車産業の国際競争力強化の源泉の 1 つとなりえたことを指摘しておこう．その詳細については，大野 [1978]，およびトヨタ自動車工業株式会社編 [1978：338-47]．

ことになる．しかも，この間に多数の国内メーカーが新規参入したことで，む
しろ企業間競争は熾烈となり，新車開発競争，技術革新競争に拍車がかかる中，
世界的にも高水準の技術開発が進んでいく．例えば，当時，排ガスによる環境
問題（後述）が深刻化しつつあり，低公害エンジンの開発が急務とされたけれ
ども，日本メーカーは（アメリカのビッグ・スリーに先駆けて）活発な開発競争を
展開し，世界的にも高く評価される成果を生むところとなる．

　このように見ると，各メーカーの企業努力が日本の自動車産業の発展に負う
ところが大きいことは明らかである一方，通産省による産業政策が演じた役割
も，けっして無視することは出来ないように思われる．以下，この点について
簡単にふれておきたい．

　日本が戦後，市場経済・自由貿易を建前とした以上，通産省は産業政策の主
たる担当者といえども，いずれは対外的に「貿易・資本の自由化」に踏み切ら
ざるを得ないと考えていたであろう．つまり，当時の通産省の基本的姿勢は端
的にいって，「自由化のタイミングをできるだけ遅らせながら，国内メーカー
の国際競争力が『十分に強力』となった段階で実施しよう」というものであっ
た．そして，現実には，貿易自由化が1965（昭和40）年，資本自由化は1971（昭
和46）年に相次いで実施されたのである[11]．なお，これに伴い，（通産省は「歓迎」
しなかったにもかかわらず）三菱・クライスラー，いすゞ・GM，東洋工業・Ford
というように，海外メーカーと提携するメーカーがみられたし［三菱自動車工業
株式会社編 1993：233-37；249-52；東洋工業株式会社編 1972：549-51；いすゞ自動車株式
会社編 1988：307-47；通商産業省・通商産業政策史編纂委員会編 1991：113-15］，また海
外輸出，現地生産に乗り出すケースもみられた．

　ここで，もしも競争力が「不十分な」時期に自由化を推進していたならば，
おそらく輸入車が急増し，さらには欧米メーカーが活発に進出してきたかもし
れない．この場合，国内メーカーの成長の水準やスピードは，その分，減退せ
ざるをえなかったであろう．それゆえに，「国内メーカーの立場」からみるか
ぎり，やはり「この時期の」産業政策は貢献したといってよい．加えて，「総
花的な」優遇税制，補助金，低利融資などの保護・育成措置もまた，各メーカー
の意欲・体力をかなり強化したと思われる．しかし，その一方で，この政策路
線が後年，欧米諸国との経済摩擦や「日本はアンフェアな国だ」といった反発

---

11)　自動車の自由化の詳細な経緯については，通商産業省・通商産業政策史編纂委員会
　　編 1991：335-43；442-46］.

を招いたことも忘れてはならない.

第 2 節　日米経済摩擦と現地生産への新たなる展開

　日本の自動車産業は, 1980年代に「全盛期」を迎えると同時に, 従来までとは異なる様々な問題が生じた. 具体的には, この時期, 日本の自動車生産台数がついに1000万台を超え, 「自動車王国」であったアメリカを凌駕し, 世界一の自動車大国に登りつめたのである. さらに, 半導体, コンピュータなどの他の産業部門においても日本の技術力・競争力が大きく向上し, 諸外国への輸出が増えていく. とりわけアメリカへの輸出が急増したために, 1950年代以降から様々な品目で生じていた日米貿易摩擦が, 1980年代以降, 自動車部門においても顕在化するという新たな状況に直面した[12]. そこで, 産業政策も従来の「産業保護・育成」路線から, 「貿易摩擦回避」型路線へと転換する.

　以下, これらの内容について日米自動車産業の動向を述べ, これに対する両政府の対応について考察しよう.

1　アメリカ"ビッグ・スリー"の低迷と日米貿易摩擦の激化

　1970年代における 2 度の石油危機を経て, 世界各国では「省エネ」が至上命令となり, 自動車についても大型車から小型車へと需要シフトが生じた. 日本や欧州メーカーは, この需要変化にいち早く対応したが, 大型車中心の伝統をもつアメリカ・メーカーは, この変化に容易に対応することができず, 大幅に立ち遅れてしまった. こうして, GM, Ford, クライスラー 3 社 (通称, "ビッグ・スリー") をはじめとするアメリカ自動車企業の販売は, 大きく低下せざるを得なくなる. その一方, 日本車は故障も少ないうえに, 消費者ニーズに合った車種・仕様の開発に意欲的であるとの評判も良く [日産自動車編 1985：42], アメリカ車に比して, 世評は非常に高かった. その結果, アメリカではドイツや日本から小型車輸入が急増し, アメリカ国内の自動車メーカーは苦境に陥ることとなる.

---

12)　日米貿易摩擦の対象になった品目としては, 1950年代は主として, 生鮮・加工食品, 繊維製品, 雑貨などであったが, 1960年代以降, 重化学工業製品に対象が移行し, それと共に自動車の貿易摩擦も深刻化する [通商産業省・通商産業政策史編纂委員会 1989：284；337-42].

　以上のような事情により，アメリカの自動車メーカーは，1980年代半ば頃から日本的生産方式を取り入れるなど，抜本的な構造改革を行うことになった．また，その一方で，アメリカ政府は1981（昭和56）年，自動車産業の苦境を打開するために，日米自動車交渉を通して日本が輸出自主規制（Voluntary Export Restriction: VER）するよう要請し，日本側で実施されることになったのである[13]．ただし，この際，指摘すべきは，この措置が「形式上」のこととはいえ，日本側の「自発的」意図によるものとして実施された点であろう．というのは，アメリカは本来，自由貿易を建前とする国であり，したがって，国際カルテルとおぼしき輸出規制を他国に要請するのは難しい．反トラスト政策上，違反となるかもしれず，また消費者団体が政府に対して損害賠償訴訟を起こす可能性もある．それゆえに，アメリカ政府としては，みずからの信条と無関係に日本が自主的に輸出を制限したという形を要請せざるを得なかったことになる．いずれにせよ，「アメリカは自由貿易主義，日本は保護主義」との色分けは，当時の輸出自主規制に関するかぎり，必ずしも妥当しなかったといえよう．

　ここで，当時，両政府の合意内容の１つとされた「現地生産」についてふれておこう．日本メーカーは，円高と対米輸出自主規制によって少なからぬダメージを受けたが，一方，1985（昭和60）年の「プラザ合意」に伴う海外直接投資の促進としての現地生産の実施は，新たな企業戦略の展開といってよい．そして，事実，アメリカのみならず欧州，アジアにおいても積極的に現地生産を展開し，従来の輸出志向型から現地生産型へと戦略を切り替え，さらなる発展をめざすこととなる．また，日本メーカーの現地生産化は，アメリカ側に対しても雇用の確保・増大など，相当に貢献し，当時のアメリカ経済低迷による失業問題の改善に一役買ったと言えるであろう．

　このように，アメリカ政府による一連の保護措置は，国内の自動車産業・企業に対して相当に有利な環境がもたらされたにもかかわらず，アメリカの消費者にとって同様に有益であったとは思えない．というのは，この措置によって，良質・安価で好評な日本車が供給不足となり，ここから，アメリカ車へと需要が流れ，“ビッグ・スリー”は価格を引き上げる行動に出たからである．それゆえ，最終的にアメリカの消費者が日本車を思うように入手できなくなり，やむを得ず，高価なアメリカ車を購入したのであろう．それゆえに，メーカーは

---

13)　当時の対米乗用車輸出自主規制措置に関する詳細は，通商産業省・通商産業政策史編纂委員会編［1993：450-84］．

ともかく，アメリカ消費者の立場からすれば，日本の輸出自主規制が社会的厚生の観点から「望ましい」措置であったかについては疑問の残るところである．

2　現地生産への新たな展開とバブル経済崩壊による企業再編

　前述のとおり，プラザ合意以後，円高傾向は続いていたのと同時に，1990年代も日米自動車交渉も引き続き行われていた．しかしながら，日本が着実に現地生産を増やしていった影響で，1987（昭和62）年以降，日本から輸出がもはや規制枠に満たなくなった．また，アメリカ自動車メーカーがある程度競争力を回復したこともあって，結局のところ，輸出自主規制は1994（平成6）年3月末をもって撤廃されることとなった［自動車産業経営者連盟編 1998：69］．

　ところで，日本車に対する貿易摩擦は，当時，アメリカのみならず，欧州でも対日輸入規制という形で実施されていた．そこで，EUと日本の自動車産業との関係についても簡単にふれておきたい．

　EUでは，1992（平成4）年末の市場統合以後，日本からの自動車輸入をめぐって議論が紛糾する．すなわち，EU域内において，ヒト，モノ，サービス，資本などが自由に移動出来る単一市場を確立した以上，この自由市場を域外に拡大するためには，本来，対日輸入規制のような保護主義的措置は望ましくないという主張があることはいうまでもない．これに対して，当時の域内自動車メーカーの低迷は，日本市場の閉鎖性や日本特有の慣行に起因しているとみて輸入規制の必要性を主張する立場もみられ，両立場の議論の決着は容易でなかったのである．[14] とはいえ，「現地生産」誘致については，先のアメリカと同様に，おおむね「前向き」であったといってよく，まず，イギリスが，サッチャー政権時の1980年代半ば以降，日産，トヨタ，ホンダを次々に誘致したことで，日本自動車メーカーはEU域内での知名度，および販売網を確立させていくことになる．その後，トヨタがフランスに欧州で2番目の工場を建設し，2001（平成13）年より生産を開始した．このような日本メーカーの欧州進出は，2002（平成14）年の単一通貨「ユーロ（Euro）」の一般導入と2004（平成16）年の中東欧諸国10カ国のEU加盟などの事情も含めて，EU域内での地政学上の生産拠点の配置や人件費などを考慮していく戦略が伴うことになる．

　ここでひるがえって，1990年代以降の日本経済をみると，国内主要メーカー

---

14)　結局のところ，比較的EU域内国の中でも保護主義的色彩の強いフランス，イタリア，スペイン，ポルトガル，イギリスの5カ国が1999年まで日本車の販売規制を行った．

は，長年にわたる不況によって軒並みに大きな影響を受けている．とりわけ，バブル崩壊と共に消費者需要が大幅に縮小した上に，1980年代後半からの（海外も含めた）過剰投資による資金償却が困難となり，また資産デフレによって企業経営が圧迫された状態に陥った．国内自動車メーカーもその例外ではなく，深刻な経営不振に耐えきれず，1990年代後半には外資との資本提携にふみきるケースが目立ってくる．その一方で，トヨタ，ホンダなどを中心に，RV（Recreational Vehicle）やSUV（Sports Utility Vehicle）などの新たな自動車モデルや環境にやさしいハイブリッド・カーなどの開発を手掛けるなど，企業独自の特質を活かした販売戦略を打ち出している．当時，国内自動車メーカーは，急激な経済環境の変化や大規模な企業再編成・合理化が展開されるにあたり，文字通り「生き残りをかけた」競争に直面していた．なお，注目すべきはこの時期，従来の日本の自動車産業「11社体制」のうち，「独立経営」を堅持しているのはトヨタ，ホンダの2社のみであり，それ以外は他社との資本提携や経営参加を受けるようになっていた点である．資本提携の事例として大きな話題となったのは，1993（平成5）年3月のフランス自動車トップメーカー，ルノー社による日産への54億ドルの資本投資と株式36.8％保有の合意を挙げることが出来る．当時，COO（最高執行責任者）に就任したカルロス・ゴーン氏は，同年10月，中期経営計画「日産リバイバルプラン」を発表し，人員削減，一部生産拠点の閉鎖，など徹底的な合理化を実現し，V字回復を果たす．その功績が認められ，彼は同社社長兼CEO（最高経営責任者）を任されることとなる[15]．しかしながら，その後，彼の社内でのワンマン経営体制が止まらず，結果は周知のとおり，2018（平成30）年11月19日，金融商品取引法違反（有価証券報告書の虚偽記載）の疑いによって，海外出張からビジネスジェットで羽田空港に到着したところを逮捕され，彼の20年間の独裁体制は終焉をむかえたのである[16]．

---

15)　彼の生い立ちから日産での「ゴーン流マネジメントスタイル」の内容については，カルロス・ゴーン［2001］を参照．また，日産自動車のV字回復の根幹となった「日産リバイバルプラン（NRP）」についての記者会見が2002（平成14）年5月9日に行われたが，今後の当社の成長に向けての決意等のインタビューについて，『日経ビジネス』（2002年5月20日号，pp.6-8）．

16)　ルノーと日産の経営統合，および政府介入にかかる問題については，和田［2020：50-56］に詳細を述べている．なお，彼は逮捕された後，日本の裁判制度に不満を持っていたこともあり，拘置所から一時保釈されてから，2020（令和元）年12月29日にドラマチックな逃亡劇を実行し，故郷レバノンへ脱出するのである．

　このように，日本の自動車産業はバブル経済崩壊後，劇的な状況変化に遭遇
しているが，次節では，今後，より一層，劇的に市場環境が変化すると思われ
る自動車産業の様々な取り組みや課題を取り上げる．

第3節　グローバル化時代における自動車産業の取り組みと課題

　ここでは，昨今の国内外を問わず自動車産業の様々な話題にも含めながら，
今後の自動車産業において留意すべき3つの問題について検討しておく．
　まず1つは，グローバル化に伴う大型合併，経営統合の問題である．広く知
られているように，近年，世界の自動車産業では国境を越えた活発な買収・合
併劇が繰り広げられているが，経済理論の「規模の経済性」の観点からみて考
慮されねばならぬことについて指摘したい．加えて，ICTの進展による自動運
転技術の向上で，異業種との提携やライバル企業との共同技術開発など，新た
な企業形態が増えてきたことにもふれておきたい．
　2つめは，地球環境問題に対応すべく新たな自動車の創造と技術開発の役割
について考察すると共に，熾烈な環境技術の開発競争が引き起こした要因とも
言える排ガス不正事件についても言及する．
　そして3つめは，欧米や日本などの先進諸国の自動車産業は自国の自動車市
場の成長・発展に限界があることから，新興国へ積極的に海外進出して現地生
産の比率をますます高めているが，その動向についてとりわけ日本メーカーを
中心に概観しておく．

1　M&A（合併および買収）に伴う問題

　周知のように，1990年代後半以降，様々な産業分野において国境を越えた合
併・買収の動きが活発であり，自動車産業もその例外ではない．このような趨
勢は，企業が経済のグローバル化に対応して競争力強化をめざしたり，経営不
振企業を救済・吸収してみずからの規模を拡大しようとしたり，さらには業種
間を越えた統合によってリスクを多少とも軽減しようとするところから生じた
といえよう．
　ここで指摘したい点は，合併・買収（M&A）による「規模の経済性」効果に
ついての問題である．というのは，先述のとおり，日本の伝統的思考の中に，
かねてから「企業規模が大きくなるほど『規模の経済性』が高まり，効率は向

上する」といった認識があり，ここから，無際限な大型合併推進を安易に歓迎・支持する傾向が強いからである．けれども，この種の思考は本来，理論的にも現実的に必ずしも良好な経済成果を伴っていないことに注意を要する．すなわち，「産業組織論」的研究の説明するところによれば，企業規模の拡大は，一般に「最適規模」に到達するまでは規模が拡大するにつれて効率が向上し，費用も低下する．しかしながら，「最適規模」の範囲を越えてなお規模を拡大しても，もはや効率向上はほとんど望めなくなるのである．にもかかわらず，さらに規模拡大を続けるならば，（第7章におけるJALとJASの経営統合のケースなどからも明らかなように）「規模の不経済」が生じ，効率性や収益性は逆に悪化せざるを得ない．その一方で，当該企業の市場支配力は増大し，ここから独占的超過利潤をむさぼる公算が大きくなる．競争政策上，合併規制が要請されるゆえんは実にここにある．もちろん，現実に「最適規模」そのものを測定するのは容易でないけれども，いずれにせよ，以上から，「無際限な大型合併推進論」が適切でないことを理解する上で重要な意義をもつといえよう．

　つぎに，現実の経験から教訓を得るということで，過去における国内外の合併事例をいくつか取り上げ，その問題点についてみたい．

（1）日産自動車とプリンス自動車工業の合併

　まず，日本自動車産業における教訓として，（約半世紀前の事例ではあるが）1966（昭和41）年の日産とプリンスの合併事例を検討しよう．

　すでに見たように，1960年代に入ると，日本は，欧米諸国から「貿易・資本の自由化」を強く要請されるようになり，国際競争力強化策に苦慮していた．折しも1962（昭和37）年，「乗用車対策特別小委員会」からこれに対する答申があり，政府主導による国内企業間の「提携・合併の推進」が提言される［通商産業省・通商産業政策史編纂委員会編 1989：402-405］[17]．折しも，官僚的な体質でめまぐるしい業界の変化への追随に出遅れがちな日産と戦前の軍用機メーカーの流れを汲み，職人気質で技術至上主義のプリンスは互いに業績低迷の問題を抱えていたことから，1966（昭和41）年8月，両社の合併が実現したのである［日産自動車株式会社編 1983：140-42］[18]．けれども，その後の経過をみれば，一時的に生産台数も増えたものの，両社の伝統や社風，企業体質があまりにも異なり，販

---

[17]　ここで注目すべき点は，その後，各国内メーカーが必ずしも政府の答申通りに行動したわけではなく，むしろ積極的な設備投資競争が行われたことであろう．

売体制や労働組合，さらには工場の生産配分など一向に統一化されず非効率さだけが目立つ状況にあったことから，もっぱら自力発展の道を歩むライバル，トヨタに対して大きく水をあけられるところとなった．すでに「規模の経済性」を十分に備えた日産がさらに規模の拡大を求めても，逆に「規模の不経済性」が生じたことを示しているといえよう．

　なお，ここで詳細を述べる余裕はないけれども，昨今のルノー社による日産大改革は，規格大量生産システムに代わって，個性的かつ消費者ニーズに合った製品作りとしての多品種生産システムの到来を意味しているように思われる．

（2）ダイムラー・ベンツとクライスラーの合併

　つぎに，1998（平成10）年のドイツの高級車メーカー，ダイムラー・ベンツ[19]とジープに代表されるSUVが強みのクライスラーの合併事例を取り上げたい．

　両社合併の狙いは，主として，①21世紀対応型企業として環境対策が立てやすくなること，②次世代自動車開発に対する巨額の研究開発投資について両社の資金を有効に活用することで，過剰投資を回避出来ること，③それぞれ強みをもつ車種を相互補完出来ること，などにあるといわれた．さらに，ドイツ，アメリカのビッグ・メーカーが合併すれば，市場開拓・拡大の面でも相乗効果が働くから，その意義はすこぶる大きいとされた[20]．とりわけ日本では，この大型合併が「新たな時代・状況に対応するもの」として高く評価され，ここから日本メーカーの「立ち遅れ」を批判する傾向さえみられたのである．いずれにせよ，この合併事例は，当時，20世紀末の世界の自動車産業に大きな影

---

18)　当時，プリンスのオーナーである石橋正二郎会長は合併先として，トヨタ，東洋工業に打診していたが，前者は業界1位で合併によって独占禁止法（以下，独禁法）に抵触する可能性を考えて断り，後者は企業体質の相違により消極的な態度を見せた経緯がある．

19)　日本メーカーとの関連で言えば，リコール（無料の回収・修理）隠ぺい問題以後，その信頼回復に時間のかかっている三菱自動車は，以前から提携関係にあるダイムラー・クライスラーから最高執行責任者（COO）を迎え入れている時期もあった．三菱自動車とダイムラー・ベンツの提携内容については，三菱自動車工業株式会社編［1993：450-52］．

20)　競争当局の欧州委員会も1998（平成10）年7月23日，「他メーカーとの競争上，問題ない」と当合併を承認．それに続いて米連邦取引委員会も同年7月31日に反トラスト法調査を終え承認を発表した．

響をあたえた.

　しかしながら，この種の論理によって巨大化した企業は，推進論者の期待に反して思わしくない結果をもたらす. 実際のところ，先述の日産・プリンスの合併と同様に，その後，両社融合はいっこうにスムースに進まず，またクライスラー側の不振もあって，企業業績は低迷し，この合併は，元来，強力なダイムラー側にとってもかなりの負担となる.

　そして，ついに2007（平成19）年8月，アメリカの投資ファンド会社，サーベラス（Cerberus Capital Management）がクライスラー側の株式を80％以上取得し，一方，ダイムラー側は同年10月，新社名「ダイムラー（Daimler AG）」として本社をシュツッツガルトに置くことで，両社は完全分離するという劇的な結末をむかえるのである［和田 2011：147-148］[21].

　かくして，自動車産業の世界的再編の不可避が叫ばれながらも，M&Aによる市場支配力の獲得と単なる企業規模拡大のみをもってしては，本来，重要視されるべき効率の向上，競争力強化につながらぬことは明らかであり，加えて，「消費者利益の向上」を期待するのも難しい. また，M&Aは必ずしも企業価値を高めたりイノベーションを向上させる手段となり得ないことも多くの事例や実証研究でも明らかにされてきた. それゆえに，競争政策上の合併規制の意義は依然として大きいわけであり，安易な規模拡大をめざす合併については，競争当局が慎重に調査・監視しなければならないのである. なお，今後は，各

---

21)　その後2009（平成21）年までダイムラーはクライスラーの残りの株式を保有し続けていたが，すべてサーベラスに譲渡すると共に，クライスラー向けの債権も放棄するなど，両社の関係は完全に清算された. そしてクライスラーは2009年に倒産の形をとることで，イタリアのフィアット社がクライスラーを完全子会社化し，フィアット・クライスラー・オートモービルズ（以下，FCA）に社名変更した. なお，欧州域内における自動車市場も競争が激しく，2019（平成30）年12月，FCAはフランス第2位のプジョー・シトロエングループ（以下，PSA）と対等合併することで合意した. なお，本合併についてはEU委員会が競争法に違反する恐れがあるとして審査を開始したことで，PSAはEU委員会の懸念に対し，ライバル企業でかつ提携関係にあるトヨタ自動車との小型商用車生産に関するOEM供給を拡大すること，車両・スペア部品などの移転価格を引き下げること，さらに新会社のディーラーにライバル企業の小型商用車の修理やメンテナンスを認めること，などを提案していた. これら対応策により2020（令和2）年12月21日，EU委員会は本合併計画を承認した. よって，2021（令和3）年1月4日，両社の株主総会において本合併が承認されたことを受けて，同1月16日，世界第4位の新会社のステランティス（Stellantis）が発足したのである.

企業は従来の「規模の経済性」に大きく頼るのではなく，「範囲の経済性」なども活かした繊細かつフレキシビリティの高い経営管理下において対応していくことが非常に重要であると思われる．

2　地球環境問題への対応

　つぎに，自動車産業が地球環境問題に対応すべき問題について考察しておこう．

　国内において自動車産業は，1970年代頃から排ガスによる公害問題と石油危機による「省エネ」技術への対応が焦眉の急とされた．ここでは，自動車メーカーがどのような形でこの問題に取り組んできたのかを考察すると共に，近年の地球温暖化問題との関連について企業努力による研究開発，ならびに熾烈な技術開発競争がもたらした一連の不正事件についても付言しておく．

　モータリゼーションの進展は，排ガスによる光化学スモッグなど深刻な大気汚染を生じさせ，大きな社会問題となった．そこで，アメリカでは，1970（昭和45）年，「マスキー法」によって，排ガス規制を実施する．日本もこの事態を深刻に受け止め，まず，1971（昭和46）年，環境庁（2001年より環境省）が設置され，マスキー法に準じた基準を設定すべく政府と自動車メーカー間で検討が行われた［トヨタ自動車工業株式会社編 1987：536-40］．その結果，1973（昭和48）年，本格的な自動車排ガス規制が設けられ，以後も，規制基準が次第に厳格化されていくことになる．したがって，各メーカーは基準に達するようなエンジン本体の改善・開発に向けて努力を続けることとなった．[22] さらに，従来のレシプロエンジン改良車ではなく，画期的な新エンジンとしてガソリンエンジンと電気モーターの2つの動力源を搭載したハイブリッドエンジンが開発され，ついに，1997（平成9）年10月，トヨタ自動車が世界初の量産型ハイブリッド自動車「プリウス」の販売を開始する．その後，2001（平成13）年6月にはRV車「エスティマ」，同年8月には高級車セダン「クラウン」も販売されたことによって，用途やライフスタイルに合わせて誰もが「ハイブリッド・カー・ライフ」を享受出来るようになったと言えるだろう．他社もこれに追随する動きが活発であり，また，21世紀に入るとクリーンエネルギー活用の促進としても注目されている次世代車の研究開発が急速に進んでいる（詳細は後述）．

---

22)　具体的には，初期にホンダのCVCCエンジンやマツダのロータリーエンジンなどが開発されている．

　周知のとおり，現在，地球温暖化の一大要因たる排ガスの削減は，世界共通の大きな課題であるが，すでに1997（平成9）年に京都で開催された気候変動枠組条約締約国会議（以下，COP: Conference of the Parties）では，温室効果ガスの削減目標を定める「京都議定書（Kyoto Protocol）」が採択されていた．しかしながら，この議定書に世界第2位の温室効果ガス排出国であるアメリカが締結を見送ったことは大きな問題であった．それ以後も毎年，開催されているCOPでは世界における気候変動が及ぼす様々な災害や悪影響を防止すべく議論し続けてきた．

　そして，2015（平成27）年12月，パリで開催されたCOP21では2020（令和2）年で失効する京都議定書の内容に取って代わる新たな枠組みの策定について当時の会議参加の196カ国・地域がすべて合意した「パリ協定」は大きな前進でもあった[23]．さらに，2021（令和3）年1月に就任したアメリカのバイデン大統領の呼びかけによって，同年4月22日と23日の2日間にわたり日本，中国，インド，ロシア，EUなど40の国と地域の首脳がパリ協定の目標達成に向けて議論する「気候変動サミット」がコロナ禍の影響でオンライン開催された．このサミットにおいて，各国は「パリ協定」おいて掲げていた温暖化ガス削減目標からより一層高い水準を表明したことは注目に値する．日本も，当初は2030年度に2013年度比で26%削減を発表していたが，今回は46%削減の新目標を発表した（**表6-1**）．

　また，環境対応車に関していえば，日本の自動車メーカーは主として「燃費」や「省エネ」の技術・研究開発を牽引してきたように見えるが，実は電気自動車（以下，EV）に不可欠な電池，モーター，インバーターのいずれの技術においても国内に高度な技術力を有する．事実，EVの量産化では2009（平成21）年販売の三菱の小型車「アイ・ミーブ」や2010（平成22）年販売の日産の「リーフ」が挙げられよう．

　しかしながら，2003（平成15）年にアメリカのカリフォルニアでベンチャー企業として設立されたテスラモーターズ（Tesla motors）が，いまやEVメーカー

---

23)　2015（平成27）年12月12日に締結された主たる内容としては，① 産業革命以前からの世界の平均気温上昇を2℃未満に抑えると共に，さらに1.5℃未満をめざす，② 各国目標の5年ごとの見直し，③ 先進国による途上国への資金支援の義務化，などである．その後，2016（平成28）年11月4日，協定の発効条件（55カ国以上の批准，世界の温暖化ガス排出量の55%に達すること）が満たされたことから発行手続きが行われた．

表 6-1　主要各国・地域の温暖化ガス削減目標

国名	中期目標の具体的数値
日本	2030年度に2013年度比で46%削減
米国	2030年に2005年比で50〜52%削減
EU	2030年に1990年比で55%削減
英国	2035年に1990年比で78%削減
中国	2030年に2005年比でGDP当たりCO_2排出量で65%以上削減
インド	2030年に2005年比でGDP当たりCO_2排出量で33〜35%削減
ロシア	2030年に1990年比で30%削減

出所：『日本経済新聞』（2021年 4 月23日付）をもとに筆者作成.

の世界第 1 位として圧倒的な生産台数と人気を誇っている．同社は従来の規模の経済性を象徴する大工場ではなく，むしろ小規模な特殊生産（組立）工場においてモジュール化とICT化を駆使しながら，「設計（デザイン）→ 生産（部品組立）→ 販売」の生産体制を確立したことでも注目を集めた．2008（平成20）年に 2 人乗りのスポーツカー，「テスラロードスター」は，リチウムイオンバッテリーを搭載し，1 回の充電で最長394kmの航続距離と時速100kmの加速機能で当時，EVの新基準を達成すると同時に技術と環境性能の両立を実現したのである［Carson and Vaitheeswaran 2008: 244-47］．そして2017（平成29）年にはアメリカカリフォルニア州のトヨタとGMの合弁工場を買い取って，初の量産販売体制にも乗り出すことで，いよいよ本格的なEV時代の到来をむかえる．[24]

　世界全体の自動車生産台数の急増に伴う地球環境問題はますます深刻であることから，各国の環境規制も強化されており，「脱石油・脱燃料」の自動車開発の動きが新たな潮流となりつつある．とりわけ環境意識の高い欧州各国，および大気汚染問題に深刻な中国では，各国政府が2030年前後をメドにガソリン車やディーゼル車の販売を禁止していく方向にあり，EVの普及にシフトさせる動きが加速化している（**表 6-2**）．

　さらに自動運転機能の技術開発も急速に進む中，各自動車メーカーは次世代[25]

24)　2019年末からは上海に新工場を建設し，すでに量産体制も軌道に乗っている．2020年の年間EV販売台数は約50万台となったが，2021年にはドイツのベルリン郊外と米国テキサス州の新工場が稼働する．『日本経済新聞』（2021年 1 月28日付）．そして，2022年には年間販売台数が100万台を超える見通しを発表している．

表6-2　世界各国のガソリン車販売の禁止に向けての対応

国名	具体的な内容
英国	販売禁止時期を2035年から2030年に前倒し
フランス	2040年までに販売禁止
中国	2035年をメドに新車販売についてはEVやHVなどの環境対応車のみに限定
米国	カリフォルニア州において2035年までに新車販売を禁止
日本	経済産業省が2050年までに世界で販売する日本車をすべて電動化することを表明

出所：『日本経済新聞』（2020年11月25日付）をもとに筆者作成.

車への高度な技術開発に多額の研究費を要していることから，国内外問わずライバル企業同士との資本・技術提携を広げていると同時に，AI技術を含む最新のICTを有する異業種企業との提携も活発に行われている.

　ところで，2015（平成27）年9月のドイツ最大手メーカー，フォルクスワーゲン（VW: Volkswagen）の排ガス試験の不正事件についてもふれておきたい. この事件は世界の自動車業界全体に大きな衝撃を与えた. 具体的には，アメリカの「大気汚染浄化法」をクリアするため，当社のディーゼル自動車にあらかじめ不正なソフトウェアを搭載し，走行試験時には有害物質排出量が減少するようになっていた. 当社は不正行為を認め，多額の制裁金支払いに加え，不正対象車種の買い取り・修理，さらには数々の訴訟に対する一連の賠償額で総額5兆円ほどになる. このような事件が起こった背景として，本書の大きなテーマでもある「企業間競争」と「イノベーション」と関連させて言えば，次世代車としての「エコカー」をめぐる熾烈な技術開発競争も大きな要因であろう. 現に，ハイブリッド・カーや燃料電池車など環境対応車で強みを発揮している

---

25)　ついにホンダは2021（令和3）年3月4日，自動運転機能を搭載した新型車「LEGEND（レジェンド）」を同5日から販売すると発表した. ホンダホームページ，ニュースリリース「Honda SENSING Elite 搭載 新型「LEGEND」を発売」（2021年3月4日）. 自動運転レベルは5段階に分かれており，レベル2まではドライバーが常に運転・システムを監視する状態が義務付けられるが，レベル3になると一定条件でアクセルやブレーキが自動操作の段階とみなされる. 今回，ホンダはレベル3対応車として世界で初めて認可を得た. 政府はITS（Intelligent Transport Systems：高度道路交通システム）の向上の一環として自動運転化への実現に向けて，2014年以降「官民ITS構想・ロードマップ」を策定後，幾度にもわたって改定しているが，自動運転レベルについては2017年のロードマップおいて定義された.

トヨタと常に世界首位の座を争ってきたVWの焦りは相当大きかったことは間違いない．加えてディーゼル車の比重の高いEUでは，世界的レベルで見ても環境規制が厳格に規定されてきた中で，VWはEU域内においても優良企業としての地位を維持してきた．それゆえ，このたびのVWの不正行為は，消費者への信頼損失，健康被害，さらには地球上の環境被害をもたらし，まさに企業の社会的責任（CSR: Corporate Social Responsibility）［和田 2011：9-10］が問われるものであって，再発防止のための企業内部の組織・体制の早急な是正と共に法制度に従って相当な罰則が科されてしかるべきであろう．

　このようにVWの信用回復，賠償問題が継続している状況の2016（平成28）年，残念ながら日本においても三菱とスズキの燃費データの不正事件が相次いで発覚した．とりわけ三菱自動車の場合，2000（平成12）年と2004（平成16）年のリコール隠し事件を再度思い起こさせるイメージのさらなる悪化と信用失墜は大きく，この不正事件をきっかけに一気に進んだのが日産への傘下入りであった．具体的には，日産が三菱の発行済み株式34％を2370億円で取得することで筆頭株主となる．そして，両社は購買，車両プラットフォームの共用，新技術の開発分担，生産拠点の共用等において合意した．

---

26)　具体的に，2012（平成24）年から域内の自動車のCO 2 排出規制を段階的に強化している．まず2015（平成27）年までに新車の1km走行当たり排出量を130gに抑えることを義務付けて，さらに2020（平成32）年までに95g以下の排出量の水準目標を掲げた．その矢先に当事件が発覚したことで，現在の厳格な規制内容を達成するにはかなり困難も伴うため，一定の「許容範囲」を設けられることとなった一方，域内での販売認証制度の見直しや監視体制の強化の必要性が提案された．とはいえ，段階的な強化傾向は続いており，2021（令和3）年からEUで導入される自動車向け排ガス規制（通称，CAFE規制）は，上記の水準目標の1km走行当たり排出量95gに削減することを域内販売車すべてに義務付けて，基準を上回った場合には1g当たり95ユーロの罰金が科される．この規制導入によって，域内主要メーカーの多くが基準を上回る見通しで，多額の罰金を支払わねばならない．なお，罰金の代替措置としてCAFE規制が容認している排出枠の活用がある．

27)　日産自動車ホームページ，ニュースリリース，「日産自動車と三菱自動車，戦略的アライアンスを締結」（2016年5月12日付），および三菱自動車ホームページ，プレスリリース「日産自動車株式会社とのStrategic Alliance Agreement の締結等に関するお知らせ」（2016年5月25日）．

3　加速する海外進出

　周知のように，日米欧などのいわゆる先進諸国では，すでに自動車市場は成熟期をむかえている．すなわち，消費者の新規需要よりも，買い換え需要に大きく依存せざるを得ない状況にあるといえよう．また，近年，「カー・シェアリング（共同利用）」，「カー・サブスクリプション（定額料金利用）」等が進み，自己所有しない方式を選択する利用者も増えていることから，新規需要への期待はさらに望めないことになる．このような状況下，現在はコスト安，効率性，新市場開拓，技術供与・提携等をめざすための手法として国内の各自動車メーカーは海外進出に積極的で現地生産が活発に行われており，かつての貿易摩擦回避を目的としていた現地生産の在り方とは異なる．

　したがって，各自動車メーカーは，さらなる技術・サービスの向上による製品差別化をめざすと共に，今後もさらに経済成長が期待されるアジア，東欧諸国，さらにはアフリカなどを「新たな市場（もしくは拡大市場）」として注目している．2001（平成13）年12月，中国がWTO（世界貿易機関）加盟を実現させた直後から，日米欧の各メーカーは中国に相次いで直接投資を行って，現地メーカーと提携関係を結ぶ動きが加速化した[28]．まさにグローバル市場を展開する自動車産業において，海外進出の動向はとどまるところを知らない．以下では，特に，日本の自動車メーカーによる中国進出の現状を概観しておこう．

　先述のように，日本の自動車産業が1980年代に「現地生産」のウェートを高めて以降，ホンダ，日産などはアメリカ，欧州，アジアの各市場に比較的バランスよく進出してきた．その一方で，トヨタは，中国政府から工場誘致の要請を受けていたものの，社会主義経済体制下の時代には，あえてアメリカ，欧州の進出を優先してきた事情もあり，1990年代に入って本格的に中国での市場開拓にふみ切ろうとした際に，今度は中国側からの承諾に時間がかかった経緯があることは注目されるべき点であろう．そして，ようやく2000（平成12）年6月，トヨタは天津汽車との合弁会社を設立させたが，天津汽車自体の業績悪化が表面化したことから，中国最大手の第一汽車が天津汽車を買収することで，トヨタと第一汽車が最終的に2003（平成15）年に提携する運びとなった．このように中国への外資メーカーの進出が増えつつある状況で，中国政府が次々と外資

---

28)　中国のWTO加盟に関連して言えば，中国政府は従来の70～80％であった輸入関税が，今後，段階的に25％まで引き下げ，輸入割当制度も撤廃することを約束した．『日本経済新聞』（2001年8月24日付）．

メーカーに対して独禁法違反で制裁金の支払いを命じている点を指摘しておきたい．中国では，2008（平成20）年に独禁法を制定したばかりであると共に，いまだ多数の国有（独占）企業が存在する事情もあり，独禁法の「適用除外項目」も多く，また規定内容において産業政策の優先性も明示している［和田 2011：162］．

　通常，日米欧のような国々では，競争政策と産業政策とは異なる官庁が担当して行われていることが多いが，中国では同じ官庁が両方の政策を担当する場合が多いこともあり，独禁法をどの程度運用するのかは，国内における経済政策の方向性に対して強い影響を受ける．それゆえ，日本メーカーが海外進出する際，あらかじめ進出先の国の競争法についての理解と認識を深めて行動することが非常に重要といえよう［和田 2011：165］．

おわりに

　以上，日本の自動車産業の発展過程，および現在のグローバル化時代における自動車産業が取り組むべき課題について考察してきたが，ここで日産・ルノー連合とフランス政府の関係をめぐる話題を紹介して若干の私見を述べておきたい．

　すでに述べたように，戦後，国内における基幹産業としての自動車産業をいわば保護・育成する基盤形成の役割を果たしたのは産業政策の重要な側面であったことはいうまでもない．しかしながら，1960年代になると，各メーカーの国際競争力はかなり充実していたことから，諸外国の要請に応じて市場を開放し，各メーカーの自己責任原則，自助努力にゆだねる方向に進むべき時期であったにもかかわらず，政府が依然として産業保護の政策路線を長きにわたり維持した点は問題が残るであろう．

　このような当時の日本政府の対応を見るとき，かつてフランスの政策思考を参考にしたことが挙げられるが［和田 2011：15-16］，2015（平成27）年に日産・ルノー連合の経営に対するフランス政府の介入の是非において興味深い論争があった．日産の親会社であるルノーは民間企業ではあるが，フランス政府が株式を約20％保有している．2014（平成26）年にフランスでは政府が長期保有する株式の議決権を 2 倍にする「フロランジュ（La loi Florange）法」が制定されたことで政府の議決権が拡大した．政府の主たる狙いは基幹産業への経営介入

による雇用維持であるが，この法律により，日産・ルノー連合は政府の経営干渉が強まることに対抗し，何度も話し合いを持ったうえで，最終的にフランス政府が日産の経営に介入しないことで合意したという経緯がある．伝統的に政府介入の強いフランスにおいて，当時の交渉は，カルロス・ゴーン率いる企業側の勝利として画期的で，フランスの企業と政府の新たな関係が構築されたことでも話題となった．

　現在のグローバル時代において，自動車産業は世界的レベルでの厳しいメガ競争にさらされている．そして，多様な企業連合・提携の動きもすこぶる活発である．これらの動きは，AIを含むICTを活用した次世代車の開発と共に今後もまだまだ続くであろう．この際，指摘すべきは，これからの各自動車メーカーは，安易に規模を追求した合併による大型化へと走るのではなく，独創的な技術・研究開発に励むことにより，消費者ニーズに応える車を提供し，ここからグローバル競争の荒波に十分耐えうるような競争力のある企業となることをめざすべき点であろう．また，自動車産業は，クリーンで持続可能な経済社会を実現するためのカギとなる新たなステージへと進んでいることを念頭に地球環境問題にも対応すべき責任も大きい．

　したがって，これからの自動車産業と産業政策の関係で言えば，政府は，基本的に安全性や環境対策の分野について，より一層積極的に関与すべきだということになる．**表6-3**のように，国内自動車メーカーのEV化が今後，一斉に進むと思われるが，一方でEVの需要は電力需要も高まることになるため，政府は電力源の安定確保に向けたエネルギー政策も大きな課題となることを指摘しておく．

---

29)　日産自動車ホームページ，ニュースリリース，「日産，ルノーとのアライアンスを強化」（2015年12月15日付）．主たる内容として，① ルノーにおけるフランス政府の2倍の議決権は2016（平成28）年4月1日付で維持されること，② 日産はルノーの議決権を有しないこと，③ 日産は，同社の経営判断に対してルノーによる不当な干渉を受けた場合，ルノーへの出資を引き上げる権利を有すること．

30)　近年，各自動車メーカーと携帯電話メーカー，GAFAなどに代表される巨大ICT企業やICTのベンチャー企業との事業提携も目立つ．例えば，2018（平成30）年10月，トヨタとソフトバンクは自動運転と移動サービスの双方を運営するための共同出資会社「MONET」を設立した．いわゆるMaaS(Mobility as a Service)と呼ばれるスマートフォンやPC等を活用して利用者の移動ニーズに公共交通機関やタクシー等の移動サービスを最適に組み合わせて，検索・予約・決済まで一括して行うサービスを提供する．

表 6 - 3　日本の主要自動車メーカーの電動化目標一覧

メーカー名	具体的な目標内容
トヨタ自動車	2025年ごろまでに全車種に電動車モデルを設定．2025年に世界で550万台の電動車販売をめざす．
日産自動車	2023年度に国内での電動車販売比率を 6 割にする．
ホンダ	2030年に世界販売の 3 分の 2 を電動車にする．
三菱自動車	2030年に世界販売の 5 割を電動車にする．
SUBARU	2030年までに電動車販売比率を 4 割，2030年代前半にすべてを電動車にする．

出所：『日本経済新聞』（2020年12月 4 日付）をもとに筆者作成．

演習問題

1．日本の自動車産業の成長・発展を考える際，各自動車メーカーの企業努力や企業家（起業家）精神によるものか，政府主導による徹底した業界保護・育成政策によるものか，これらいずれによってもたらされたか，について詳しく論じなさい．

2．昨今の深刻化する地球環境問題に対して，今後，自動車産業はどのような取り組みが必要となるか，について説明しなさい．

3．シェアリング・エコノミー時代が到来する中で，日本のカー・シェアリングの動向について調べた上で，今後の自動車メーカーにとっての課題について論述しなさい．

第7章　航空産業

はじめに

　広く知られているように，公益事業分野における規制緩和（より正確には「規制改革」）が進んだことで，伝統的に政府規制下にあった多くの産業分野で技術革新や市場環境の変化などによって新規参入が可能となり，「競争産業化」した．それゆえ，いまや規制改革は産業経済のさらなる進歩・発展に大きく貢献するものと評価されている．

　アメリカ，イギリスなどでは，すでに1970年代後半から1980年代にかけて，様々な公益事業分野（電気通信，電力，ガス，鉄道，航空など）において抜本的な規制緩和が推進され，市場機構・競争原理に基づく「小さな政府」をめざす経済運営を展開してきた．規制緩和が実施された諸産業をみると，概して，参入障壁の低下，新規企業の参入，下位企業の成長などが生じ，競争が活発化した結果，価格の低下，効率性の改善，サービスの向上などの成果をあげている．しかしながら，その一方で，規制緩和は，競争の進展によって不振企業を生み出し，ここから，M&Aによる産業の寡占化（より極端な場合は，独占化）をもたらすかもしれないため，競争制限的な市場を現出させぬための周到な競争政策の施行が不可欠になる．

　ところで，21世紀に入った直後，日本では，航空産業における注目すべき出来事が数多く生じている．まず，2001（平成13）年11月，日本航空株式会社（以下「JAL」：Japan Airlines）と株式会社日本エアシステム（以下「JAS」：Japan Air System）の統合が発表され，若干の経緯はあったものの，結局，翌年4月に公正取引委員会がこれを承認し，両社統合に至ったがその後に多くの問題が生じたことである．ついで，格安航空会社（以下「LCC」：Law Cost Carrier）が数多く台頭し，航空産業は既存大手と新規参入者の間でかつてない企業間競争が活発化していることである．

　なお，近時の世界的な出来事として看過できないのは，2020（令和2）年の

新型コロナウィルス感染がもたらした渡航制限による航空需要激減への影響であろう．

　以上のような現状もふまえて，本章では，まず（1）戦後日本の航空産業の歴史的展開と特徴を概観したあと，（2）「JAL・JAS統合」の背景とその後の問題を検証する．そして，（3）LCCの台頭による経済的・社会的影響を考察し，最後に，（4）新型コロナウィルス感染により大打撃を受けた航空産業におけるこれからの課題について整理したい．

▍第1節　戦後日本の航空産業の歴史的展開

　最初に，「公益事業」としての航空産業の特徴を若干述べてきたい．

　公益事業は，一般的には，「独占化」しやすい産業において，国民全体に財やサービスを公平かつ安定に提供すべき役割を担うと理解されている．そこで，「自然独占」などに対する政策が必要とされ，ここから，参入・退出規制，運賃規制のような様々の政府規制が施行されてきたのである．航空産業もその典型であって，長きにわたり，政府の強い規制下にあったが，1980年代半ばから，規制緩和によって新たな展開がみられるようになった．以下，戦後を大きく3時期に分けてそれぞれの時期の特徴・内容を概観してみたい．

1　「45・47体制」下の航空産業

　日本の航空産業は，戦後，アメリカの占領政策下において一切の活動が禁止されていたが，1952（昭和27）年4月28日のサンフランシスコ講和条約の発効によって自主運航権が回復された．したがって，戦後日本における航空産業の幕開けは，同年7月15日施行の「航空法」により政府主導型の体系が確立された時期にスタートしたと言える．

　まず，1953（昭和28）年，「日本航空株式会社法」を根拠法としてJALが設立[1]された．そして，運輸大臣の諮問機関として航空審議会が設置され，JALは政府管理のもとに運行を開始する．また，政府出資を主体とする特殊会社であったから，その運営については様々の政府規制がみられた．

1）　ここでの「JAL」とは，新会社への改組を示しており，旧会社は1922～23年にかけて日本航空輸送研究所，東西定期航空会と共に，日本における定期航空輸送会社として地方路線を開設した歴史がある．増井・山内［1990：2-5］を参照．

　国内の定期航空サービスの大部分を担ってきたのは，JALに加えて，全日本空輸株式会社（以下「ANA」：All Nippon Airways），JASがある．これら３社は，JALが1952（昭和27）年，ANAが1957（昭和32）年，日本国内航空（1971年東亜航空と合併して東亜国内航空となり，1988年にJASと改称）が1964（昭和39）年にそれぞれ就航を開始した．ここで，この３社体制を形成した政府の政策をみておこう．

　航空法の制定後，運輸省（後の国土交通省）は，まず1970（昭和45）年６月，「今後の航空輸送の進展に即応した航空政策の基本方針」を運輸政策審議会に諮問する．その答申後，同年11月に「航空企業の運営体制について」が閣議了解される．これを受けて，1972（昭和47）年の運輸大臣通達により，「45・47体制」が確立したのである（通称「航空憲法」と呼ばれる）．それ以降，1980年代半ばに至るまでこの体制が維持されることとなる．

　ここで注目すべき点は，利用者のさらなる利便性と安全性を高めるという目的はともかくとして，３社による事業分野の「棲み分け」が確立したことであろう．より具体的に説明するならば，① JALは国際線・国内幹線，② ANAは国内幹線・ローカル線，近距離国際チャーター，③ 東亜国内（その後のJAS）は，国内ローカル線・一部国内幹線，へと市場配分されたのであった．ここでの基本的思考は，これら３社を競争させず，むしろそれぞれにあたえられた市場での運航に専念させることにより，経営の「健全化」をめざすものであったといってよい．

　とはいえ，航空輸送量はその後，着実に伸びていく．その背景として，高度経済成長による日本経済の発展とそれに伴う航空サービス需要の増加，さらには技術革新による航空サービスのコスト低下などを挙げることが出来る．これら需要の増大に対処するために，航空産業はさらなるジェット化，大型化，路線の拡充，ターミナル施設の近代化が焦眉の急となった．そして，1978（昭和53）年５月20日，新東京国際空港（2004年４月より成田国際空港に改称）が開港したのもこの時期である．

2　規制緩和時代の到来

　ここでは，まず，1970〜80年代の諸外国における規制緩和の動きを概観しておかねばならない．1970年代前後から，主としてアメリカにおいて，政府規制

2）　国内幹線とは，一般的に，札幌，東京，大阪，福岡，那覇間の運航ルートを示す．

に対する多くの批判がみられるようになり，事実，当時のジミー・カーター（Carter, Jimmy）政権下で1978（昭和53）年に「航空運送規制撤廃法（Airline Deregulation Act of 1978）」が成立し，一気に規制緩和が進む．そして，この動きのなかで「OECD勧告」も決定的役割を演じたのであり，OECD理事会は1979（昭和54）年，加盟国に対して規制緩和政策を推進するよう強く勧告したのである．その基本的思考は，「政府規制は，その導入当時には一定の根拠があったものの，今日では，逆に有害化しているケースが少なくない．そこで，この際，総点検していらざる規制を撤廃，ないし大幅緩和すべきだ」というにある．とりわけアメリカやイギリスにおいて，様々の産業分野で規制緩和が積極的に推進されるところとなった．航空産業の規制緩和は，その代表例であろう．その結果を評価するならば（問題は残るものの），概して「消費者利益」向上に貢献したといってよい．[3]

　このような海外諸事情がある以上，当然ながら，国内航空行政についても「45・47体制」に多くの批判が生じた．そこで，この体制も，1985（昭和60）年12月の閣議了解において正式に廃止されることが決定する．

　さらに，1986（昭和61）年，運輸政策審議会最終答申（6月）は，航空産業においても企業間競争を推進すべきであり，これを通して利用者へのサービス向上，企業の経営基盤強化を目指さねばならないとした．具体的には，①JAL以外の2社にも国際便進出を認めて，JALによる定期国際便の独占体制を崩し，その一方で，②JALが国内ローカル線へ参入することを認めて国内線の競争を促進し，③JALを完全民営化すること，の3つをめぐって議論がなされ，結局，上述した線で実施されることとなった．

　まず①については，大手3社に対し国際線を含む新規路線免許の交付が発表され，その結果，1986年3月，ANAによる東京—グァム線乗り入れが実現し，1988（昭和63）年7月には，JASも東京—ソウル線に乗り入れたため，大手3社すべてが国際線へ参入するにいたった．

　つぎに②については，空港の発着枠が許す限り，ダブル・トラッキング（同一路線2社運航），およびトリプル・トラッキング（同一路線3社運航）が可能となった．

　最後に，③については，1987（昭和62）年11月にJALの政府保有株が放出され，

3）　山内［1995：164-66］経済企画庁総合計画局編［1989：66-69］参照．また，米国の規制緩和の歴史について，伊藤・下井［2007：59-71；75-78；91-96］.

ここにその完全民営化が実現した.

　1990年代に入ると,航空産業を取り巻く環境は,グローバル化,ボーダレス化,ICT化などの流れを受けて,さらなる変革が必要となる.そこで,1994（平成6）年12月,航空法が一部改正となり,割引運賃の認可制が届出制に変更された.また,1996（平成8）年6月からは,幅運賃制も導入される.この制度は本来,多様な運賃メニューを生むべきものと期待されたが,現実には,大手3社間の運賃はほぼ同じであったし,その水準も,これまでより割高になった路線さえみられた.したがって,この程度の改正では,国内航空企業の市場行動に大きな変化は生じず,利用者が「競争のメリット」を享受するまでには至らなかったことは明らかであろう.

3　新規参入企業の登場と「改正航空法」

　先述のとおり,航空法の一部改正は,抜本的な競争促進につながらなかったけれども,その後,スカイマーク・エアラインズ（以下,スカイマーク）,エア・ドゥが新規参入し,国内航空産業は,ここに新しい局面を迎えることになる.以下,その内容について考察する.

　まず,1997（平成9）年3月,羽田空港の新C滑走路供用開始に伴い,発着枠の増枠分のうち6枠が政策的に新規参入者に配分されることとなった.これを受けて,1998（平成10）年9月,東京―福岡間にスカイマーク,また12月には,東京－千歳間にエア・ドゥがそれぞれ参入したのである.これら新規2社は,既存大手3社に対抗するために,運賃を大手の約半額に設定した.この戦略は成功し,多くの利用者を獲得したが,その後,大手も運賃引き下げをもって対抗したから,新規2社の経営はすこぶる困難をきわめた.これまで長きにわたって高運賃を維持しておきながら,いかに対抗上とはいえ,急遽値下げに走る大手3社の行動には明らかに問題があろう.というのは,新規2社が大手3社の攻勢に耐え切れず運賃を値上げした途端に結局のところ大手も値上げした事情があり,国内航空市場における運賃の水準に風穴が開いたことは事実ながらも,大手3社の問題とも言える行動により新規2社の市場排除につながる行為は見過ごすことができないからである.よって,公取委は1999（平成11）年9月,大手3社に対し,独禁法上および競争政策上,問題がないかについてヒアリン

---

4)　幅運賃制は,路線の運賃設定において,下限について定められた上限運賃としての「標準原価」の最大25%引きまで認める制度のことをいう.

グを行った[5]. 加えて上記の新規参入企業に対して，当時 6 枠分程度の配分では採算確保に不十分と言わざるを得ない状況にあった.

　また，運輸省（2001年より国土交通省）も，このころから，次第に「競争促進」を配慮した制度改正を行うこととなる. 具体的には，新規参入者にとって投資負担の大きい業務を他社に委託してもよいということになった. しかしながら，なお競争を活発化させる環境が十分整備されたとはいえず，とりわけ後述する「新規参入者（将来の有力な競争者候補）育成」の視点がますます重要になると位置づけられる.

　さらに，2000（平成12）年 2 月には先述の航空法以来「最大の改正法」たる「改正航空法」が施行されることとなった. その主たる内容としては，① 運賃設定の自由化，② 需給調整条項の撤廃，および③ 委託業務に関する新たな規制，の 3 つを挙げることが出来る. 以下，それぞれについて簡単に説明しておこう.

（1）運賃設定の自由化

　国内運賃はこれまで，各社が管轄官庁たる運輸省に対し，路線ごとに運賃を申請して認可を受ける許認可制であったが，今回の改正によって事前届出制となる. また，1995（平成 7 ）年に導入された幅運賃制の「上限・下限」も撤廃された. 現在，普通運賃は依然として横並びの状況にあるけれども，一方で様々なタイプの割引運賃が設定されうる環境が整ったことで，各社の価格・サービス競争は一段と活発化している[6].

（2）需給調整条項の撤廃

　これまで，運輸省が免許制のもとに，航空の需給バランスを考慮しながら各

---

5 ）　なお，当時の公取委の判断は以下のとおりである. 新規 2 社の運賃改定に追随して大手 3 社がおおむね同一時期に同一水準で特定便割引運賃を設定している状況については，直ちに独占禁止法（以下，独禁法）上問題となるわけではないが，運賃改定等に当たっては，今後とも，各社が自主的な判断の下にその時期及び水準等を設定すると共に，相互の話合い等によりこれらが取り決められることのないよう留意する必要がある. また，他の事業者の事業活動を不当に排除することなどのないよう留意する必要がある.」（公正取引委員会ホームページ，『公正取引委員会年報 平成13年度版』第 8 章第 7 節）.

6 ）　例えば，当時，バーゲン型運賃，介護規制割引運賃，インターネット運賃などバラエティな運賃が相次いで登場した. その一方で元来の普通運賃が値上がりするなど従来よりも割高になるケースも出てきた. 現在はより一層，多様化している.

社に路線を割り与えてきた．しかし，「改正航空法」によって，事業ごとの許可制となり，路線への参入・撤退は各社の判断によることとなった．このように，参入規制は一応撤廃されたけれども，この際，見逃すことのできないものとして，「発着枠」の問題がある．とりわけ，慢性的に供給不足に陥ってきた羽田空港の発着枠配分問題は，すこぶる深刻であったと言える．当時，需給調整条項が撤廃されたといっても，羽田，伊丹などをはじめとする混雑空港の発着枠限定の問題が存在していたため，新規参入者が増加しても空港の構造上の問題が長きにわたって航空産業の競争促進を制限させてきたのである．

　なお，この条項に関連して，「シャトル便」の運航についてもふれておきたい．シャトル便とは，大手3社が羽田—関西間の運航において，利用者の利便性を高めるために，出発時間帯などを公平かつ均等に配分しようというものである．これは，元来，新幹線に対抗して航空需要を増加させるねらいがある．けれども，同時に，新規2社に対して市場からの締め出し効果を伴う側面があることも否定できない．現に，公正取引委員会（以下，公取委）も，過度の3社間調整は，独禁法違反の疑いがあると指摘している．いずれにせよ，シャトル便が，全体として「消費者利益」にかなうものか否か，については簡単に即答できぬ面があり，さらに検討すべき「残された問題」ということになるであろう．

（3）委託業務の許可制

　航空産業が，航空機を安全に運航するためには，機体の周到な整備・点検が不可欠であるのはいうまでもない．ところが，この「整備業務」には多大のコストを伴うから，新規参入企業が独自で行うのは困難である．現に，新規2社が既存大手にこの業務を委託しているのも，このような事情によるのである．

　そこで，「安全性確保」の見地から，航空機運航・整備に関わる業務委託については，管轄大臣の許可が必要と定められた．本来は，新規2社が整備体制でも自立する方向が望ましいけれども，それが困難である以上，受託依頼を受けるJALとANAの行動（委託料の引き上げ，最悪のケースは取引拒絶など）について公取委は優越的地位の濫用行為のないよう監視することが重要とされた．

┃ 第2節　「JAL・JAS統合」をめぐる問題

　JALとJASは，2001（平成13）年11月15日，経営統合することを正式に発表し

た．これを受けて，公取委は，この統合が独禁法に違反するかどうか，について種々審査し，2002（平成14）年3月15日に「中間報告」を発表して，「独禁法違反のおそれがある」と指摘する．そこで，両社は，統合に関わる修正計画を提出し，公取委もこれを受けて，同年4月26日に両社統合を正式に承認したのである．

　以下では，まず，（1）両社統合の背景を簡単に考察し，ついで，（2）公正取引委員会による審査内容を整理して，最後に（3）この統合のその後の経過と種々問題点について述べたい．

1　「JAL・JAS統合」の背景

　まず，両社が統合にふみ切った理由についてみよう．これには多くの事情が考えられるけれども，ここでは，もっとも重要と思われるもののみをとり上げることにしたい．

　JAL側の事情としては，規制緩和以降，着実に成長を遂げてきたANAに対抗するのがもはや容易でなくなった点を挙げられるであろう．しかも，2001（平成13）年9月の米国の同時多発テロ事件以来，航空市場全体において国際線がきわめて不振となったことから，国際線シェアが大きかったJALにとっては国内線に力を入れざるをえなくなり，ここからJASとの統合を望むことになったと思われる．具体的には，JASを取り込むことにより，「羽田枠などの発着枠の大幅増[7]」をもってANAに対抗しようとしたといえよう．

　一方，JAS側は，当時，相当数の国内不採算路線を有し，無配が続くなど深刻な経営不振に陥っていた．取引関係にある銀行筋からも他社との統合を強く勧められていたともいわれ，この際，JALとの統合によって「窮地」を脱しようとした公算が大きい．

　また，ここで管轄官庁としての国土交通省（以下，国交省）の姿勢についてもふれておきたい．端的にいって，国交省は，当初から両社統合を「有益」とみて，（競争政策的な観点から市場独占の問題を指摘する公取委などの動きも考慮しながら）実現に向けて積極的な協力を惜しまなかったようである（むろん，部外者には，この間の詳細な事情を知ることはできない）．けれども，このことは当時の新聞報道

7）　2001（平成13）年11月当時の羽田空港発着枠は，JALが1日79便（片道），JASが112便，ANAが152便であった（『日本経済新聞』2001年11月15日）．それゆえに，両社が統合すれば，ANAを大きく上廻ることが指摘された．

にみられる「現実にはJAL，JASと国交省は公取委を軽視し続けた」とか，公取委の「内部事情も両社や国交省に筒抜けとなり，公取委は完全に足元を見られた」といった記事からも十分に推察することができよう[8]．

もともと日本の政策官庁には，その管轄する産業・大企業の「破綻」を避け，パターナリスティックに保護しようとする伝統がみられる．そして，先の「3社棲み分け体制」形成からもうかがえるように，戦後，運輸省もまた，ほぼ同様の政策路線にあったといえよう．そこで，管轄官庁として，JASの「経営破綻」を避けるためにJALとの統合を直接・間接に支援するにいたったと思われる[9]．

なお，これに関連して，戦後日本の政策官庁に根強く存在する「企業規模が大きくなるほど，効率は向上し国際競争力が強化される」という伝統的思考をとり上げておく．周知のように，通産省（2001年より経済産業省）をはじめとする諸官庁は，もっぱらこのような認識に基づきながら，大型合併を推進（ないし支持）しようとしてきたのである．当然ながら，国交省もまた，このような思考の影響下にあった中で，（JASの経営破綻救済の色彩が濃厚であったこともあり）経済学的な観点から「国際競争力強化」を根拠に両社統合を支持したとはいえないように思われる．というのは，この両社統合は，外国企業の参入を認めていない国内線市場であり，また（産業組織論の諸研究が明示しているように）1社に統合したからといって，効率が向上し国際競争力が強化される保証はない．むしろ，「大規模の不利益」が生じて効率は低下するかもしれず，また運賃も高位安定化する公算が大きい．したがって，この統合を「国際競争力強化」を根拠に正当化する考え方には，かなりの無理があるように思われる．

2 公正取引委員会の審査内容

つぎに，JAL・JAS統合に関わる公取委の審査過程とその内容を検討したい．

すでに指摘したように，両社は，2001（平成13）年11月15日，経営統合計画を発表した．そこで，公正取引委員会は，この統合が独禁法上の違反の対象となるかどうか，について種々審査し，2002（平成14）年3月15日に「このまま

8） いずれも，『日本経済新聞』2002年4月27日．
9） これに関連して，例えば『日本経済新聞』（2002年4月27日）に「国交省が一方的に統合を支援したのは，『計画が白紙撤回されると，JASが深刻な危機に陥る』（幹部）と判断したからだ」という．

では競争を実質的に制限することとなるおそれがある」という「中間報告」を公表する．これに対して，JAL・JAS側は，（おそらく国交省と協議しながら）「羽田空港の発着枠を当面 9 枠返上し，国内主要路線で運賃を10％引き下げる」ことなどを主要内容とする統合の修正計画を公取委に提出した．公取委は，これを受けて，同年 4 月26日に両社統合を正式に承認する．

　これらの経過をふまえながら，以下，① 公取委による「中間報告」の内容，② これに対する両社の対応策と公取委が承認するまでの経過をみていく．

（1）「中間報告」の内容

　最初に，公取委が，「独禁法違反になるおそれがある」と指摘した「中間報告」の内容についてみたい．

　公取委は，この統合計画が実施された場合，つぎの 4 つの問題点が生じると指摘した．その具体的内容は，つぎのとおりである［公正取引委員会 2002：1］[10]．

> ① 大手航空会社（JAL，JAS及びANA）が 3 社から 2 社に減少することにより，従来から同調的であった大手航空会社の運賃設定行動が更に容易になる．
> ② 就航企業数が少ない路線ほど，特定割引運賃が全便に設定される割合，及びその割引率が低くなっており，大手航空会社数の減少は競争に重大な影響を及ぼす．
> ③ このような状況下，混雑空港における発着枠の制約等により，新規参入等が困難であることから，新規参入が同調的な運賃設定行動に対する牽制力として期待できない．
> ④ その結果，航空会社が設定する運賃について，価格交渉の余地がない一般消費者がより大きな不利益を被ることとなる．

　以上のような問題点を指摘した上で，公取委は，「本件統合は，競争が実質的に制限されることとなるおそれがある」［公正取引委員会 2002：10］という結論を出した．

10）　この中間報告には本件に関わる詳細な資料と解説が含まれている．

（2）両社の対応策と公取委の承認内容

つぎに，公取委の「中間報告」に関わる両社の対応策と統合が承認されるまでの経過を検討する．

JAL・JAS側は「中間報告」を受けて，同年4月23日，「経営統合に関する対応策について」とする文書を公取委に提出した．その主たる内容としては，「① 羽田空港発着枠を当面9便返上し，さらに必要に応じて『3便を上限として』返上する，② 新規事業者に対して空港施設を提供し，また機体整備についても積極的に協力する，③ 国内線の普通運賃を全国主要路線について一律10％引き下げると共に，今後3年間は値上げしない，④ 運航路線網を拡充し，利用者への利便性を向上させる」というものである．

一方，国交省もまた，同年4月26日，「国内航空分野における競争促進策の強化について」を公表した[11]．ここでは，① 競争促進のために発着枠配分を見直し（「競争促進枠」の創設），さらに，2005（平成17）年2月には，既存のすべての発着枠を根本的に見直して競争促進枠を拡充する，② 既存大手事業者が新規事業者に対して空港施設や機体整備などに協力するよう要請する，などと言及している．

そして，公取委は，結局のところ，これらを「評価」し，2002（平成14）年4月26日，「両社における対応策の実施によってわが国の航空産業分野における競争は実質的に制限されない」との最終判断を下したわけである．なお，この際，両社対応策の履行状況を把握・監視すると共に，今後，国交省と「競争促進」の視点から密接に連絡をとっていくとも指摘した．

このような政府側の対応と経過を通じ，八幡製鉄・富士製鉄の超大型合併（1970年）以来といわれるこの両社統合は，公取委の正式承認をえて，ここに実現の運びとなった[12]．

3　「JAL・JAS統合」の問題点と「新JAL」設立後の展開
（1）「JAL・JAS統合」の問題点

まず，先の公取委の見解を考慮しながら，両社統合の問題点を指摘しておき

---

11)　国土交通省ホームページ，「国内航空分野における競争促進策の強化について」（航空局監理部航空事業課）平成14年4月26日.

12)　2002（平成14）年10月2日をもって，共同持株会社「日本航空システム（JSLS）」が発足することとなったが，2004（平成16）年6月にはJALへと商号変更した.

たい.

　先述のとおり,公取委はJAL・JAS側が提出した「対応策」と国交省による「競争促進策」を「評価」して統合を承認した.

　ところで,今回の統合が正式承認された当時,マスコミの報道では,「JAL,JASが羽田発着枠を返上し,さらには全国主要路線で一律10%値下げすることが評価された」との見方が有力であった.しかしながら,その後,公取委委員の1人は,この報道内容について「巷間,当事会社が羽田の発着枠を9便返上することが評価されて公取委が容認したと伝えられているが,誤りである」[糸田 2002:41]と明確に否定し,また,「同様に,当事会社は,普通運賃の10%引き下げを打ち出しているが,競争制限の解決にはならない」[糸田 2002:41]と主張した.

　さらに同氏は,「独占禁止法上の問題なしとされたのは,統合後の当事会社やANAと有効に競争することすることが出来るような,いわば両社に匹敵するような新しい第三の企業が現れる蓋然性が高いと認められたからである」[糸田 2002:41]という.そして,「新第三の企業が出現する蓋然性が高い」根拠として,① 国土交通省が平成17年2月に「新航空会社が大手航空会社に伍して競争ができるようにするための既存のすべての発着枠を抜本的に見直して競争促進のための枠を拡充させるとの方針を新たに打ち出したこと」,② 「これに呼応する形で,現在特定の路線で運航中の新規会社のうちの1社が,発着枠が大幅に配分されれば航空事業を抜本的に拡大し,現在の路線に限らず,その他の路線においても大手航空会社に伍して事業活動をすべく,航空会社として本格的な事業展開をすることを具体的に計画していること」[糸田 2002:41]をあげている.

　以上で明らかなように,ここでは,新規事業者の奮起・発展によって,ひとたびは複占化した市場構造がふたたび「3社体制」(当時)となることが期待されていたのである[糸田 2002:40].たしかに,このような公取委側の主張は,競争政策上「説得力のある」ものであり,この論理に沿って現実展開がなされれば何より望ましい.しかし,そのためには,まず国交省が名実共に「競争促進路線」へと画期的な転換を遂げねばならず,また,新JAL(2002年10月2日発足の統合会社である「日本航空システム」を指す),ANAの「理解と協力」も必要と

---

13)　また,同様の見解が石谷・五十嵐[2002:47]にも見られる.

されるであろう．この点を考慮するとき，その実現には，楽観をゆるさぬところが少なくない状況であったと思われる．

　というのは，当然ながら，スカイマークなどの新規会社自体（すこぶるやる気満々とはいえ），新JAL，ANAの大手2社に対抗するには，なお企業規模，ノウハウなどの多くの点で「あまりにも弱小」であることは否定できない．まして今回苦境に陥ったJASと比較してみても，航空企業としての経験，実績に大きな差があると言えよう．その企業が（国交省の「画期的な」後押しがあるとしても）簡単に大手2社に対抗可能な域にまで成長出来るか，という課題が持ち上がることは言うまでもない．この厳しい状況において，スカイマークは，新たな攻めの戦略行動に打って出たが，14) 大手2強が立ちはだかる環境で累積赤字がこの時期100億円超に達し，経営困難を窮めていた（スカイマークのその後の展開については後述）．

　さらに，考慮すべきは，この大手2社による「対抗策」である．例えば，JAL社長は過日，日本経済新聞のインタビューにおいて，「低運賃で利用者を奪われれば，株主の利益を守るために自らも値下げするしかない．新規会社も大手の値下げは予想していたはずだ．コストは企業全体で考え，あとは経営資源をどう配分するか15)」との見解を述べている．

　以上のように考察してきたことで，新規事業者が（公取委の期待するように）大手2社と有効に競争出来るまでに成長するには，幾多の困難がありうることは明確であった．その一方で，新JALのその後の経過をみると，合理化・効率化を推進させるはずが，実際は頻繁なコンピュータシステム障害，顧客情報流出，そして相次ぐ機体不備などの問題が続出し，国交省からも事業の改善命令を受けるまでの事態に陥った．以下では，組織の肥大化と最終的に経営面の対応の限界が浮き彫りになった新JALについて検討する．

（2）「新JAL」の経営悪化と会社更生法の適用

　2002（平成14）年の新JAL誕生は，日本の国内航空市場において巨大企業を出現させたわけであり，既存大手のANAおよび新規事業者に対していかなる

---

14)　この厳しい状況の一方で，2003（平成15）年4月から新たに参入する羽田―青森，羽田―徳島路線，および国際チャーター便の就航計画に伴って，さらなる運航効率の改善，コスト削減をめざす目標を掲げた．『日本経済新聞』2002年9月14日．

15)　『日本経済新聞』2002年9月6日．

影響を及ぼすか注目されたことはいうまでもない.

　既述のとおり，新JALはそもそも2001（平成13）年の米国テロ事件が引き金となり，誕生したわけであるが，21世紀に入ってからはこの事件以外にも2002～03年にかけての中国に端を発したSARS（重症急性呼吸器症候群）の流行，2008（平成20）年のリーマンショック，2009（平成21）年のギリシャ危機による世界経済不況の拡大など，立て続けに経済・社会的な問題が起こったことで，国内外を問わず航空業界は大きな打撃を受ける.

　このような状況下，各航空会社は旅客数が大幅に減少し，厳しい経営状態にあった．とりわけ，皮肉にも誕生したばかりの新JALはこれら外的要因を抱えながらの社内環境の合理化・効率化の実現に向け，スピーディーな経営戦略が求められたのである.

　しかしながら，新JALは統合後，企業規模の拡大や積極的な価格競争による搭乗者数の増加によって経営状況が一見，良好に見えたかもしれないが，国内の（以前のJALとJASの）重複路線の統廃合については（地方空港における不採算路線の存続要求を含めた政治的な要因もあって）あまり進まなかったことから，過剰な空港拠点を維持する管理コストが大幅に増加していくことになる．さらに戦後の特殊会社時代から構造化していたJALの高額な企業年金給付負担問題や巨額な「公租公課」[16]負担，労働組合の増加と内部調整の問題，子会社の放漫経営問題など，解決すべき事項が山積していたのである.

　このように新JALは深刻な状況下にあったにもかかわらず，社内全体の意識改革がなかなか進まないと同時に企業統治システムも機能不全に陥っており，倒産の危機感が欠如したまま，ついに2010（平成22）年1月19日，JALは東京地方裁判所に対して「会社更生法」を申請し，法的整理が決定したことで，事実上，経営破綻することとなった[17].

　JAL再建に当たり，外部出身の経営者である京セラの稲盛和夫氏が同社の会長に就任したが，彼こそが社員の意識改革，社内の抜本的な組織・経営改革を

---

16)　日本の航空会社が納める税金としては，空港着陸料，航空機燃料税，航行援助施設使用料，保安料があり，営業費用に占めるこれら公租公課割合が諸外国に比べ非常に高く，経営負担となっている.

17)　JAPAN AIRLINESホームページ，プレスリリース「株式会社企業再生支援機構による支援決定及び会社更生手続の開始決定等に関するお知らせ」（2010年1月9日　第09162号）.

実施し，劇的なV字回復に導いた立役者である．当時，企業再生支援機構が再生支援として3500億円を出資すると共に，主力取引銀行は5200億円超の債権放棄に応じるというかなりの好条件での再建がスタートする[18]．

　具体的な主たる改革としては，① 非効率な古い大型機材を売却し，中型機材をメインにした機材の大幅な再編，② 関連会社の売却，③ 希望退職者（全社員の約30％）の大募集，④ 給与水準の切り下げ，および年金の大幅減額，であろう．これら一連の改革によって（2011年の東日本大震災の影響も乗り越え），2012（平成24）年3月期には経営破綻後からわずか2年間で営業黒字を計上し（**表7-1**），同年9月19日には東京証券取引所において再上場を果たしたのである[19]．

表7-1　JALの経営破綻後から2年後の変化

具体的項目	破綻後（2010年3月期）	再建後（2012年3月期）
売上高	1兆4,948億円	1兆2,048億円
営業損益	1,337億円の赤字	2,049億円の黒字
従業員数	4万8,714人	3万875人
国際線／国内線	56路線／148路線	47路線／109路線
保有機体数	258機	210機
子会社数	110社	60社
財務状況	9,592億円の債務超過 1兆2,199億円の有利子負債	4,138億円の純資産 2,084億円の有利子負債

出所：日経BPnet『奇跡のV字回復で再上場した日航経営改革とは？』（2012年11月30日付）をもとに筆者作成．

18)　破綻後の稲盛和夫氏率いる再生の経緯について，例えばDIAMOND Onlineサイト「JAL再生"奮闘記"──稲盛改革は浸透したか？──」（2012），同サイト「JALの幹部社員を叱り続けた日々『解剖・稲盛経営』─稲盛和夫インタビュー」（2013）等を参照．

19)　なお，法的整理による不公平な競争環境の下での高収益および再上場の事態に競争相手のANAは不満を募らせるのはいうまでもない．そして，ANAはJAL再上場の先手を打って2012（平成24）年7月に公募増資を行い，最終的に1751億円の調達となったことで，これら資金は，燃費効率の高い最新機の購入，アジアの航空会社へのM&Aなどに投じられる．日経BPnet『奇跡のV字回復で再上場した日航経営改革とは？』（2012年11月30日付）．さらにJALの経営については2016（平成28）年度末まで国交省の監視下にあり，新規投資や路線開設などが制限されているが，2017（平成29）年度以降，これら規制が撤廃されることで航空市場における公正な競争環境が着実に整備されていくか注目されよう．

第3節　LCCの台頭と異業種間競争

1　LCC参入とその後の展開

　現在，航空産業の自由化に伴う競争のさらなる激化の状況下で，LCCの登場とその活躍ぶりは世界市場でも目立つところであるが，すでにアメリカや欧州では規制緩和が進んでいたため，1990年代から本格的にLCCが運航されてき[20]た．

　日本の航空業界において，2012（平成24）年は前述のJALの復活と共に日本企業出資のLCC社としてピーチ・アビエーション，ジェットスター・ジャパン，エア・アジア・ジャパンの3社が国内線に参入した年（LCC元年）でもあった．

　LCCとは，「単一機種による整備費の抑制，機内サービスの簡素化，職員の複数業務体制，ICT技術を大いに活用した航空券のインターネット予約・販売推進，などの徹底的なコスト削減により，低運賃で旅客サービスを提供する航空会社」のことである．

　上記のLCC3社はいずれも（出資比率等の関与の程度に相違はあれ）大手2社のJALとANAが別ブランド（ダブルブランド化）として立ち上げた点に注視する必要がある．諸外国をみてもダブルブランドとしてのLCCが順調に成功している事例は必ずしも多くない．なぜなら，ダブルブランド化は①LCCの親会社の強力な企業統治のもとでは，徹底した差別化戦略や独立した経営判断が発揮できない，②親会社との同一路線においてカニバリゼーション（共食い現象）が起こり，乗客，および利益の奪い合いをもたらす，という2つの問題が生じる公算が大きいからである．

　これらLCC3社のうち，ピーチ・アビエーションが「特異なビジネス戦略」が奏功し，順調な滑り出しで，その後の海外への路線拡大も含め，成功しているといえよう[21]．2015年には路線網の整備も一段落し，3社共に黒字化するに至っ[22]た．

　ここで，LCC参入以後の国内航空市場の動向について見れば，訪日観光客（インバウンド）の順調な増加と共に，国内航空路線における地方路線のLCCの便

---

20)　なお，アメリカのサウスウェスト航空，アイルランドのライアンエアはすでに1970年代半ばから1980年代にかけて低運賃で定期的に運航する形で参入を果たした．格安航空会社も複雑に種別があり，その詳細については，中条潮［2012：16-22］を参照．

数が（季節的な増減はあるものの）増加してきた[23]. この日本市場に目を付けた東南アジア各国のLCC各社が次々と日本路線の就航に名乗りを上げており, 例えば, タイのノックスクート（バンコク―関空）, ベトナムのベトジェットエア（成田―ハノイ）などが挙げられよう. よって, 日本のLCC各社はいまや海外LCCとの企業間競争の状況にある.

　LCCは低運賃による高稼働率で運航コストを下げる経営手法であるため, 損益分岐点となる搭乗率は約8割の確保が条件となる厳しい市場であることはいうまでもないが, 2018（平成30）年, JALは日本発着のLCCでは初となる100％子会社で欧州や米国向けの中長距離路線のLCC, ジップエア・トーキョー（ZIPAIR）を設立することを発表した. 前節で述べたとおり, JALは経営破綻後の再建を優先してきた経緯があり, LCC事業については豪カンタス航空との共同出資会社であるジェットスター・ジャパンを手掛けるのみにとどまっていた. しかしながら, 航空輸送におけるLCCの存在感がさらに増している状況を受けて, 今まで近距離路線中心の運航にとどまってきたLCCから国際線の中長距離路線を運航するLCCとしての挑戦をめざすこととしたのである[24].

　国内航空市場は人口減少の影響で利用者の伸びに限界があり, 大きな成長には困難が伴うが, 政府はもとより各自治体も各地方・地域の名所・旧跡などの魅力のPRを海外に対しても積極的に行っている. とりわけ訪日観光客の中でもリピーターの多い東南アジアの観光客にLCCを利用して現地へ赴いてもらう

---

21)　例えば, 東京ではなく, 関西国際空港を拠点とする戦略, ピンク基調の機体,「定時運航」への努力などは利用者需要に大きく影響しているであろう. 東洋経済ONLINEサイト「"和製LCC" ピーチが成功したこれだけの理由――井上CEOが語る, 格安航空の必要条件――」（2014年1月8日）. また, 関西空港は他の空港よりも先駆けてLCC専用ターミナルを建設した. なお, エア・アジア・ジャパンについては親会社であるマレーシア航空との経営方針をめぐる対立や業績不振などの事情で1年足らずで市場撤退を余儀なくされるが, ANAがエア・アジア・ジャパンの全株式を取得し, 2013（平成25）年11月, 社名もバニラ・エアに変更して再出発していた.

22)　とはいえ, 今後, 懸念されているのが乗員不足の問題であり, とりわけ世界航空市場においてパイロットの取り合いが起こっている. 東洋経済ONLINEサイト「日系LCC, 3社そろって黒字化でも尽きぬ不安」（2016年4月2日）.

23)　国内線LCCの便数の推移については小澤・渡辺・小田［2015：1］.

24)　『日本経済新聞』2018年5月8日.新型コロナウィルス感染拡大の影響を受けて, 2020年9月, ジップエア・トーキョーは成田－ソウル間においてひとまず旅客機を貨物専用便として就航させた.

ことで，地方経済の活性化につながることも期待されるところである[25].

　以上のように，LCCの登場が航空市場に与えた経済的・社会的影響は非常に大きい．いまや航空輸送が（ピーチ・アビエーションの井上慎一CEO「空飛ぶ電車」を志向していると言ったように）かなり身近な交通の一手段として多くの人に利用されるようになっている．利用者は自身にとって望ましい運賃水準，および多種多様なサービスについて様々な航空会社を比較しながら，最終的に利用目的に最適な航空会社を選択出来るのである．

2　空路（航空）と陸路（鉄道）の異業種間競争

　ここでは，LCCの台頭に加えて，近年の相次ぐ新幹線の新路線の開通や延伸，さらには多様な高速路線バスの増加など，交通輸送分野に大きな変化が起こっている状況をふまえながら，中長距離の都市間・地域間輸送に際して陸路（鉄道）と空路（航空）の「異業種間競争」が活発化していることについて触れておきたい．

　従来の企業間競争は，同じ業界内での競争が主流であったことはいうまでもないが，各業界における技術革新の進展や規制緩和により，いまや業界の垣根を越えた競争が増えてきて，顧客獲得が非常に激化している市場も少なくないのである．例えば，銀行業を見ると，従来型の都市・地方銀行に対してエレクトロニクスメーカーのソニーによるソニー銀行，流通業のセブン＆アイ・ホールディングスによるセブン銀行などが参入している．

　利用者が陸路（鉄道）か空路（航空）のいずれを選択するか，については① 前者は点と点を結ぶ「スポット輸送」と後者は線に沿った「ライン輸送」という両者の有する特性の相違を把握すること，② 利用者が希望する移動距離は両者が競争的か，あるいは補完的（棲み分けが可能）か，③ 両者の運賃・料金体系の種類と設定の検証，が重要であろう．さらに「移動時間」はもちろん考慮すべき重要項目であるが，新幹線の速度向上と新路線の開通は両者の競争をより一層活発化させていくと思われる[26].

　なお，ここでの異業種間競争において注意すべきは，交通輸送分野全体が過

25)　LCC参入による地域への経済波及効果の分析，および地域経済への影響調査の一例について，小澤・渡辺・小田［2015：6 - 9］．なお，2015（平成27）年の閣議決定で，2020（平成32）年のLCCシェアの目標を国内線14％，国際線17％と定められた．国土交通省「交通政策基本計画」（2015年 2 月13日，p.21，p.23）．

度な価格競争に陥らないことである．LCCの低価格戦略ではなく，高付加価値サービスや安全性の重視で顧客満足度を高めるビジネス戦略が求められるであろう．

▎第4節　航空産業におけるこれからの課題

　まず，羽田空港は，2010（平成22）年10月21日に国際線ターミナルビルが開業すると共に4本目の滑走路（D滑走路）が開通し，発着枠が段階的に引き上げられたこともあり，従来の国内線主体の空港から成田空港と並んで国際線運航の役割もますます重要となる[27]．したがって，日本の経済成長にとっても空港の国際競争力の強化が急務であり，国内拠点空港としての役割を果たしつつ，「アジアのハブ空港」をめざす意味でも，24時間国際拠点空港化の強みを活かしていく必要がある．なお，日本は国土面積や平地が少ないことから，他国に比して空港規模が小さく，滑走路が短いことから依然として発着枠にかなりの制約がある以上，空港管理・経営の安定化と機能を強化するためには空港内の商業エリアや施設サービスの充実等，いわゆる「非航空領域」の収入拡大を強化せねばならない［和田 2011：133-134][28]．

　つぎに，世界の主要航空会社が加盟している「国際航空連合（アライアンス）」についてであるが，現在，**図7-1**に見られるように世界三大アライアンスグループとして「スターアライアンス」，「ワンワールド」「スカイチーム」がある．

---

26)　2011（平成23）年3月12日の九州新幹線の全線開業，2015（平成27）年3月14日の北陸新幹線の開業，2016（平成26）年3月26日の北海道新幹線の開業，と立て続けに新幹線の路線の延伸が進んだ中で，とりわけ北陸新幹線の開業が空路の利用激減をもたらした．DIAMOND Onlineサイト「北陸新幹線の陰で危機に瀕する，富山空港の粘り腰」（2016年1月5日）等を参照．2027（平成39）年に品川〜名古屋間の開業をめざすリニア中央新幹線の動向にも注視する必要がある．

27)　同空港は日本初の空港におけるPFI（Private Finance Initiative）事業として，旅客・貨物，種々空港施設等の設計・施工を行うと共に，これらの効率的な運用，維持管理を行うことを目的として2006年からスタートした．2020（令和2）年3月29日の夏ダイヤから，国際線増便に伴う新飛行経路の運用が開始されたが，同経路の安全・騒音対策等についての詳細は，国土交通省「羽田空港機能強化に向けたこれまでの取組と対応方策等（2019年7月30日）．

28)　また，アライアンスによる様々な提携関係の種類，および提携の効果と競争上の問題等については，Doganis［2001：邦訳83-101：126-41]．

これら同じグループに加盟している企業同士は，幅広い業務提携（例えば，空港施設の共同利用，燃料の共同購入，共同運航，マイル互換など）が行われる中で「ネットワーク外部性」が大いに働く．一方，利用客も同じグループの航空会社を利用することで共通のマイレージポイントが貯まることから，各アライアンスグループでの顧客獲得の囲い込みが起こっており，アライアンス間の競争も激化している．このアライアンス内での協力的な企業行動は,時として競争政策上,問題となるケースも過去にあったが，2010（平成22）年10月25日，日米両政府が航空自由化協定の覚書に署名し，アライアンスによる利便性の向上などを考慮すべく独禁法の適用免除が認可されたことは大きな変化である[29]．ところで，2016（平成28）年５月16日，三大アライアンスに対抗するかたちで，アジア太平洋地域のLCC８社が「バリューアライアンス」を新たに立ち上げた[30]．アジア太平洋地域の航空市場はLCCが急成長・急拡大している地域でもあり，これら８社の有する路線のネットワークをいかに効率的・効果的に活かすことになるか，について，このアライアンスの今後の行方は非常に興味深い．また，注視すべきは近年，アライアンスの枠を越えて様々な連携を結ぶ航空会社が増えていることである．**図 7 - 1** で言えば，ワンワールド加盟のJALがスカイチーム加盟の中国東方航空（中国）やアエロメヒコ航空（メキシコ）と提携し，高いビジネス・観光需要に対応している状況を鑑みれば，今後，アライアンスの枠組みも大きく変化する兆しが見えてきたと言えよう．

　３つめは，先述した1990年代に国内の航空業界において新規参入を果たし，大きな貢献をしてきた国内３位のスカイマークが経営不振に陥って，2015（平成27）年１月28日に「民事再生法」の適用を申請したことであり，その後の対応について言及しておく．当時，36便の羽田空港の国内線発着枠を保有するなど政府からも競争促進を目的に手厚い配分を受けてきたにもかかわらず，なにゆえに同社は経営破綻に追い込まれたか，というと，最大の要因は業績好調の2011（平成23）年にエアバス社から総２階建ての超大型旅客機「A380」を６機も購入する売買契約を交わしたものの，その後に業績が悪化し，支払い見通し

29）　「航空自由化協定，日米が署名　両国大手が連携加速」『日本経済新聞』2010年10月26日．

30）　具体的な８社の設立メンバーは，セブパシフィック航空，チェジュ航空，ノックエア，ノックスクート，スクート，タイガーエア・シンガポール，タイガー・エア・オーストラリア，バニラ・エアである（『日経ビジネス』2016年５月23日，pp.14-15）．

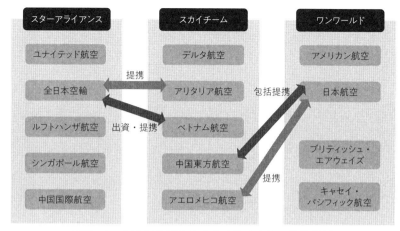

図7-1 三大航空連合と主たる航空会社の提携関係

出所：『日本経済新聞』(2016年1月13日，2018年8月3日付) をもとに筆者作成.

が立たない中で契約解除を通知されると同時に巨額の損害賠償を求められて資金繰りが行き詰まったことにある．結局のところ，国交省は，以前のJAL救済時の様々な問題の教訓もふまえながら，公正な競争に十分配慮する意味で支援先の1社であるANAに対して出資比率を抑えた．そして総額180億円の資本金のうち，投資ファンドのインテグラルが筆頭株主として過半を出資し，残りをANAと関連銀行が出資し，5年以内の再上場をめざすこととなった．その後のスカイマークは，インテグラルの再建下において，従来の低運賃重視の一方で顧客満足度の軽視を反省し，2018（平成30）年，社内に「CS推進室」を設立して利用者アンケートを実施するなど，徹底したデータ分析を行った上で利用者重視の対応や改善に取り組み，定時運航率および顧客満足度を着実に高めていく．そして，2020（令和2）年度の顧客満足調査（日本生産性本部実施）において，ついに国内航空会社のトップに躍り出たのである．なお，東京証券取引所への再上場については新型コロナウィルス感染拡大の影響で航空需要の低迷が長引くことから，当初の予定していた申請時期の延期を決定した．

　いまや国内線で攻勢を強めるLCCに対して，大手2社のJALとANAは国際線の需要を取り込む戦略に打って出ている．これら両者に挟まれてしまっているのが，1990年代の規制緩和の産物として誕生した「新規参入企業」のスカイマーク，エア・ドゥ，ソラシド・エア（旧スカイネット・アジア航空），スターフ

ライヤーの 4 社で,「中堅航空会社」とも呼べるであろう[31]. これら 4 社の経営戦略は, 先のLCCの低運賃には及ばず, また大手 2 社のようにアライアンス加盟によるネットワークを有するわけでもなく, 主たる特徴がない状況にある. 現に, これら 4 社すべてがANAの出資を受け, ANAとの共同運航の連携関係にあり, いわば「ANAの後ろ盾」によって支えられている. これら「中堅航空会社」4 社が, 大手 2 社のJALとANAを相手にいかに対抗出来るか, また新型コロナウィルスが落ち着くまでの需要低迷による厳しい経営環境をどのように乗り切るか, 試練が続く (**図 7 - 2**).

　最後に, 新型コロナウィルス感染拡大における日本をはじめ世界の航空産業の影響と対策について述べておきたい. IATA(国際航空運送協会)が2020(令和 2)年の世界旅客需要結果を発表したところによると, 前年比75.6％減であった. 2021(令和 3)年の需要予測は2020年よりも改善する見込みではあるものの, 新型コロナウィルスの変異株等によって再拡大し, 世界各国で渡航規制が行わ

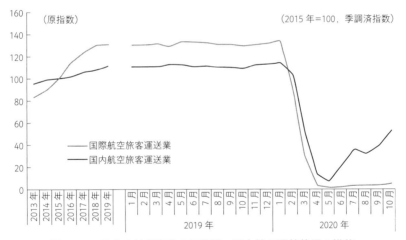

図 7 - 2　日本の航空産業の国際線・国内線の運航状況の推移

出所：経済産業省ホームページ,「旅客運送業へのコロナ禍の影響とは；特に航空旅客運送業への影響が顕著」より抜粋.

---

31)　2021(令和 3)年 5 月31日, これら中堅航空会社のうち, エア・ドゥとソラシド・エアは2022年10月を目途に両社を傘下に持つ共同持株会社を設立することで合意した. この両社の経営統合は, コロナ禍の影響による苦境から脱却するためである.『日本経済新聞』2021年 6 月 1 日.

れた場合は悪化状況が続くとして，感染症拡大前の水準への本格的な需要回復は2024（令和6）年以降になるとの見通しを立てている．実際のところ，世界の航空会社は国境閉鎖や移動制限の措置が取られたことで大幅な需要減に見舞われ，様々な対策を企業自らが行うには限界もあり，資金繰りの悪化に直面した各国の大手航空企業が経営破綻するケースも出てきている（**表7-2**）．

ここで，危機対応としての政府支援の在り方の是非が問われることになる．基本的に市場経済体制のもとで徹底的に自助努力・自己責任制を重んじるアメリカにおいては，不振企業に対して連邦破産法第11章（チャプター11）を適用し，事実上の破綻と再編による再生を繰り返すケースが主流である．それゆえ，アメリカの主要航空企業は，過去に一度は破綻に追い込まれていると言ってよいほど珍しいことではない．ところが，このたびの危機的状況に対し，アメリカでは2020（令和2）年3月27日に2兆2000億ドルに上る新型コロナウィルス対策の支援・救済・経済安全保障法案（CARES Act: Coronavirus Aid, Relief, and Economic Security Act）が早々に可決され，この法案中で航空産業を支える制度として雇用維持のための給与支払支援プログラム，および融資プログラムの実施を決定したのは注目に値する．また，欧州各国は政府が公的支援による救済に乗り出すケースが多く，オランダ，ドイツ，フランス等の政府は大規模な金

表7-2 新型コロナウィルス感染拡大の影響による世界航空会社の対応状況

航空会社名（国）	具体的な経営対策および政府支援
JAL（日本）	2020年冬季ボーナスを例年の4分の1
ANA（日本）	2020年冬季ボーナスをゼロ，従業員年収3割カット
デルタ航空（米国）	2020年中に機体を200機削減
シンガポール航空（シンガポール）	約2,000人の従業員解雇
タイ国際航空（タイ）	経営破綻後，政府が事業再生計画を承認したことで人員削減，保有機材の削減による路線網の再編を進める．
ルフトハンザ航空（ドイツ）	政府と20％の出資を含む総額90億ユーロの公的支援で合意．2025年までに機体を150機削減
KLMオランダ航空（オランダ）	政府支援により34億ユーロを借入
大韓航空（韓国）	アシアナ航空を1兆8,000億ウォンで買収すると発表

出所：各種資料をもとに筆者作成．

32) JETROホームページ，ビジネス短信「トランプ大統領，総額2兆2000億ドルの救済法案に署名」2020年03月30日．

融支援を行っている．この政府支援について，EUでは，域内市場における公正な競争が阻害されないよう特定の産業や企業への支援を競争政策上，原則として禁止（国家補助規制）しているが，危機的状況等においては例外的に容認されるため，欧州委員会が航空会社に対しての金融支援を承認した[33]．

　このように見ると，予測不能なコロナ禍の状況にあって世界の各国政府（アメリカも今回はむしろ例外的）はかなり積極的な支援策を講じているといえよう．公益事業における交通インフラとして世界を結ぶネットワークの役割を有する航空産業は必要不可欠な産業であり，需要回復の長期低迷もふまえて支援策を講じるのはやむを得ないであろう．

　それゆえ，公的資金による資本注入にあたっては，各国政府は国民への理解をしっかりと得ながら公的支援を実施する必要があることを強調しておきたい．

■ おわりに

　以上，戦後の日本の航空産業の展開，「JAL・JAS統合」の問題，そして近年の航空産業の動向と課題について検討してきた．

　すでにみたように，1980年代半ばまでは，いわゆる「45・47体制」下にあり，既存大手の「3社棲み分け」による「高度寡占」の状態が維持されていた．しかしながら，その後，諸外国における規制緩和の影響もあって，国内でも規制緩和・競争促進への本格的な動きが生じる．

　そこで，新規参入企業が出現し，その結果，運賃・サービス面で一定の好影響がみられたことは周知の事実であろう．しかし，その一方で，JALとJASの大型統合が承認され，日本の航空市場は新JAL，ANAによる複占体制が成立してしまう．それゆえに，国交省および公取委が両社の市場行動を十分に注視することになるが，新JALについてはその後に経営破綻することとなり，さら

---

33)　なお，EU域内の航空産業はこのたびのコロナ禍における影響に加えて，地球温暖化対策における対応も迫られている．というのは，交通運輸部門における航空産業の温室効果ガス排出量が大きいことから，例えば，フランス政府はこれに沿った取組みとして，70億ユーロのエールフランスに対する国家援助では温室効果ガス削減を目的とした国内市場で鉄道と競合する近距離フライトの削減，環境負荷の低い機体への移行，2025年までに燃料の2％を持続可能エネルギーへ移行すること等を求めている．

に5年後にはスカイマークも経営破綻に陥ってしまう.

　このように既存企業の苦戦が続く中,LCCが台頭し,航空市場(ならびに交通輸送分野)の環境は大きく変わることとなる.さらに,新型コロナウィルスは航空業界に対して大打撃を与えたが,永遠に続くわけではなく今回の危機をふまえた新たな取組みを航空各社は行っている.

　今後,競争当局は企業規模の差にともなう支配的地位の濫用行為に対してより一層注視する必要性があること,そして各航空企業は公正なる企業間競争の促進,一般利用者の利益・サービス向上のために不断の努力を重ねることが強く望まれるのである.

演習問題

　1．日本において公益事業としての航空産業が1980年代半ばに規制が緩和されたことによる航空市場の経済効果について検討しなさい.

　2．2002年にJALおよびJASが経営統合した理由,および統合後の新会社がその後,会社更生法を適用されることになった経緯について説明しなさい.

　3．LCCが台頭したことによって,国内における今後の航空市場を予測しながら課題について論述しなさい.

第8章 流通業

はじめに

流通業とは，「経済社会における生産と消費を結びつける活動に携わっている業態」のことであり，一般的には小売業と卸売業を指すが，本章では消費者が直接に商品を購入する小売業に焦点を当てて検討する[1].

日本の流通業を取り巻く環境は，とりわけ1990年代以降，劇的に変化してきた．まず，1つめはICT革命に伴って流通業でもICT技術を活用した新たなビジネス形態やシステム管理・運営が次々と導入されている．2つめは，2008（平成20）年をピークに人口減少社会に入っていることに伴う国内の市場規模，販売量・売上の縮小が不可避な状況に置かれていることから，高付加価値型の新商品・新サービスの考案に力を入れたり，新たな市場開拓として新興国を中心に積極的に進出している．そして，3つめは，流通業界も一連の規制緩和の波を受けて2000（平成12）年に大規模小売店舗法が廃止されたことで，大型店の原則出店が自由化となり，全国で過剰出店の傾向が生じたため，新たな施策が改めて必要となっている．

さらに，国内経済の成熟化が進み，消費者の価値観やニーズが多様化・高度化しているため，ライフスタイルも大きく変わってきている．

この変貌しつつあった我々のライフスタイルを根本的に再考させるきっかけとなったのが，2020（令和2）年に広まった新型コロナウィルス感染による影響であることは言うまでもない．

以上のような現状をふまえて，本章では，まず（1）主として戦後日本の小売業の発展の歴史について考察する．ついで，（2）小売業における競争政策

---

1) 小売業の主要な業態分類として，本書では，① スーパー（大型総合スーパー，食品スーパー），② コンビニエンスストア，③ 百貨店，④ ディスカウントストア（専門ディスカウント，総合ディスカウント），⑤ 専門店（ホームセンター，ドラッグストア，SPA 等），⑥ インターネット販売事業者，とする．

の在り方について，とりわけ政府が「消費者利益の向上」と「中小小売業の保護」の観点からいかなる規制や政策を実施してきたか，について検討したい．そして，最後に（3）新型コロナウィルス感染の問題もふまえた上で，今後の流通業における課題について整理しておきたい．

▌ 第1節　小売業における発展の歴史

1　日本の小売業の登場

　日本の小売業の登場としての起源は，19世紀末に大阪，東京などの当時の大都市において多様な生活日用品が1カ所で購入出来る店舗（いわゆる「ワン・ストップ・ショッピング」）としての「百貨店」とされていて，具体的には，1904（明治37）年，東京日本橋における三越百貨店（以下，三越）の開店である．翌年，三越は全国の主要な新聞広告で「当店販売の商品は今後一層其種類を増加し凡そ衣服装飾に関する品目は一棟の下にて御用弁相済候様施設致し結局米国に行はるるデパートメント・ストーアの一部を実現可致候事」と掲載し，「デパートメントストア宣言」を行った．[2] 三越の前身は，江戸時代においては呉服商の「越後屋」であったが，明治時代の文明開化によって洋装・洋食など西洋スタイルが一気に広まったことから，この三越の業態転換は大成功であったといえよう．実際のところ三越の成功を受けて，その後，他の多くの呉服商が次々と百貨店へと業態転換することになる．[3]

　さらに1920年代後半の時期には，関西の阪急電鉄と東京の東急電鉄がそれぞれのターミナル駅に併設した百貨店を誕生させる．[4] この私鉄の画期的な戦略は，その後の私鉄業界における「駅前百貨店」建設のきっかけともいえよう．

　このように，日本の小売業は百貨店の登場，および都市部だけでなく地方へ

---

2)　三越伊勢丹ホールディングスホームページ，企業情報『三越のあゆみ』．なお，「近代百貨店の祖」であり，三越のシンボルの「ライオン像の父」とも評された日比翁助が，「デパートメントストア宣言」を打ち出した．

3)　具体的に，例えば大丸百貨店（1907年），松坂屋百貨店（1910年），高島屋百貨店（1919年）などが挙げられる．

4)　阪急電鉄は，1929（昭和4）年，梅田に阪急百貨店，東急電鉄は，1934（昭和9）年，渋谷に東急百貨店（誕生当時は東横百貨店）が誕生したのである．なお，これら東西の私鉄系百貨店が出来た背景に2人の「鉄道王」である西の小林一三，東の五島慶太の存在が大きい．

の出店・普及により，消費者が中・上流階級中心から大衆・一般の顧客層まで
しだいに拡大していき，百貨店の国内小売業売上高全体に占めるシェアが急速
に伸びていく．その一方で，伝統的な中小小売業者の経営が圧迫されたため，
不満と批判が高まることになる．そして，ついに中小小売業者や商店街組合な
どが百貨店の事業規制を求める運動を起こすまでにいたり，1937（昭和12）年，
百貨店の出店や増床に関して政府の許可制を規定する「百貨店法」が制定され
たのである[5]．この法律こそ，小売業の「消費者利益の向上」と「中小小売業の
保護」の両立をめぐる問題に関する政府規制の原点とも言えよう．

2　小売業における主役交代の歴史的変遷

　日本の小売業業態の主役は百貨店の登場以降，経済復興・成長，および経済
構造の変化に伴う消費者のライフスタイルに関連して交代してきた．以下，こ
の主役交代についての変遷について概観する．
　まず，1950年代初頭にスーパーマーケット（以下，スーパー）が誕生し[6]，その
後1960〜70年代前半においては高度経済成長期も含め，「大量生産」と「大量
消費」をつなぐ「大量仕入・販売業者」として大きな役割を果たすことになる．
そして店舗内で衣食住にかかる生活用品全般に対してセルフサービス方式を導
入したり，低価格販売，値引き販売も積極的に実施したことで，消費者の利便
性が大いに増したのである．さらには，百貨店は百貨店法によって出店が制限
されていたのに対して，スーパーは制限なく出店が可能であったことから，順
調に売上げも伸ばしていく．
　そして，ついに1972（昭和47）年にはスーパーのダイエー[7]が売上高で百貨店

---

5)　なお，戦後，独占禁止法（以下，独禁法）制定を命じたGHQの意向により，百貨店
　　法は一旦廃止されたが，中小小売業者の再度要請を受けて1956（昭和31）年，「第2次
　　百貨店法」が制定・施行された経緯がある．

6)　通常，国内初のスーパーマーケットとしては，1953（昭和28）年の紀ノ国屋スーパー
　　青山店の開店とされている［渡辺 2015：138-40；伊藤編 2005：286-287］．その後，西
　　友ストア（1956年），ダイエー（1957年）などが誕生する．

7)　ダイエーのその後の展開として，1995年2月期のピーク時には連結売上高3兆2239
　　億円に達したものの，更なる過大投資が裏目に出て巨額の債務を抱えることとなる．
　　そして2004年12月28日，自立再建が行き詰まったダイエーを産業再生機構が支援する
　　ことを決定した．2007年にはイオンと資本業務提携を発表し，2015年にはイオンの完
　　全子会社化となり，現在に至る．

の三越を抜き，全小売業売上高ランキングで第１位となった．よって，スーパー全盛時代が到来したことにより，主役が百貨店からスーパーへと交代していくのである．なお，当時に急成長していたスーパーは，いわゆるGMS（General Merchandise Store）と呼ばれる総合スーパーを意味し，食料品，衣料品，住宅関連商品など日常生活に不可欠な一連の商品を品揃えした大規模小売店に相当する[8]．

　この時代の（総合）スーパーの急成長に対して，中小小売業者は自らの経営不振の要因は大規模なスーパーにあるとして，またしても大規模スーパーに対する規制を要請した．その結果，政府は1973（昭和48）年，従来の百貨店法に代わる法律として「大規模小売店舗法（以下，大店法）」を制定（1974年施行）し[9]，出店に際しては許可制から事前審査付きの届出制に変更されると共に対象店舗の床面積を規定した．具体的な店舗対象は，1500㎡（東京都23区および政令指定都市では3000㎡）以上の店舗面積を有する事業者であった．その後，1978（昭和53）年，改正大店法が制定（1979年施行）され，対象店舗を第一種大型店1500㎡以上，第二種大型店500㎡以上1500㎡未満に２分類し，さらなる規制強化により大規模小売店の出店は大幅に抑制されたのである．

　ところで，大店法が制定・改正された時期，２度にわたる石油危機が起こったことで，小売業界全体も売り上げは大幅に落ち込み，右肩上がりの成長もついに終わりをむかえることになる．そして，スーパーも業績が低迷する状況の中，新たな小売業態としてのコンビニエンスストア（以下，コンビニ），専門店が次々と登場し，これらの成長が目立ち始める．コンビニは，1974（昭和49）年の東京・江東区にヨークセブン（後のセブン-イレブン）第１号店の開店が起源とされている[10]．

　そして，1990年代前後をむかえるあたりから，小売業を取り巻く環境に主として３つの大きな変化が生じる．

　まず１つめは日本が安定成長から低成長時代をむかえ，経済社会がある程度

8）　つまり，高度経済成長期に成長したスーパーは大型総合スーパーであり，食品スーパーではなかった［伊藤編 2005：300-301］．
9）　なお，大店法第１条では，「この法律は，消費者の利益の保護に配慮しつつ，大規模小売店舗における小売業の事業活動を調整することにより，その周辺の中小小売業の事業活動の機会を適正に確保し，小売業の正常な発達を図り，もって国民経済の健全な進展に資することを目的とする．」と規定されている．

成熟化したことで，消費者ニーズの多様化・個性化が広がり，小売業も消費者に対して従来の画一的な商品の「大量仕入・大量販売」の経営体制から商品の個性や差別化を訴求する新たな販売戦略を模索する必要性が出てきたのである．

　2 つめはアメリカをはじめとする諸外国からの要請で，様々な産業分野における規制緩和が急速に進展したことであり，小売業分野も大店法の緩和・撤廃をはじめとして，市場の閉鎖性による非関税障壁や伝統的な取引慣行や系列制度の改善が要求されたのである．ここで留意すべきは，大店法が制定されて以降，同法の「中小小売業者の活動機会の適正な確保」の所期の目的について一定の成果を見出せないまま，1989（平成元）年 6 月に通商産業省（2001年より経済産業省）設置の産業構造審議会流通部会・中小企業政策審議会流通小委員会合同会議によって『90年代における流通の基本方向について——90年代流通ビジョン』（以下，90年代流通ビジョン）がとりまとめられ，大店法の 3 段階での規制緩和の取組みが盛り込まれたことである．それゆえ，1991（平成 3）年に大店法が緩和改正（1992年施行）され，それ以後，緩和・撤廃の方向に動きはじめたことである．1994（平成 6）年における緩和改正の大店法運用に関わる主たる内容として，① 1000㎡未満の店舗出店は原則届出が不要，② 閉店時刻の午後 7 時から午後 8 時への延長の容認，③ 年間休業日数を44日から24日以上，の短縮容認，④ 年間60日を限度にして閉店時間の 1 時間延長の容認，等が挙げられる．このような規制緩和の追い風と共に，産業構造の変化によって農地の転換が一段と進んでいた市街化調整区域がショッピングセンター敷地として転用されることとなり，大型小売店は都市部から地方・郊外へと出店を急増させたのである．その一方で，中心市街地・商店街の衰退や空洞化も加速したことで，中心市街地の再生および活性化が新たな課題として浮上することになる．この課題に応えるべく，1998（平成10）年に「中心市街地活性化法（以下，中心

---

10)　小売業の新業態としてのコンビニは，総合スーパーのイトーヨーカ堂が本家の米国のサウスランド社と提携してビジネスモデルを日本に持ち込み，セブン・イレブン・ジャパンを設立したことに端を発している．その後，ダイエーがローソン，西友がファミリーマート，ユニーがサークルKなど，次々と総合スーパーがコンビニ事業に参入していく．しかしながら，スーパーの経営不振によりコンビニ部門は商社や投資ファンドなどに事業売却されたり，コンビニ同士の合併で業界の再編が進んでいくことになる．

11)　1990年代のスーパーの店舗数の推移の詳細については，南方［2005：120-121］．

市街地法）」と「改正都市計画法（以下，改正都市法）」，2000（平成12）年に先の大
店法を廃止に伴い「大規模小売店舗立地法（以下，大店立地法）が施行されたの
である．これら三法は「まちづくり三法」と呼ばれ，大規模小売店舗の出店に
際し，地域の活性化やまちづくり，そして景観・環境・交通などを配慮しなが
ら快適な生活拠点の創造を考慮することに重点が置かれたのである[12]．

　さらに３つめはICTが進歩したことであり，例えば，POS（Point of Sales：販
売時点情報管理）システムを軸とした販売商品の情報や在庫管理の徹底化は，小
売業における流通コストを大幅に削減させると共に，売り上げを拡大させるこ
とにつながったのである．ただし，POSシステム導入にかかる高額な費用にか
かわりなく積極的に導入が可能であった大規模小売業と導入を見送った中小小
売業との間にはさらなる売上格差をもたらすこととなった．

　これら環境変化にうまく適応していったのが，小売業の種々業態の中でもま
さにコンビニといえよう．コンビニは1970年代の開店の幕開けから暫くは社会
的認知に時間がかかったが，スーパー等の閉店時間帯においても営業している
のに加え，30～250㎡の立地地域に根差した小規模な売り場面積に3000～4000
品目の品揃えを維持し，他の小売店を補完するニッチ的な役割を果たしたこと
で，商品の価格水準はスーパーに比して高いものの，次第にその利便性は広く
我々のライフスタイルに浸透した．そして，店舗数も着実に増えて21世紀に入
り，**図8-1**に見られるようにかつての主役であった百貨店やスーパーの売上
高は減少もしくは鈍化傾向にある中，コンビニは売上げを伸ばし続けていくこ
とになる．さらに注視すべきは，近年，ネット通信販売の売り上げが急伸して
おり，2020年の新型コロナウィルスの影響による巣ごもり消費も相まってさら
に勢いが増している（後述）．

　それゆえ，1990年代後半にはスーパーからコンビニへと主役が交代し，つい
に2001（平成13）年，セブン-イレブンがダイエーの売上高を上回ったのである．
ここで，コンビニのビジネスモデルを簡単に説明すると，セブン・イレブンな
どの本部（franchiser）と加盟店（franchisee）との間でフランチャイズ・チェー
ン（FC: Franchise Chain）契約を結ぶことで，本部としては，土地と建物を自己
所有することなく，チェーン展開の手法で全国各地に店舗増加を図れる戦略で
ある[13]（後述）．この戦略は，低成長やデフレ時期で資産価値の上昇が期待できな

---

12)　まちづくり三法の制定，およびその後の見直しの論点や過程の詳細な内容について
　　は，南方［2005：145-69］，および渡辺［2015：229-62］を参照．

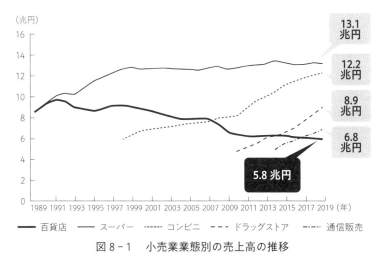

図 8 - 1　　小売業業態別の売上高の推移

出所：経済産業省『百貨店研究会（百貨店の現状と課題について）』（第 1 回説明会事務局資料，2021年 3 月 2 日，p. 5 ）より抜粋.

い状況において固定資産へ投資するリスクがないというメリットがある．実際のところ，1990年代のバブル崩壊により，今まで金融機関から多大な借り入れによって土地と建物を自前で過剰出店していた多くのスーパーは，固定比率（固定資産／自己資本）を急速に悪化させ，店舗の統廃合を始めとして，業界内での再編，M&A，さらには倒産するスーパーも多々現れることとなった．

第 2 節　小売業と競争政策

　前節では，小売業の業態が時代の変遷と共に，百貨店 → スーパー → コンビニへと移り変わってきた内容を概観したが，ここでは，小売業を競争政策の視点から考察していきたい．

　すでに見たように，小売業は大規模店と中小小売店の対立する歴史でもある．豊富な品揃えと価格帯を提供する大規模店は，ライバルとの激しい競争によって「消費者利益の向上」を実現してきた．一方，地域・地方で昔から営んでき

13）　FC契約とは，加盟店側が本部に対して支払う一定のロイヤリティ（報酬）の見返りとして，本部側が商号・商標等の使用権利，教育訓練，マーチャンダイジング，経営管理などに関する助成活動を継続的に行う契約である．

た中小小売店舗は家族経営を中心として地元に根差してきたが，大規模店の相次ぐ出店により大店法制定で「中小小売業の保護」措置が取られたにもかかわらずその後も経営不振が続き，さらには事業承継がうまくいかず，廃業・閉店に追い込まれている企業も多い．

　以下では，まず（1）小売業と競争政策の関連について指摘しておきたい．ついで（2）日本のコンビニの進化と成長の影に，本部の加盟店に対する様々な行為が競争政策上，問題であるケースが近年において多々見られることから，その内容について整理する．

1　小売業と競争政策の関連性

　小売業と競争政策に関わる問題は，端的にいって「保護」と「競争」という相対立する2つの基本的立場から議論されることが多い．

　まず，第一に取り上げるのは，「本来，小売業に競争原理を持ち込むのは不適切であり，とりわけ中小小売業者は，大規模小売業者の『横暴』から保護されねばならない」といった立場である．

　歴史的にも，世界各国における小規模小売業者の保護措置は主としてこのような思考観のもと，政策を施行してきたといってよい[14]．この立場によれば，中小小売業者は「一国の伝統的な文化の継承・保存」とのつながりを有する側面もあることから，当然に保護されるべきであり，一方で，大規模小売業者はしばしば市場支配力を濫用するなど，すこぶる「不公正」ということになる．また，ここでは，中小小売業者には現に（「過剰資源」といわれるほどに）多大な資源が投入されており，大きな雇用の受け皿になっている点が重視される．それゆえに中小小売業者が抱える「非効率」を理由にして，大規模小売業者との競争にさらす行き方は，中小小売事業者の倒産・失業を数多くまねき，結果として深刻な社会問題を引き起こすと懸念する．

　もっとも，これら中小小売業者は，その数の多さゆえに少なからぬ政治力を有しているため，従来より政治に対して保護措置を強く要請することができた．例えば日本では大店法，アメリカではロビンソン・パットマン法，そしてフランスではロワイエ法，等が制定され，それぞれの国では大規模小売業者から中

---

14)　例えば，フランス小売業は中小小売業と大規模小売店の対立の歴史的展開と政府の
　　対応について日本への示唆に富む内容が多く，以前の拙著で詳しく説明している［和
　　田 2016：208-14］．

小小売業者をある程度保護してきたのである．

　しかしながら，この立場は小規模ながらも他のライバル業者との差別化戦略による自助努力で事業を軌道に乗せて良好な経営を維持する業者がいる一方で，手厚い政府の保護措置によって「低効率・高コスト」の業者も存続させるために，非効率な流通システムが温存されている公算が大きい．それゆえ，消費者が高負担を強いられるだけでなく（消費者利益の損失），ひいては国民経済にマイナスの影響を与えることになることも事実である．

　第二に取り上げるのは，大規模小売業者の「高効率・低コスト」を高く評価し，中小小売業者の整理・淘汰はやむを得ないとみる立場である．「大量仕入・大量販売」による豊富な品揃えと徹底した低価格，セルフサービス方式に伴う販売人員節約のコスト削減，などの経営戦略は消費者に利便性と効率性をもたらすとして歓迎されてきた．この立場からみれば，（従来の経営方針を誇示し続けて）反発している中小小売業者の多くは，もはや時代にふさわしくなく，消費者利益，国民経済の発展のためにも，法律ばかりに依存するのではなく，いま一度，自らの経営戦略の練り直しが必要であるということになる．

　なお，ここで強調すべきは，標準的な生活用品については，大規模小売業者の「高効率・低コスト」が評価されることに疑問はないが，その一方で，スーパーなどでカバーしきれない商品（例えば，高付加価値商品，差別化商品など）も当然に多数存在するわけであり，消費者ニーズを見事に捉えたこれら商品を提供するような中小小売業者の存在意義は大きいことを十分に考慮する点である．

　したがって，基本的な考え方として，中小小売業者の温存・保護政策は本来，競争による一挙崩壊・混乱を回避するための「一時的・過渡的措置」として位置づけられるべきであり，長期にわたって維持すべきではないと思われる．市場経済下においては，小売業においても「競争原理」が尊重されるべきであり，中小小売業者も事業規模に関わらず「高効率・低コスト」，「差別化戦略」に向けて絶えざる企業努力を怠ってはならないであろう．

2　コンビニのフランチャイズ・チェーン契約と競争政策上の問題

　すでに述べたように，小売業態の主役は時代の要請と共に移り変わり，1990年代半ば以降，景気低迷が続いていた時期，コンビニは日本において小売業全体の年間売上高が減少に陥った中でも売上を伸ばすなど勢いを増してきた．そして，消費者ニーズに対して迅速かつ的確な財・サービスを積極的に提供する

コンビニの進化はめざましく，我々の日々の暮らしにすっかり根付いていることは言うまでもない.

　しかしながら，このようなコンビニの躍進の裏に，競争政策上，1980年代半ば頃から極めて深刻な問題が浮上していた.コンビニ加盟店が増えるにつれて，コンビニの本部と加盟店との間における様々なトラブル事例が増えたことから，公取委は1983（昭和58）年に「フランチャイズ・システムに関する独占禁止法上の考え方について」（以下，ガイドライン）を公表した.以後，加盟店による本部への訴訟が増加傾向にあることを受け，このガイドラインについては，独禁法上，違法となる判断基準をより具体的に明示する方向で幾度にもわたって改正されてきた[15].

　以下，本部と加盟店の両者の注目すべき最近の具体的事例としてセブン–イレブン（以下，同社）を取り上げ，その内容を検討しよう.

（1）「食品ロス」をめぐる本部と加盟店の対立

　加盟店には，基本的に自己責任原則があると共に，本部との多数の契約関係がある以上，店舗経営に対する種々制約が伴う.その中で，同社と加盟店との間で契約内容において解決できなかった「食品ロス（賞味期限以内で廃棄された商品）」を巡って訴訟に発展した事例がある.一般に，食品は食品表示法等により，「消費期限」と「賞味期限」のそれぞれに定義がある.さらにコンビニやスーパーなどは法律とは別に独自の「販売期限」を設定し，商品を販売棚に陳列する時間を限定していることから，上記の期限内の売れ残り商品は廃棄することになる.同社のフランチャイズ契約（以下，FC契約）上，「食品ロス」についても加盟店側がロイヤリティを支払う取り決めがあった.一般的な会計では「食品ロス」は通常「売上原価」に相当し，粗利益が減少するため，本部に支払うロイヤリティも減少すると考えられよう.しかしながら，同社では「食品ロス」を「販売費用」に含めるため，このロスについてもロイヤリティが発生することになる.そこで，同社の一部の加盟店は，お弁当などの消費期限の迫った商品を値引きして売り切る「見切り販売」を試みたが，同社がこの販売行為に対して制限した疑いがあるとして，2008（平成20）年10月，公取委が立ち入り調査

---

15)　なお，現行のガイドラインについては，公正取引委員会ホームページ，法令ガイドライン等「フランチャイズ・システムに関する独占禁止法上の考え方」（改正　平成23年6月23日）.

を行うこととなった．そして，2009（平成21）年 6 月22日に公取委は，本部に対して，「見切り販売」を制限したことが独禁法第19条（不公正な取引方法第14項「優越的地位の濫用」第 4 号）の規定に違反するとして，排除措置命令を下した．公取委は，「加盟店は同社との取引を継続することができなくなれば事業経営上大きな支障を来すこととなり，それゆえ加盟店は本部からの要請に従わざるを得ない立場にあり，この両者の取引関係は本部側が加盟店に対し優越している」との判断であった．この措置命令は，コンビニのFC契約における本部と加盟者間の取引上，独禁法違反事件として取り上げた最初の事例であった．この命令に対して，翌日，同社側は，これまで加盟店の全額負担だったロスのうち15％を同社側が負担することを発表すると共に，さらに同年 7 月からロイヤリティを軽減する条件も緩和する見直しを行ったのである．

　ここで，同社が「見切り販売」に否定的な態度をとってきた主たる理由として，① 加盟店の同一商品で「一物二価」が生じることによる価格への信頼感の喪失，② ブランド・イメージの失墜，③ スーパー等との価格競争に巻き込まれる可能性，にまとめられる．同社は食品ロスよりも商品の過少発注による売上の減少（機会ロス）を回避する戦略をとっていることから，商品の売り切れ状態のなきよう加盟店に圧力をかけることになる．ただし，先の公取委の調査によると，同社の廃棄額は一店舗あたり年平均530万円（調査年次の年間売上高の2.3％に相当）に達していたことから鑑みても，同社は「食品ロス」の減少について早急に対策を講じる必要があった．また，従来よりコンビニは「定価販売」が周知の事実となっていたが，市場経済下において価格競争が行われるの

---

16)　公正取引委員会ホームページ，報道発表資料『株式会社セブン－イレブン・ジャパンに対する排除措置命令について』（平成21年 6 月22日）．さらに，公取委は両者の関係について詳細なる実態調査を行い，2011（平成23）年 7 月，『フランチャイズ・チェーン本部との取引に関する調査報告書──加盟店に対する実態調査──』（公正取引委員会事務総局）として公表している．その他，村上［2019：143-48］参照．

17)　他国において，例えばフランスにおいて，2016年 2 月 3 日，「売れ残り食品の廃棄を禁止する法律（LOI n° 2016-138 du 11 février 2016 relative à la lutte contre le gaspillage alimentaire）」が成立したことは，世界でも注目されている．この法律は，床面積400㎡以上の大規模小売店は，賞味期限切れ等で販売不可能となった売れ残り食品について，慈善団体への寄付（企業は必ず慈善団体との契約を結ぶこと）や家畜の資料・肥料への転用が義務化され，これらに違反すると最高で 7 万5000ユーロの罰金または 2 年の懲役刑が科される．

は当然であり，この見切り販売をめぐる問題を機に価格競争の視点もコンビニに必要となったことは近時のコンビニにおいて様々なセール商品が増えたことからも明らかであろう．

　なお，2009（平成21）年の公取委の排除措置命令以降も，同社から「見切り販売」を不当に制限されたとして，加盟店主4人が総額1億3900万円の賠償を求める訴訟を起こし，2013（平成25）年8月30日，東京高裁は同社に計1140万円の支払いを命じる判決を下す．同社はこの判決を不服として，上告したことから，2014（平成26）年10月14日，最高裁第3小法廷が同社の上告を棄却する決定をしたことで，昨年の東京高裁の判決が確定し，一応の法廷闘争は決着となった[19]．

　最後に，日本の「食品ロス」に関する状況や企業の取り組みについて簡単にふれておきたい．食品ロスは，主としてスーパーやコンビニ等から廃棄される事業系食品ロスと一般家庭から廃棄される家庭系食品ロスに大きく分類出来る．農林水産省によると，日本は年間約600万トンの食品が廃棄されていることから，国全体で早急に食品ロス削減に取り組む必要性を強調している[20]．すでに世界レベルでは2015年9月の国連サミットにおいて，「持続可能な開発のための2030年アジェンダ」が採択され，2030年までに国際社会共通の持続可能な開発目標（SDGs: Sustainable Development Goals）として17のゴール（目標）と169のターゲット（達成基準）の中に食料の損失・廃棄の削減目標も明示されている．そして，国内では2019（令和元）年10月1日に「食品ロスの削減の推進に関する法律（通称，食品ロス削減推進法）[21]」も施行されたことで，コンビニもより一層の食品ロス削減が求められることとなる．先述の見切り販売も日常化していると共に，予約販売やスマホアプリを活用した賞味期限切れ商品の販売などで対応している．さらには，賞味期限が近づいた食品・飲料をNPO法人などが引

18)　『日本経済新聞』2013年8月30日付．

19)　『日本経済新聞』2014年10月16日付．その後の展開として，公取委が2020（令和2）年9月に大手コンビニエンスストア8社に対し，値引き販売の制限は独禁法違反になり得るとの見解を示したことから，例えば，ファミリーマートでは消費期限が迫った商品に対して積極的に値引き販売する仕組みである「エコ割」を導入することを決め，同時に食品ロスを約3割減らすこととする．『日本経済新聞』2021年6月15日付．

20)　平成30年度推計値に基づく．農林水産省ホームページ，「食品ロス量（平成30年度推計値）の公表」．

21)　消費者庁ホームページ『食品ロスの削減の推進に関する法律』．

き取り，福祉施設・生活困窮者などに提供する「フードバンク」の活動に対して食品業者が寄付する動きが増える傾向にある[22]．

（2）加盟店の24時間営業に関する過酷労働問題

コンビニは「24時間営業」が基本であり，本部と加盟店の契約でもある．しかしながら，ここ数年，加盟店は人手不足によりアルバイトの補充が出来ないため加盟店オーナー自らがレジ打ち対応を行うなど労働負担が増す（長時間労働）状態の中で，24時間営業を維持してきた．さらに，年々，近隣地域に相次いで出店する「ドミナント戦略」による「コンビニ過密地域」も多く，各加盟店のテリトリー権も奪われる事態であった．それゆえ，加盟店からは採算が取れない夜中の時間帯の営業を止めたいとの要望は高まっていたにもかかわらず，本部側は加盟店との協議を一方的に拒否し続けていた．

そして，2019（令和元）年2月，ついに加盟店オーナーが24時間営業の過酷な状況を訴えて本部の同意を得る前に自発的に営業時間短縮に踏み切ったことがきっかけとなり，コンビニ24時間営業問題が社会的関心を高めることとなったのである．

この事態を重く受け止めた大手コンビニ各社は，既存の行動計画やFC制度等を大幅に見直す動きが出てきた[23]．

公取委も，同年10月からフランチャイズ・チェーン本部8社と加盟店約1万2000店を対象とした大がかりなコンビニ業界の一連の実態調査を経て，まず2020（令和2）年9月2日，「コンビニエンスストア本部と加盟店との取引等に関する実態調査」結果を公表した．この内容によると，本部が加盟店に対して，24時間営業の強制とは独禁法違反に当たる恐れがあるとする見解を示したうえ

---

22)　フードバンクは，1960年代後半に米国で小売業界のCSRの一環として誕生した社会福祉活動である．その後，欧州でも同様に広まって，政府の支援策や法整備なども進んでフードバンクと企業の連携関係も確立しているが，日本では21世紀に入ってからアメリカ人によって活動が始まったばかりで歴史も浅く，まだまだ組織・運営上の課題は多い．

23)　例えば，ミニストップは本部が加盟店から利益の有無にかかわらず一定割合の経営指導料を徴収してきたが，2021年9月から利益を両者で折半する．また，食品ロスや人件費などの店舗運営にかかるコストについても両者が共同負担する．一方で，本部から赤字の加盟店への支援金は打ち切り，今後は両者が協力して収益を効率的に上げる仕組みを整備する．『日本経済新聞』2020年9月25日，26日付．

で，本部の自主的点検および改善を要請すると共に改善内容の公表を求めたのである．さらに，公取委は2021（令和３）年４月28日，2002（平成14）年策定の「コンビニエンスストアなどのフランチャイズ・システムに関する独占禁止法上の考え方について」を改正し，本部が24時間営業の見直し協議を拒否することは独禁法違反の恐れがあること等を正式に盛り込んだ[24]．以前策定されてから約19年が経過していたが，依然として加盟店は本部に対して弱い立場にあり，不利益を被りながら不当な要求を受け入れざるを得ない状況が続いていた．それゆえ，今回の改正では，フランチャイズ・システムを用いる事業者における独禁法違反行為を未然に防止すると共に，本部と加盟店の取引関係についての本部による自主的な点検および改善の動向についてもしっかりと注視することも明記された．

第3節　小売業のこれからの課題

1　規制緩和に伴う「新たな競争」への挑戦

　1990年代半ば以降，日本の小売業も（「外圧」を含む）市場のグローバル化に対応するため，様々な品目やサービスにおいて「規制緩和」が促進されるようになる．例えば，コメの自由化，セルフ式ガソリンスタンドの解禁，医薬品のドラッグストアおよびスーパーでの販売解禁，など多岐にわたり枚挙にいとまがない．この規制緩和の進展と日本における経済成熟化・高度化の動きに応えながら，小売業界では多種多様なニーズを有する顧客を安定的に獲得するため，従来から扱っている商品（もしくはサービス）の中でも自社にとって「強みのある商品」，あるいは将来を見据えた「新開発商品」に集中・特化した販売戦略を積極的に行う企業が業績を伸ばしている[25]．このような販売戦略の傾向は，昨今の百貨店業界の売上高減少の状況に「現在の百貨店は何でもあるが，何もない」と揶揄されたことに象徴されているといえよう．つまり，小売業界のカテ

24）　公正取引委員会ホームページ，報道発表資料『（令和３年４月28日）「フランチャイズ・システムに関する独占禁止法上の考え方について」の改正について』．

25）　フランスのビジネススクール（INSEAD）の２人の教授であるW・チャン・キムとルネ・モボルニュが，市場について競争の激しい既存市場を「レッド・オーシャン」，一方で競争のない未開拓市場を「ブルー・オーシャン」の２つに分類しており，本文での戦略はまさに「ブルーオーシャン戦略（blue ocean strategy）」である．

ゴリーキラー（Category killer）と呼ばれる（家電，衣料品，家具などの）専門店が，売れ筋商品の「開発・製造・販売」に至る一連の企画を的確に定め，細分化したターゲット・マーケット（target market：標的市場）を巧みに取り込んで，これら市場にかかる百貨店の商品を次々と奪っている状況に他ならない[26]。

　ところで，小売業界では，従来はコンビニ間，百貨店間などの「同一業態内競争」が展開されてきたが，現在は周知のとおり，上記のような専門店と百貨店の間やコンビニとスーパーの間の「異業態間競争」が年々，激化していることも注視すべきであろう。さらには，コンビニやスーパーは金融業務への参入も果たしたことで，第 7 章第 3 節でも述べた「異業種間競争」にもさらされていて，様々な競争において果敢に挑戦しているのである。

2　地域社会における小売業の在り方

　小売業が地域社会に根付いた店舗展開と安定経営を維持するためには，常に「企業の社会的責任（CSR: Corporate Social Responsibility）」の観点に立った上で，地域住民との「共生」の取り組みが必要である。とりわけ，「まちづくり（都市政策）」と「環境問題」に関する小売業の協力・役割は大きいと思われるが，ここで「まちづくり」と「環境問題」については（本書の専門分野の領域と異なるテーマでもあり）今回は詳細にはふれられないが，多少，私見を述べておきたい。

　まず，「まちづくり」について，前節で紹介した地域の活性化やまちづくり，そして景観・環境・交通などを配慮することをふまえた「まちづくり三法」によるその後の展開である。この法律によって，大規模小売店の出店調整は規模ではなく，周囲の生活環境への配慮の観点から調整していくという仕組みに変わったとはいえ，中小小売店の再生に結びつく成果は上がっておらず，むしろ地方財政・経済の悪化，および「シャッター商店街」増加による中心市街地の空洞化問題が深刻さを増してきた。このような状況から，2007（平成19年）年11月に「改正まちづくり三法」が施行されたのである。この法改正のねらいは，改正前といわば「逆転の発想」であり，市街地の郊外への拡散・拡大を抑制す

26）　まさに小売業が消費者ニーズを捉え，それをスピーディに製品化するべく，商品の「開発・製造・販売」までを一貫して行う「製造小売店（SPA: speciality store retailer of private label apparel）」のビジネスモデルを示す。ユニクロ，ニトリ，アイリスオーヤマなどがこの手法を取り入れており，このたびの新型コロナウィルスの影響で「巣ごもり消費」に契機を得てこれら企業はさらに業績を大きく伸ばしている。

るため，大規模小売店舗の郊外立地の規制が強化され，まちの重要な機能を中心市街地に集中させると共に，市街地に適正規模の小売店誘致を促進する「コンパクトシティ構想」とその実現にある．1995（平成7）年の「地方分権推進法」が制定され，地方自治体への様々な権限委譲が進む中，このたびのコンパクトシティ構想は，各地方自治体（市町村）が主体的に責任をもって地域住民の理解と同意を得ながら，画一的な「まちづくり」ではなく，地域の独自性と身の丈に合った「まちづくり」を進めていくべきと思われる．コンビニは都心の駅前だけでなく，住宅地にも数多く立地している中，「社会インフラ」としての評価も高く，近年では高齢者や女性客が増加する傾向にある．それゆえ，いかに地域に根差した商品・サービスを提供していくか，について今後もその役割と責任は大きいと言えよう．

つぎに，「環境問題」について，環境に優しい企業を目指していくために，店舗においてはエネルギー対策としての省エネ機器の導入，太陽光発電パネルの設置が進む．さらに物流の効率化，立地環境に配慮した駐車場の騒音・排ガス対策，レジ袋の有料化・再利用化の促進，商品の包装原料を植物由来のバイオマスプラスチック素材に切り替える動きも加速している．例えば，セブン-イレブンではおにぎり全品の包装原料をすべてバイオマスプラスチックに切り替えたり，ファミリーマートはサラダの容器に一部導入している．この植物性新素材の使用は化石燃料由来のプラスチックよりもCO_2排出の削減効果もあり，先述のSDGsの取り組みにもつながる．また，店舗におけるゴミの分別回収ボックスの設置による資源リサイクルの促進が挙げられるであろう．これら企業の活動が消費者の環境に対する意識啓発・向上につなげることも重要な役割である．

3 ICTの進展による新たなビジネスモデルの活用

様々な社会環境の変化の中で，今後の小売業界に多大な影響を与えているのがICT技術の向上であり，この技術を活用した新たなビジネス形態やシステムの模索が続いている．

消費者側でいえば，インターネット通販・宅配の利用は，大きな伸びを示している．この動向にイトーヨーカ堂やイオン等の大手スーパーがいち早くネットスーパー事業を導入・強化してきた．さらに，楽天，メルカリ，ヤフー，アマゾンなどのネット専門通販事業の台頭によって，**図8-2**のとおり，ここ10

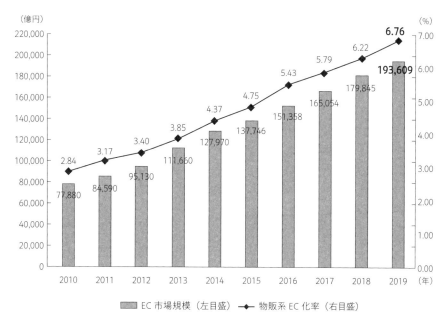

図 8-2　　国内のEC市場規模および物販系EC化率の推移

出所：経済産業省商務情報政策局情報経済課『電子商取引に関する市場調査報告書』（令和 2 年 7 月，p.6）より
　　　抜粋.

年足らずで国内のインターネット販売の売上高は約2.5倍という驚異的な伸び
となっている.

　業界側でいえば，ICTの向上でPOSシステムによる製品把握・情報管理がさ
らに精緻化されたことで，POSシステムでストックし続けてきた貴重な顧客情
報についての活用の幅が拡大した. さらに最近ではPOSシステムに加えてアプ
リ登録内容，カメラ映像，天気データ等で得られた大量かつ多面的な情報に対
してAIを積極的に導入している. AIが各顧客の購買・閲覧履歴をもとに詳細
に分析・学習することで個々人の嗜好やニーズに合った商品やサービスを予測・
判断し，顧客ごとにフィットする商品情報やイベント案内を効率的・効果的に
メール配信し，ネット販売の促進にも結びつけている.

　目下，「オムニチャンネル（Omni-Channel）」，つまり「実店舗（リアル）とイン
ターネット上の店舗（バーチャル）の両店舗の販売をつなぎながら，顧客があら
ゆる（Omni）販路（Channel）で購買が可能な仕組み」を確立する動きが急速に

進んでいる中で，2020年の新型コロナウィルス拡大が顧客の「巣ごもり消費」によるネット店舗の利用を急増させたのは言うまでもない．

　ここで指摘すべきは，ポストコロナ後においても実店舗よりネット店舗の利用のシフトは続くと思われるため，この動向を見据えた業界の在り方と共に企業行動の良識と秩序が改めて問われることになる[27]．ネット通販にはアマゾンや楽天などのネット通販事業者と出品事業者の間での取引（B to B），ネット通販事業者と顧客の間の取引（B to C），メルカリなどを通じた個人同士の取引（C to C）などがあるが，ネット販売の急拡大に伴って出品事業者や顧客が被る様々なトラブルが急増している．例えば，大手ネット通販事業者が出品事業者に対して「優越的地位の濫用」を行使し，不当な取引条件を義務付けることは競争政策上，違反行為となるため，これら取り締まりの強化が重要である．また，顧客の個人情報流出や悪用を巡る問題も頻繁に起きていることから，政府も単なる形式上の行政指導だけでなく，厳罰化の検討も必要であろう．

┃ おわりに

　以上，経済成長・発展の中で小売業における業態の主役がどのように交代を遂げてきたか，について詳しく見ながら，小売業界の特徴や問題点も競争政策の観点から指摘した．

　昨今，社会環境が目まぐるしく変化する状況にある中で，日本の小売業はそれら変化にスピーディに対応することで，「高サービス・高品質」の強みを売りにした経営戦略も維持しながら次々と新たな戦略を打ち出し，顧客の満足度に貢献してきたといえよう．

　しかしながら，このような地道な企業努力によって売上高を伸ばしてきた小売業も，国内人口減少とそれに伴う市場規模，販売量（売上高）の縮小にさらされていることから，新市場の開拓として海外進出も積極的に行ってきた．一方で外資系小売企業の日本進出も着実に増加しているが，新型コロナウィルス感染の影響で，国内外を問わず小売業界としての経営戦略の再考は不可避であ

27）　小売業界の中でもとりわけ実店舗・対面サービスにとりわけ力を入れてきた百貨店は，**図8-1**にみられるとおり売上高も激減し，ここ数年，各百貨店は相次いで地方店を閉店するなど苦境に立たされている．従来から強みにしてきた「高付加価値」と対応が遅れている「ネット販売」の在り方の再考が喫緊の課題である．

ると共に，業界内の「異業態間競争」はさらに活発化すると思われる．

　時代と共に主役が変化し，いまや日本の主役はコンビニからカテゴリーキラーの専門店へと遂げつつあり，業界全体としてはネット販売市場がより一層グローバルに展開されていくであろう．

演習問題

　1．時代の変遷と共に，流通業（小売業）の主役はどのように移り変わり，また消費者利益の向上に貢献してきたか，について説明しなさい．

　2．グローバル化とICT革命により，流通業（小売業）は今後，どのように成長していくと思われるか，自分の意見を述べなさい．

第9章　ビール産業

はじめに

　日本のビール産業は，典型的な「高度寡占産業」であると同時に，「規制産業」でもあり，産業組織論，競争政策の観点から考察すべき多くの内容が含まれている．

　元来，国内ではビールは酒税法において「酒類（アルコール分１度以上の飲料）」に分類されているが，景気停滞が続いていた1990年代後半以降，ビールメーカー各社は「節税商品」とも言える発泡酒，新ジャンル（第3のビール），さらにはアルコール度数ゼロのビールテイスト飲料など次々と新商品を開発し，国内ビール市場においてある意味での革命が起きている．

　周知のように，近年，日本は少子高齢化が加速すると共に，若者世代のビール離れによって国内ビール市場の需要拡大にはもはや限界があることから，各ビールメーカーは国内市場の単なるシェア争いでは成長は望めない．よって，従来の画一化した風味から脱却し，多様な消費者ニーズに応えようと各メーカー間における品質競争，商品開発競争が激化している．国内需要の縮小の一方で，世界のビール市場はまだまだ拡大を続けており，各ビールメーカーも積極的に諸外国の酒類・飲料メーカーとのM&A，資本提携を進め，新たな市場の開拓を急いでいる状況にある．

　以上のような現状をふまえて，本章では，まず（1）日本のビール業界の歴史的展開を簡単に整理する．ついで（2）産業組織論的視点からサントリーホールディングスの企業行動とその成果について検討し，最後に（3）日本のビール業界の今後の課題を指摘する．

▍第 1 節　日本のビール産業の歴史的展開

1　日本のビール産業の概観

（1）戦前のビール産業の設立

　日本におけるビール醸造の本格的な幕開けは，明治 2，3 年ごろにアメリカ人のビール醸造技師であるウィリアム・コープランド（Copeland, William）が横浜の山手に当時の居留外国人を対象にした醸造所，「スプリング・ヴァレー・ブルワリー（Spring Valley Brewery）」の創立と言われている[1]．その後，明治維新の時代に入り，日本人自らビールの醸造・発売を手掛けていくことになる．具体的には1876（明治 9）年にサッポロビール前身の「札幌麦酒醸造所」，1887（明治20）年に東京の目黒に「日本麦酒醸造株式会社」，1889（明治22）年に大阪の吹田に「大阪麦酒株式会社」などが創設されたのである．

　上記企業以外にも明治時代半ばになると，地方の素封家が家業の多角化の一手段としてビール醸造に参入したこともあり，一時期は百有余の銘柄があったとされるが，1901（明治34）年に麦酒税が導入されるにおよんで多くの中小醸造会社が淘汰された．

　ところで，明治から大正期にかけてのビール業界は好調で，販売競争もきわめて活発であった．とりわけ大手企業の競争が激化したことから，1906（明治39）年 3 月，日本麦酒，札幌麦酒，大阪麦酒の 3 社は競争回避を目的に合併を決め，市場シェア72％を有する「大日本麦酒株式会社」を成立させたのである．

　その後，第 1 次大戦が勃発したことを契機に日本のビール業界は設備の増業，新工場の建設などを含めて飛躍的な発展を遂げていく．それと同時に各社の販売競争も激化するが，一方で「業界協調」の動きとして，例えば，大日本麦酒，麒麟麦酒，日本麦酒鉱泉の 3 社で価格協定が結ばれていたのである．さらに

1）「スプリング・ヴァレー・ブルワリー」は，その後経営難に陥り，1885（明治18）年に「ジャパン・ブルワリー・カンパニー・リミティッド」に売却される．当醸造会社は日本人と外国人の共同出資の運営形態で明治屋が販売を担当し，1888（明治21）年には「キリンビール」の銘柄で製品を販売するに至り，これが現在のキリンビールの系譜につながる［和田・小西 2006：130-131］．なお，2010年代半ばあたりからクラフトビール（地ビールとの相違については後述）の人気が急上昇しており，キリンビールは同醸造所から着想を得たパッケージや商品名のクラフトビール，「スプリングバレー 豊潤〈496〉」を2021（令和 3）年 3 月から販売している．

1933（昭和8）年には大日本麦酒が日本麦酒鉱泉株式会社を吸収合併すると共に，大日本麦酒と麒麟麦酒のあいだで「麦酒共同販売株式会社」という販売組織が設立され，業界内において確固たるカルテル体制が成立していくのである．

　戦争の長期化と共に，日本は「戦時統制」時代に入り，ビール業界の影響としては，生産制限，価格統制，製品配給制，各銘柄商標廃止などの措置が講じられ，以後，1949（昭和24）年の「酒類自由販売」の容認までこれら統制が続くことになる．

（2）戦後のビール産業の特徴

　第2次大戦後もしばらくは戦時の配給統制は継続され，また生産のための原料・燃料共に不足していたため，ビールメーカー各社の間で原料・生産量の割り当てを行い，生産を制限していた．

　大きな転機としては，1949（昭和24）年，当時のアメリカ占領軍（GHQ）が日本の経済民主化政策の一環として「過度経済力集中排除法」により大日本麦酒を「日本麦酒株式会社」と「朝日麦酒株式会社」に分割することを命じたことである．この大日本麦酒の分割は麒麟麦酒に大きく幸いしたと言える．というのは，分割後のビール各社の市場シェアは，日本麦酒（後のサッポロビール）が38％，朝日麦酒（後のアサヒビール）が36％，そして麒麟麦酒（後のキリンビール）が25％となって，かつての大日本麦酒の支配体制が崩壊し，3社の勢力がほぼ拮抗する競争体制で再出発することとなったからである．

　その後のビール業界は，国内全体の復興・高度経済成長期と共に順調に生産を増加し続けていく．1950年代半ばに入ると，とりわけキリンビール（以下，キリン）が積極的に設備増強をはかると共に，もともと旧三菱系の企業であることを活かして全国に向けてのブランド展開に力を入れたことで1952（昭和27）年にアサヒビール（以下，アサヒ），1954（昭和29）年にはサッポロビール（以下，サッポロ）のシェアを抜いて業界トップに初めて躍り出たのである．これ以後，キリンビールの躍進は続き，ついに1970年代にはシェア60％を超えるまでに至り，他社の追随を全く許さないこのキリンの独走体制は「キリン神話」とまでいわれた．

　一方で，1950年代から60年代にかけて新規参入を試みた2社があった．具体的には1957（昭和32）年に焼酎メーカーの宝酒造，1963（昭和38）年に洋酒メーカーのサントリーによる参入であるが，両社は既存大手3社との競争で悪戦苦闘す

る．結局のところ，宝酒造はわずか10年で完全撤退したが，サントリーは参入以来，市場シェア10％未満で絶えずビール部門の赤字を抱えながらも忍耐強くビールの製造・開発を続け，ついに2008（平成20）年にビール部門の黒字化に成功する．それに加えてサッポロのシェアを抜き，初めて業界3位となる快挙を成し遂げたのである（後述）．

　このように既存3社に対抗出来る新規参入企業が現れるのはなかなか困難な市場構造であると共に，ビール業界におけるキリンのプライスリーダー的地位が問題視されるところとなり，ついにキリンの分割論が台頭する[2]．

　そこで，キリン（および国税庁）は分割を回避するために，1974（昭和49）年に「シェア自粛」策を実施したのである．その具体的内容は，工場新増設の一時停止，生産制限，ビール券の発売中止などであった．

　とはいえ，キリンの市場シェアは依然として60％以上を維持する状態がしばらく続いたが，もしもこの自粛措置が取られなかったとすれば，さらにキリンの市場シェアは上昇し続け，競争他社も打つ手がなく，存続が危ぶまれたと言っても過言ではないであろう[3]．

2　スーパードライの出現

　ところで，1973（昭和48）年に第一次石油危機が起こり，日本は高度経済成長時代の終焉と共に，戦後以来はじめての深刻な経済不況を経験することとなる．急成長を遂げてきたビール産業も生産量の大幅な落ち込みで業績も悪化したこの時期に，既述のキリンの自粛措置，さらには1977（昭和52）年に独占禁止法の強化改正［和田・小西 2006：57-60］が行われた状況下において，競争他社は態勢の立て直しを図っていくこととなる．

　以下では，戦後，大日本麦酒が分割されて誕生したアサヒとサッポロのうち，1980年代初頭に市場シェアがついに10％を下回り，一時，企業存続までもが危ぶまれたアサヒが1987（昭和62）年に超ヒット商品の「スーパードライ」を世

2）　1973（昭和48）年，公正取引委員会に設置されていた独占禁止懇話会が（キリンに対しても）企業分割命令を出せるような独占禁止法（以下，独禁法）の強化改正の必要性を示した．

3）　Konishi and Yurtseven［2014: 36-45］によると，当時のキリンの「シェア自粛」措置は，その後の他社の積極的な研究開発に優位に働き，ひいては社会的厚生に一定の良き影響を与えうることについて緻密にモデル分析している．

に出すことによって起死回生を遂げた経緯を述べておこう.

　まず, 1980年代に入って, ビールメーカー各社は従来からの瓶詰めビールではなく, 様々な形（例えば, 樽型, 取っ手付き等）の容器に入れたビールの発売が試みられると共に, 手軽さとコスト削減を考慮した缶ビールの販売が増えていく. このような傾向は, 瓶詰めラガービールで強いブランドイメージを確立していたキリンの印象を多少とも弱める効果があったと思われる. というのは, キリンのブランドにこだわらない若い世代が少しずつ増えていた事情も影響していたからである.

　さらに, この頃から各社では画一的な味からの脱却に向けて「生ビール」や麦芽を100％使用した本格派ビール等の開発が積極的に行われ, こぞって新製品を投入する. 加えて活発な広告・宣伝活動を展開したことで, 消費者の嗜好は, 伝統的であった熱処理型から生ビールへと大きく傾斜し, いわゆる「生ブーム」が到来することとなった.[4] 一方, キリンはあくまで熱処理型のラガービールの販売体制を維持し続けて生ビールへの対応が遅れたことで急激にシェアを低下させていく.[5]

　このような背景のもと, 1987（昭和62）年にアサヒが「スーパードライ」を発売するのである. すっきりさと辛口を強調した当ビールのコンセプトが幅広い世代に受け入れられ, アサヒは完全に蘇生した. 発売翌年には一挙にシェア20％超えとなり, サッポロを抜いて業界2位となった. そして, 1998（平成10）年, ついにキリンを抜いて（ただし, 発泡酒を除くビール市場）実に45年ぶりに首位に返り咲くのである.[6] このアサヒの躍進によって, キリンの独走時代は完全に終わりを告げることとなった.

4）　ここで指摘すべきは, 伝統的にビール業界の広告宣伝費は, 自動車産業, 家電産業などと共に売上高に占める支出額が大きい特徴を有していたが, 近年, 巨額の広告宣伝費に対する売上効果の有効性に疑問が提起される実証分析結果も多く, ビールメーカー各社は徐々に広告宣伝費を削減する方向にある.

5）　「生ビール」の定義についてビール各社によって見解が分かれた. 具体的に, キリン, アサヒ, サッポロはビール中に酵母が生きていなければならず, 酵母を取り除いたビールは生ビールでないと主張し, 一方, サントリーだけは酵母の有無にかかわらず, 熱処理しないビールを生ビールと定義したのである. なお, 1979（昭和54）年に公正取引委員会が「『生ビールおよびドラフトビール＝熱処理しないビール』でなければ, 生ビールおよびドラフトビールと表示してはならない」と告示した.

3 規制緩和と地ビールの誕生

ここで，競争政策の視点からビール業界（酒類販売）に関連する規制緩和の3つの具体的な内容について述べておきたい.

まず，1994（平成 6 ）年の酒税法改正では，ビールの最低製造数量の条件（いわゆる製造免許）が「年間2000kl以上の生産」から「60kl以上の生産」に大幅に引き下げられた. それゆえ，今まで生産が認められていなかった中小規模の醸造所によるビール市場参入が可能となり，新潟県のエチゴビールを皮切りとして全国各地にビールメーカーが続々と誕生した[7]. いわゆる「地ビール」ブームの到来である. さらに，近年は「クラフトビール」の人気が急上昇しているが，ここで「地ビール」と「クラフトビール」について簡単に説明しておこう. 両ビールは「小規模醸造所で製造したビール」という点では同様であるが，前者は地方・地域に根差している醸造所が生産し，地方名産としての「お土産」要素の役割も有するビールであるのに対し，後者はとりわけ製造方法や原料にこだわって，まさに職人技（クラフトマンシップ）が活かされているビールであることを強調しているように思われる. 2017（平成29）年 4 月の酒税法改正に伴い（詳細は後述），使用可能な副原料の種類が増えて麦芽使用割合が50％に引き下げられたことにより，全国の地ビール（クラフトビール）メーカーは今まで以上に個性や風味を持つビール製造が出来るようになったのである. 現に**表9‐1**を見れば，ビールの最低製造数量の条件が規制緩和された時期とこのたびの改正で製造免許場数が激増していることが分かる. なお，地ビール自体が日本のビール業界における市場構造，市場行動，市場成果にどれくらいの影響を与えているか，について言えば，ビール市場全体のシェアではわずかであり，

---

6 ）このようにスーパードライの快進撃をもたらし，アサヒの危機を救ったのがアサヒの中興の祖といわれた樋口廣太郎であるが，彼はこの時期，積極的に大規模な設備投資，および世界市場への進出を試みている. 具体的に，キリンが出資断念を決定していた当時世界第 4 位のオーストラリアのビール会社，フォスターズ（Foster's）社に対し，1991（平成 3 ）年にアサヒは840億円を出資した. しかしながら，その後，フォスターズ社の経営不振や内部組織の対立などの誤算が相次ぎ，結局のところアサヒはフォスターズ社の株式を売却し，巨額の損失を出す苦い経験もしている［永井 2002：92-96］.

7 ）ビール製造数量許可の大幅な緩和によって，各地方における観光地のレストラン施設にビール醸造所が併設されたり，各酒造メーカーが多角化の一環としてビール製造を始めるなど，地ビールは地域振興・経済活性化の側面からみても期待されるところとなった.

表9-1　地ビール製造免許場（者）数の推移

年度	平成6	8	10	12	18	20	22	24	26	28	30
製造場数	6	103	251	262	223	206	194	180	181	182	395
製造者数	6	95	231	240	213	196	184	174	174	174	368

出所：「酒のしおり」国税庁課税部酒税課（令和2年3月）p.63をもとに筆者作成.

　今後も市場への参入・撤退の入れ替わりが激しい状況が続くであろう. とはい
え, 日本のビールの味やタイプが伝統的に諸外国に比してあまりにも画一化し
ていたため, 地ビールの登場は消費者にとっては選択の多様性が広がったこと
で一定の役割を演じているといえよう.

　2つめはビールの販売価格制度についての度重なる改正である. 実は, 戦後
以降も戦前の価格統制の名残りとして1960年代半ばまで「基準販売価格」が政
府によって定められていたが, ようやく1964（昭和39）年に国税庁がこの価格
制度の廃止を決定した. それ以後「メーカー希望小売価格」としての表示販売
が主流となる中, ビール各社がほぼ同時期に価格値上げに踏み切っているケー
スが多く見受けられた時期もあったことは確かであり, 典型的な寡占産業の弊
害である「同調的価格値上げ行為」とも考えられるが, 当時の公正取引委員会
はこのビール業界の動向について指導や警告を発することはなかった.

　3つめの内容としては, 1989（平成元）年から酒類の販売免許が段階的に緩
和されたことである. この免許規制の緩和が重要であるのは, 1つめに挙げた
ように製造免許が得られた事業者がたとえあったとしても, 従来の既存メー
カーと流通業者（卸・小売）の販売ルートが確立化している状況下では新規参
入業者が新たな販売ルートを開拓することが非常に困難であったが, 酒類販売
免許の規制が緩和されることで, スーパー, ディスカウントストア, 量販専門
店, コンビニエンスストア等での販売ルートが事実上, すべてのビールメーカー
に与えられたことにある. そして, ついに2008（平成18）年, 販売免許規制は

8）　酒類販売の免許に関する規制緩和の道のりは長かった. というのは, 主として① 既
　存小売販売店の保護, ② 未成年者の飲酒禁止対策の徹底, ③ 不当廉売対策の3つの理
　由があったからである. しかしながら, 日本の規制業種全体を見直す一連の流れを受
　けて, まず2001（平成13）年1月に既存販売上から一定距離（100〜150m）を保つ「距
　離基準」が廃止され, ついで2003（平成15）年9月に一定人口数（人口基準免除枠＝
　人口／基準人口－既存店数）で店数制限する「人口基準」が廃止されたのである.

完全に自由化されるに至った.

4 「発泡酒」ブームから「新たな」ビールへの展開

さらに，ビール業界における歴史的展開を論ずる場合，「発泡酒」，ならびに「第３のビール」と呼ばれる新たなジャンルの商品開発とその動向を見逃すことは出来ないであろう. 以下では，ビール，発泡酒，第３のビールに対する酒税率の相違の観点から概観したい.

もともと発泡酒は製造法自体，ビールと同一のものである. ただし，ビールが酒税法上，「麦芽使用量が原料全体の67％以上」であるのに対して，発泡酒は「67％未満」のものをいう. さらに，第３のビールとも呼ばれる「新ジャンル」までもが登場し，これについては「50％未満でかつ他の酒類を混合している」もの，あるいは「原料として麦芽自体を使わず豆やとうもろこしを使う」ものとして定義されてきた. ここで注視すべきはこれら３つの酒税率の格差であって，ビールに比して発泡酒，第３のビールは低率の酒税に設定されているということである（表9-2）.

では，何ゆえに発泡酒が開発されるに至ったのであろうか. 1990年代の日本においては，バブル経済崩壊による景気低迷の長期化で個人消費も大きく落ち込んだ状況下，ビール市場の需要も大幅に落ち込むと共に，むしろ低価格の輸入ビールの人気に押されていた. そこで，主原料の比率で酒税が異なることに目を付けたビール各社は「ビールに近い味わいと低価格」を目指し，いわゆる「節税商品（代替商品）」として発泡酒を開発したのである. まず1994（平成6）

表9-2 ビール・ビール系飲料の酒税等負担比較（１缶350ml）

飲料の酒類	酒税額	酒税等負担率	小売価格（税込）
ビール （麦芽比率50％以上）	70.00円	42.9％	228円前後
発泡酒 （麦芽比率25％未満）	46.99円	37.1％	168円前後
その他の醸造酒＝麦芽を使わず豆などを原料とする（発泡性）	38.00円	27.0％	143円前後
その他の醸造酒＝チューハイやサワー，低アルコール蒸留酒類等（発泡性）	28.00円	28.1％	147円前後

出所：「酒のしおり」（国税庁課税部酒税課，令和2年3月，p.34）をもとに筆者作成.なお，消費税率は10％で計算.

年にサントリーが「ホップス」を発売し[9]，ついで翌年にはサッポロが「ドラフティー」，キリンも1998（平成10）年に「麒麟淡麗〈生〉」を相次いで発売した．一方，スーパードライの好調ぶりに強気の姿勢であったアサヒだけが発泡酒への参入に随分と出遅れ，2001（平成13）年にようやく「本生」を発売し，大手ビールメーカー4社が出揃うこととなったが，その間に消費者の低価格志向に見合った発泡酒の売れ行きが大きく伸びていた（**図9-1**）．

　21世紀に入っても，日本経済の景気回復の兆しは見えず，デフレ状況も続く中，国税庁はグラフ**図9-2**のとおり，1999（平成11）年をピークに酒税課税数量が減少傾向にある酒税に目を付け，2003（平成15）年，発泡酒の税率引き上げを行った．これを受けて，ビール業界は技術革新で対抗すべく，発泡酒よりもさらに酒税率の低い「第3のビール」を開発し，より一層の節税商品を販売するところとなる．まず，税率引き上げと同年にサッポロが「ドラフトワン」を発売すると，2004（平成16）年にはサントリーが「麦風」と「スーパーブルー」，2005（平成17）年にはアサヒが「新生」，キリンが「のどごし〈生〉」を相次い

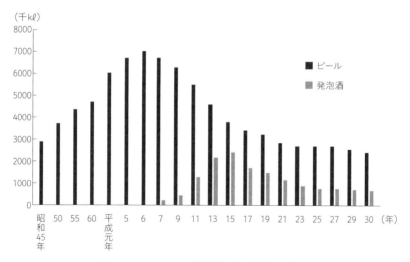

図9-1　ビール・発泡酒の販売数量の推移

出所：「酒のしおり」（国税庁課税部酒税課）の各年資料をもとに筆者作成．

9）　なお，サントリーは「ホップス」を発売後，1996（平成8）年「スーパーホップス」，1999（平成11）年「スーパーホップス〈マグナムドライ〉」を相次いで発売する．

で発売した．このようなビール各社の追随にはまさに目を見張るものがある．

　そして，従来のビール販売量・売上高の低迷を補てんする意味でも「新たな」ビールの開発・販売競争がますます激化していくことになる．

　しかしながら，またしてもビール各社に2つの試練が訪れる．2017（平成29）年4月の酒税法改正に伴い，①2018（平成30）年4月からビールの定義が改正され，「麦芽比率が50％以上」で「果実，野菜，香辛料，お茶，コーヒー，鰹節，等の副原料が加わる場合[10]」もビールと定義されるようになったこと，②2020（令和2）年10月からビール，発泡酒および新ジャンルの酒税の段階的変更が実施されていくこと，である．具体的には**図9-3**のとおり，時期を3段階に分けて酒税額の変更が予定されており，最終的に2026（令和8）年10月，ビール・ビー

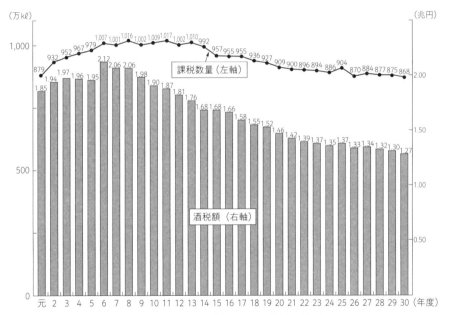

図9-2　酒類の課税数量と課税額の推移

出所：『財務省ホームページ』「酒税に関する資料」より抜粋．

---

10)　具体的に新たに認められた副原料としては，①果実②香草の種のコリアンダーシード③コショウやサンショウなどの香辛料④カモミールやバジルなどハーブ⑤野菜⑥そば・ごま⑦蜂蜜や黒蜜など含糖質物・食塩・みそ⑧花⑨茶・コーヒー・ココア⑩カキ・昆布・ワカメ・かつお節，の10種類で，副原料の使用合計は麦芽の重量の5％となる．

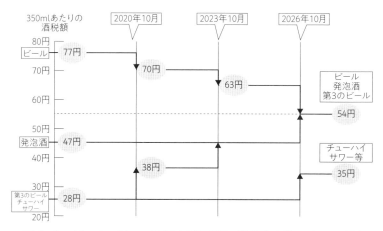

図 9-3　ビール・ビール系飲料の酒税額の段階的実施のイメージ図

出所：各種資料をもとに筆者作成．なお，酒税額については小数点以下を四捨五入して掲載．

ル系飲料税額が一本化される．

　よって，従来からのビールは大きく減税される一方，発泡酒，第3のビール，チューハイ等については増税されていくことになる．家計消費としては，税額および価格も安く負担の小さい発泡酒や第3のビールを選択する傾向にあるが，2026年にすべてのビール・ビール系価格飲料の価格が統一された際，消費者嗜好が価格から質へと大きく変化することからビール回帰が予測出来る．それゆえ，ビール各社は商品のカニバリゼーションのリスクも抱えることになるため，ここ数年，自社にとって勝算の大きい商品の見極めや開発の方向性，副原料を活かした製法の工夫，そしてさらなる製品差別化の戦略がとても重要となるであろう．

　ここで，酒税に関わる様々な主張について一言述べておきたい．ビール各社がしのぎを削って「新たな」ビールを次々と商品化することについて消費者ニーズの多様化，低価格志向に対応していると評される一方，低税率商品の開発の加速化が税収の低減につながる．そのため，ビールの税率とビール系飲料の税率との適正なバランス（さらには酒類全体の最適税率）が考慮されるべきとの主張もあり，このたびのビール・ビール系飲料の税率が一本化するに至ったのは言うまでもない．しかしながら，イノベーションの観点から言えば，シュムペーター（Schumpeter, Joseph A.）もかつて指摘したように，これら商品を開発・販

売することは，本来，市場経済における重要な企業者職能の１つであるとみなせるであろう．したがって，これらを一撃する行き方は企業行動のインセンティブを著しく削ぐ意味においても少なからぬ問題があり，結果的には経済・産業の活力にも影響を与えることは考慮すべきであろう．

第2節　産業組織論的視点からのビール産業
——サントリーホールディングス株式会社の事例を中心に——

1　ビール市場参入から近年の躍進に至る経緯
（1）創業からビール市場への本格参入

　サントリーは，1899（明治32）年に鳥井信治郎が主として葡萄酒の製造販売を手掛ける「鳥井商店」（のちに株式会社 寿屋）の看板を掲げたのが始まりである[11]．以後，企業家であり事業家でもある鳥井氏は，次々と事業活動を拡大し，その中でも日本初のモルトウィスキー蒸溜所の建設に着手し，ついに1929（昭和4）年に日本初の国産の本格ウイスキー「サントリーウイスキー白札」を発売した．以来，日本のウイスキー（洋酒）部門では現在に至るまで「角瓶」，「オールド」を始めとする多くのヒット商品を開発・販売し，今なお圧倒的な市場シェアを有することは言うまでもない．ここ最近は，むしろ食品・飲料部門の売上高が全売り上げの約60％を占める「総合食品・飲料メーカー」として成長を遂げている．その詳細についてはまた別の機会に譲ることとし，以下では，サントリーのビール部門における苦闘と成功の歴史について考察する．

　サントリーのビール販売の歴史は意外にも昭和初期に遡る．横浜で「カスケードビール」を製造販売していた日英醸造株式会社が経営破綻したため，1928（昭和3）年にサントリーが同社の工場を引き継ぐ形で買収し，1930（昭和5）年に「オラガビール」を発売したのである［サントリー株式会社 1998：86］．ところが当時の日本ビール市場は，既述のとおり，大日本麦酒，麒麟麦酒，日本麦酒鉱泉の3社の高度寡占状態であるのに加えて「自社瓶制度」という不合理な制度にも太刀打ち出来ず，鳥井氏は1934（昭和9）年にビール事業からの撤退を決断した．それから26年後の1960（昭和35）年，2代目社長となっていた次男の佐治敬三は，父信治郎に本格的なビール製造業への参入の決意を打ち明け，鳥

　11）　サントリーに関する種々貴重な資料・文献については，同社広報部に提供いただいたことをここに御礼申し上げる．なお，本文中の見解，内容の一切の責任は筆者に帰属するものである．

井氏の常套句である「やってみなはれ」の了承を得るのである［佐治 1994：100-
101］。そして，1963（昭和38）年，佐治氏はサントリー初のビール工場「武蔵野
工場」（現在は「武蔵野ビール工場」に改称）での製造発売と同時に「株式会社 寿
屋」から「サントリー株式会社」へと社名変更までも行って，ビールという新
天地に向かう決意を見せていた。

　しかしながら，既存メーカー3社（キリン，サッポロ，アサヒ）の壁は厚く，新
規参入メーカーは大苦戦を強いられていた。この苦戦の要因は，ビール市場で
のブランド力の弱さに加えて当時の「排他的特約店制度」の存在であった。こ
の制度は既存メーカーと卸売業者との間で他のブランドを取り扱わない専売契
約を結ぶもので，このままでは新規参入者のサントリーはビールの販路開拓が
進まぬこととなる。そこで，1962（昭和37）年，佐治氏は父の竹馬の友でもあっ
た当時のアサヒビール社長，山本為三郎氏に依頼してアサヒの販売ルートに乗
せてもらえることになった。しかし，提示された条件として工場の新増設につ
いてはアサヒの承認が必要，値段や販売条件はアサヒと同一，等の厳しいもの
であった［佐治 1994：104-105］。

　ビール市場への（再）参入から5年，サントリーはようやく爆発的なヒット
商品「純生」を1967（昭和42）年に売り出し，シェア上昇のきっかけを構築し
たのだが，注視すべきは，既存メーカーよりも先に「生路線」への研究に踏み
出していたことであろう。具体的には，この「純生」の製造工程において
NASA（National Aeronautics and Space Administration：アメリカ航空宇宙局）が開発
したミクロフィルターを使用して酵母を取り除くことで，加熱殺菌処理をしな
くとも新鮮な生のうまさを維持することが可能となったのである［サントリー
1998：158］。そして，「純生」の需要に応えるべく，この時期に新工場の建設も
進んで増産と共にさらなる生産拡大に臨むこととなる。

　また，サントリーは以前から定評のあった効果的な販売広告・宣伝戦略も活
用し，「純生」の売れ行きは好調を博し，市場シェアを着実に上昇させていくきっ
かけにもなったのである[13]。

　ところが，1970年代に入って石油危機が起こり，高度経済成長時代の終焉と
同時に国内需要が一気に落ち込み，ビール消費量も例外にもれず下降する一方，

---

12)　なお佐治氏は，父信治郎の「オラガビール」の無念の撤退の雪辱を果たす上でも，
　　1950年代半ばからすでに本格的なビールの研究をひそかに手掛けていた［サントリー
　　株式会社 1998：140-141］。

原料費などによるコストの高騰で，ビール各社はビールの価格を引き上げざるを得なくなった．この時期，サントリーでは社是を改定すると共に「よいものをいかに安くタイムリーにつくるか」を目標にしながら，時代の急激な変化にも柔軟に対応していく．現に酒類業界では初めてブレンド工程において「デジタル（全自動制御）ブレンドシステム」を採用することで作業の最少人員化を進め，コストダウンを図り，結果的に従業員 1 人当たりの生産量を大きく伸ばす成果を得たのである［サントリー株式会社 1998：160；180］．参入当初は洋酒を中核とした企業のイメージが強かったために「ウイスキー臭いビール」などと評され，販路開拓に苦戦を強いられてきたが，1980年代頃には消費者の間でサントリーのビールの周知度を高めることに成功する．事実，会社創立からの開拓精神が社内で常に受け継がれながら「本物志向」のビールの開発を積極的に進める中，1986（昭和61）年，その後の定番銘柄の原点にもなった麦芽100％の「モルツ」を発売することになる．

（2）積極的な商品開発と時代の変化に応じた決断

　モルツ発売後からまもなく，すでに詳述したアサヒの「スーパードライ」の登場（1987年）によってサントリーは新たな試練をむかえた．さらなる品質向上のために製法と原料にこだわると同時に「顧客の声」を取り入れることを徹底化した「新モルツ」を1995（平成 5 ）年に発売して市場での高い評価を獲得した［サントリー株式会社 1998：210；228］．さらに2001（平成13）年，プレミアムビール・ブームのきっかけとも言える「モルツ・スーパープレミアム」を通年発売するに至った．そして，ついに2003（平成15）年，サントリーにとって悲願でもあったビール部門の黒字に導いた立役者「ザ・プレミアム・モルツ」が誕生する．このビールはとりわけ「世界最高峰」を目指して商品開発が進められてきたが，その目標のとおり，2005（平成17）年，モンドセレクションに出品し

---

13)　この頃のサントリーの市場シェアを具体的に見ると，「純生」販売前年（1966年）の1.7％から発売時は3.2％に，さらに翌1968（昭和43）年には4.3％まで上昇している．和田・小西［2006：136-137］を参照．そして，サントリーの生ビールの成功を受けて，1968年にアサヒが「本生」，1968年にサッポロが「びん詰めサッポロ生ビール（北海道限定）」を相次いで販売開始している．いわゆる「生ビール戦争」の時期である．

14)　なお，プレミアムビールというカテゴリー商品はサッポロが1971（昭和46）年に発売した「エビスビール」が最初と言われている．

たところ，ビール部門において最高金賞を受賞し，以後3年連続受賞すること
となる[16]．この受賞による世間への反響は非常に大きく，同ビールのブランドイ
メージは大きく上昇し，販売数量の急増をもたらした．ビール業界では同ビール
の人気を受けて，他社も本格的に高価格のプレミアムビールの開発・販売に
乗り出すこととなったのである．

　ここで，サントリーがビール市場に起こした革命的商品，発泡酒についても
論じておきたい．先の「モルツ」ブランドに続くビールの開発に余念のない状
況下，日本はバブル経済崩壊によるデフレの影響で消費者の低価格志向も強
まっていた．そこで，酒税を下げるため麦芽比率を下げながらも消費者を満足
させる味と飲み心地を実現する新たな独自商品として発泡酒の開発プロジェク
トが始まる．こうして，1994（平成4）年に麦芽比率65％の「ホップス〈生〉」
が誕生し，発売前の懸念とは裏腹に販売数量を伸ばしていく．ただ，同時期に
酒税法が改正され，麦芽比率をさらに下げる必要があったことから，1996（平
成6）年に「糖化スターチ」を新原料とするスーパークリア製法によって麦芽
比率25％未満の「スーパーホップス」を発売，さらに1999（平成9）年，「スーパー
ホップス〈マグナムドライ〉」を相次いで発売した［サントリー株式会社 1998：
230］．よって，ビールよりも低価格を維持した発泡酒は，サントリーに続いて
サッポロ，キリン，かなり遅れてアサヒも参入し，大手4社が出揃ったたこと
で確実に「市民権」を得ることになるものの，サントリーは近年，大きな決断
をしている．具体的には，発泡酒よりも安価な第3のビールの登場で発泡酒の
売れ行きが大幅に落ち込んできたことから，ビール系飲料の生産を第3のビー
ルに集約するべく，2012（平成24）年7月，発泡酒のパイオニアであった同社
が先行して生産・販売を終了することを決めたのである[17]．そして，現在，第3
のビールでは「金麦」，「ジョッキ生」等の商品開発を進めている．

　サントリーの英断については，ビール事業の海外戦略にも目を向ける必要が
あろう．1971（昭和46）年に佐治氏は関西財界訪中団として初めて中国を訪問し，

15）　モンドセレクションホームページ（http://www.monde-selection.com/jp/）．世界中
　　の消費生活製品を評価する国際評価機関として，1961（昭和36）年にベルギーで創設
　　された．

16）　サントリーホールディングス株式会社ホームページ「ザ・プレミアム・モルツの歴史」
　　を参照．

17）　『日本経済新聞』（朝刊）2012年7月20日，9面．

これからの海外でのビジネス相手国となることを確信する．その後，中国の政
財界要人との親交により，1984（昭和59）年，江蘇省連雲港市に「中国江蘇三
得利食品有限公司」という中国においてビール企業では初の外資系との合弁企
業が設立され，時間をかけて現地従業員に対してサントリー式品質管理などを
定着させると同時に，現地のビジネスのノウハウを獲得していく［サントリー株
式会社 1998：204］[18]．1995（平成７）年には「上海市糖業煙酒（集団）有限公司」と
の間で合弁企業「上海三得利啤酒有限公司」を設立する．翌年には早くも生産
を開始し，早速，現地の消費者嗜好に合ったビールとして「三得利啤酒」を発
売する．そして，大胆な広告・宣伝活動も取り入れたことで1999（平成11）年
には上海においてトップの市場シェアを獲得する．その後も中国でのビール事
業の快進撃が続いて，さらなる事業強化として2013（平成25）年には「青島啤
酒股份有限公司」との間で合弁企業も設立した［永井 2002：252］[19]．

　以上，サントリーの創業からビール市場参入後の企業行動を考察したが，ビー
ル市場において最後発参入企業のサントリーが何ゆえに近年の躍進を遂げられ
たのか，について付言しておく．

　サントリーは創業以来，非上場を貫く共に，既述の「やってみなはれ」精神
の通り，独自の企業文化を築きながら成長を遂げてきたと言える．元来，洋酒
メーカーのイメージが強く，事実，洋酒類部門では国内で圧倒的な知名度と市
場シェアを有しながらも，それに飽き足らずビール市場への参入を決意する．
そして，ビール部門に限れば約40年間赤字経営からいっこうに脱却できなかっ
たにもかかわらず，積極的かつ斬新な新商品の研究開発を絶えず継続してきた
姿勢には目を見張るものがある．このような商品開発が可能であったのは，や
はりサントリーが非上場という企業体制であり，かつオーナー経営であったた
め，株主（投資家）の意向に左右されず，また短期的な業績にとらわれること
なく自由闊達な企業行動が許容されたことは何より大きい要因であろう．さら

18）　当時の合弁企業における様々な苦労・努力に関する具体的なエピソードについては，
　　永井［2002：241-44］．

19）　およびサントリーホールディングス株式会社ホームページ（事業紹介）「サントリー
　　（中国）ホールディングス」を参照．その後の経過として，2015（平成27）年10月18日，
　　サントリーは青島啤酒股份有限公司（以下，青島ビール）との合弁企業を解消し，全
　　株式を青島ビールに譲渡するとして契約調印に至っている．サントリーホールディン
　　グス株式会社ホームページ「ニュースリリース」『「中国ビール事業」合弁企業の株式
　　譲渡について（2015年10月19日）』．

にサントリーは経済事情や社会状況の変化に伴う消費者嗜好を見事につかんで「二極化戦略」を実施してきた．具体的には，本物志向で最高級の「プレミアムビール」と第3のビールと呼ばれる低価格志向の「ビール系飲料」の開発に力を注いでいる．

2　大規模化の追求と独占禁止法

　ここでは，国内のビール業界，ひいては食品・飲料業界全体の大型再編のきっかけになるとして大きな話題となったサントリーとキリンの「経営統合計画」に関する事例を紹介すると同時に，競争政策，独禁法の観点を考慮しながら私見を述べておきたい．

　2009（平成21）年7月13日，2011年春をめざして両社の経営統合が発表された[20]．この両社の統合が独禁法に抵触しないか，の審査に向けて準備を開始すべく，両社は同年9月15日に公正取引委員会（以下，公取委）に事前相談の申出を行ったことで，公取委は審査に必要な不足資料の提出を要請し，資料が整い次第，審査手続き段階に入っていくはずであった[21]．ところが，なかなかすべての資料が提出されなかったことから，公取委側がむしろ「審査に必要な追加資料の提出を求めているが全資料が揃わないと受け付けないわけではない」との柔軟な姿勢を取っていた[22]．

　その後，2010（平成22）年2月8日，両社は最終的に交渉打ち切りを決定したのである．サントリー側は「統合新会社のあるべき姿を検討していくなかで，統合比率をはじめ，キリン社との間に認識の相違があり，今交渉において当社が追い求めている新会社の実現は難しいと判断し，交渉を終了することを決定」すると発表した[23]．一方，キリン側は「公開会社として経営していくことを前提に，経営の独立性・透明性が十分に担保されるべきと考え……この点につきサントリー社との間で認識の相違があり，同社が目指す『グローバルリーディン

---

20)　『日本経済新聞』（朝刊）2009年7月13日，1面．

21)　公正取引委員会ホームページ（報道発表・広報活動）「平成21年10月28日付　事務総長定例会見記録」より．

22)　公正取引委員会ホームページ（報道発表・広報活動）「平成22年1月13日付　事務総長定例会見記録」より．

23)　サントリーホールディングス株式会社ホームページ「ニュースリリース」『キリン社との経営統合交渉の終了について（2010年2月8日）』．

グカンパニー』として，国内外のお客様・従業員・株主をはじめとした全ての
ステークホルダーから理解・賛同を以って受け入れられる会社の姿を描くこと
が困難であると判断し，交渉を終了することを決定」すると発表した[24]．

　ここで指摘すべきは，一般的に，経営統合（M&A）が企業にとっての成長戦
略の一手段として定着してきたために，経済的・社会的な問題を生み出すケー
スも数多く散見されるにもかかわらず，逆に様々な産業部門におけるM&Aの
案件がますます増加の一途をたどっていることである．それゆえ，今回，もし
も両社の経営統合計画が進んでいた場合，独禁法，および「消費者利益」の視
点からどのように考慮されるべきか，について論じておく必要があろう．

　公取委としては，国内外双方のビール市場の環境（売上高，集中度，市場支配力，
製品差別化，等）を総合的に審査・分析し，統合承認の有無を決定するわけだが，
国内ビール市場では両社の合計シェアは約50％，合計売上高が約3兆8200億円[25]
という圧倒的立場を有することで市場支配力が増大し，業界のリーダーシップ
を容易に図れることは確実であったと思われる．さらに，両社の販売商品を比
較すると，ビール，ビール系飲料のいずれのジャンルにおいても非常に活発な
競争関係にある商品が多い．消費者にとっては豊富かつ自由な選択肢がある状
況が望ましいわけだが，統合することで両社の似通った商品はカニバリゼー
ションを生む公算が大きいため，ブランド整理も行われる過程において販売中
止の商品も数多く出てくる可能性も生じるであろう．結果的に市場における商
品の種類が減少し，消費者の選択肢が狭まってしまう．

　このように両社統合後の国内市場への影響を鑑みれば，むしろ両社が強力な
競争関係にあることで，互いに新商品の開発・販売へのインセンティブが働き，
イノベーティブな市場が保障されるといえよう．それゆえ，国内の消費者利益
の向上，市場の活性化にとっては統合白紙がむしろ評価されることになる．

　一方で，世界市場における日本のビール各社の企業規模は決して大きいわけ
ではなく（後述），公取委は，今後，日本の企業が海外にて新たな事業展開によっ

---

24)　キリンホールディングス株式会社ホームページ「ニュースリリース」『サントリー社
　　との経営統合交渉の終了について（2010年2月8日）』．
25)　ここで注視すべきは，世界ビール企業の売上高ではABインベヴが第1位であるが，
　　世界総合食品・飲料メーカーとしての売上高でみれば，両社が統合すればABインベヴ
　　の売上高を抜く規模となり，ネスレ，ユニリーバ，ペプシコについで第5位となって
　　いたことである．

て市場を拡大出来るような独禁法の判断基準を示していくことが必要である。[26]

　そもそも今回の統合破談の主たる原因は，① 上場企業と非上場企業による統合比率条件の不一致，② 全く異なる企業文化を有する両企業統合後の経営方針の相違，組織内部の摩擦の懸念，と考えられる。

　サントリーは創業以来，非上場での経営を貫くと共に，既述のとおり「やってみなはれ」精神に基づく独自の企業文化を築いてきた歴史がある。よって，もしも両社が経営統合を実現していた場合，とくにサントリーのユニークで創造的な企業体質，そして攻めの企業戦略が失われていく可能性は大きかったと言えよう。

　ところで，その後のサントリーの行き方で，注目すべき2つの決定を簡単に紹介しておきたい。

　まず1つは，2012（平成24）年12月18日，グループ企業の1つであるサントリー食品インターナショナル（以下，サントリー食品）を東京証券取引所に上場する方針を公表し，ついに非上場経営から決別したことである。[27] 柔軟な経営体制を維持しつつも，今後，ますますグローバル化し，企業間競争が激化する食品・飲料市場を見据えた場合，さらなる事業拡大のための豊富な資金調達も必要である。それゆえ，サントリーはビールを含む酒類部門よりも約2倍の売上高を誇る食品・飲料部門，サントリー食品の株式上場を実現したことで，創業家一族の高い株式比率は保持しながらも，投資家（株主）の理解を得ながら資金獲得をめざすと思われる。

　もう1つは，2014（平成26）年1月13日，アメリカ蒸留酒メーカー，ビーム（Beam）

26）　なお，世界ビール市場において，2008（平成20）年のインベヴ（世界第2位）によるアンハイザー・ブッシュ（同第4位）の買収劇は，世界シェア約20％を有する世界第1位の新企業，ABインベヴが誕生することから大きな話題を呼んだが，当事例について米国，EU，アメリカの競争当局は問題視していない一方で，当時，独禁法を制定したばかりの中国は，青島ビールに出資しているアンハイザー・ブッシュが関わっていることから詳細なる審査を実施し，最終的に自国ビール会社の保護の観点から条件付きで承認した。

27）　サントリーホールディングス株式会社ホームページ「ニュースリリースNo.11637」（2012年12月18日）『サントリー食品インターナショナル株式会社 2013年―2015年中期計画』。その後，翌年7月3日，東証1部において上場を果たす。同「IRニュース」（2013年5月29日）『サントリー食品インターナショナル株式会社の新規上場承認に関するお知らせ』。

社を総額160億ドルで買収すると発表したことである[28]. 当買収は洋酒部門の内容なので詳細は別の機会に譲るが, 両社を合わせた売上高は43億ドル超, 世界第 3 位の蒸留酒メーカーとなると共に, 日本の食品・飲料市場における事業規模においてサントリーがついにキリンを凌ぐことになったのはまことに興味深い.

第 3 節　ビール産業のこれからの課題

1　国内市場の限界と世界市場の積極的開拓

　日本のビール市場は, 高齢化に加えて今後もさらに人口減少が続くことから国内の市場拡大には限界があるため, ビール各社は世界市場を視野において, アジア, アメリカ, ヨーロッパはいうまでもなく, 今まで進出が遅れていた中南米, アフリカ圏といった市場への開拓に目を向けることは不可欠である. 実際のところ, ここ数年, 大手各社いずれも海外の現地企業との資本提携やM&Aによる事業展開に積極的であり, 全売上高に占める海外売上高比率を高めている.

　また, 21世紀に入って世界のビール市場においてもクロスボーダー型のM&Aが急増しており, 寡占化が進んでいる. 日本のビール産業は国内市場では大手 4 社の高度寡占産業ながらも, 世界市場に目を向ければ, 世界最大手のアンホイザー・ブッシュ・インベヴ（Anheuser-Busch InBev：以下, ABインベヴ）

---

28)　サントリーホールディングス株式会社ホームページ「ニュースリリースNo.11942」（2014年 1 月13日）『サントリーホールディングス（株）によるビーム社買収について』. その後, 欧州委員会は当買収の審査を完了し, 同年 4 月22日に承認した（Press releases database: European Commission - MEX/14/0422, Date: 22/04/2014, Mergers: Commission approves acquisition of US spirits company Beam by Suntory of Japan）. この審査承認を受けて, サントリーは, 同年 4 月30日にビーム社の全発行済株式取得の完了, および買収後の新会社名を「ビーム サントリー（Beam Suntory）」と変更することを発表した. サントリーホールディングス株式会社ホームページ「ニュースリリースNo.12050」（2014年 5 月 1 日）『サントリーホールディングス（株）によるビーム社株式取得完了について』. この買収後の動きで顕著なのは, 酒類および清涼飲料などを主軸に事業を集中化・強化していることである. 現にサントリー傘下にあったハンバーガー店チェーンの「ファーストキッチン」, サンドウィッチチェーンを展開する子会社（株式65％保有）の「日本サブウェイ」などの株式を次々と売却している（『日本経済新聞』（電子版）2016年 1 月21日, 5 月23日）.

が30％超を占めているのをはじめ，続くハイネケン（Heineken）の２社で40％
超を占めており，日本のビール各社のシェアはわずか３％前後の状況にとど
まっている（**表9‐3**）．

　ここで，ABインベヴについて触れておきたい．同社はここ10年ほどの間に
ベルギー，アメリカ，メキシコ等の名門ビールメーカー会社との間で次々とク
ロスボーダーM&Aを繰り返してきたいわゆる巨大多国籍企業である．近年の
先進国のビール消費量が頭打ちしている状況を見れば，今後もさらなる経済成
長が見込まれている新興国，[29] および発展途上国のビール需要の伸びに世界の
ビールメーカー各社は大きな期待を寄せている（**表9‐4**）．そのような状況で，
ABインベヴは戦略的なM&Aによって世界のかなり有望な地域（国）の市場を
着実に獲得してきたため，他社に比して圧倒的な地位と市場支配力を有してき
たのである．そして，2015（平成27）年11月11日，ABインベヴが当時世界２位
のサブ・ミラー（SAB Miller：以下，SABミラー）を710億ポンドで買収すること
を発表したことで，世界のビール業界にさらなる大きな衝撃を与えた．両社の
統合が世界各国の競争法（独禁法）に抵触することを避けるべく，早々にABイ
ンベヴ，ならびにSABミラーの各ビール関連事業部門をライバル企業に売却
する動きがみられた．[30] そして，2016（平成28）年に同買収における世界各国の
一連の審査・承認の手続きを経て，[31] ついに同年10月10日に統合が完了したので
ある．[32]

表9‐3　ビール市場シェアの世界ランキング

順位	企業名（本社所在地）	市場シェア（％）
1	ABインベヴ（ベルギー）	31.4
2	ハイネケン（オランダ）	11.2
3	華潤ビール（中国）	6.5
4	カールスバーグ（デンマーク）	5.8
5	モルソン・クワーズ（米国）	5.1

出所：各社資料をもとに筆者作成．

---

29)　BRICs諸国の中でも，とりわけインドのビール市場の拡大に期待が集まる．というの
　　も，元来は宗教上の理由から飲酒行為に対してネガティブなイメージが強く，国民１
　　人あたりの消費量が少なかったが，近年の急激な経済成長と共に若年層の所得が増加
　　し，また都市部では欧米文化が普及していることからビールへの需要が高まっている．

表 9-4　世界国別ビール生産量ランキング（10年前との比較含む）

18年順位	2018年				2008年	
	国名	生産量（kl）	増加量（対08年差kl）	増加率（対08年%）	生産量（kl）	08年順位
1	中国	38,927,200	−661,400	−1.7%	39,588,600	1
2	アメリカ	21,460,700	−1,601,100	−6.9%	23,061,800	2
3	ブラジル	14,137,900	3,797,000	36.7%	10,340,900	5
4	メキシコ	11,980,000	1,246,300	11.6%	10,733,700	4
5	ドイツ	9,365,200	−925,900	−9.0%	10,291,100	6
6	ロシア	7,747,000	−3,653,000	−32.0%	11,400,000	3
7	日本	5,108,300	−1,024,100	−16.7%	6,132,400	7
8	ベトナム	4,300,000	2,846,800	195.9%	1,453,200	25
9	イギリス	4,228,200	−732,900	−14.8%	4,961,100	8
10	ポーランド	4,093,000	533,000	15.0%	3,560,000	9
11	スペイン	3,837,000	497,000	14.9%	3,340,000	10
12	南アフリカ	3,135,000	545,000	21.0%	2,590,000	13
13	オランダ	2,453,000	−265,100	−9.8%	2,718,100	12
14	インド	2,360,000	980,000	71.0%	1,380,000	27
15	コロンビア	2,276,600	376,600	19.8%	1,900,000	19
16	フランス	2,237,500	794,500	55.1%	1,443,000	26
17	フィリピン	2,220,000	890,000	66.9%	1,330,000	28
18	カナダ	2,165,000	−201,200	−8.5%	2,366,200	15
19	ベルギー	2,100,000	295,600	16.4%	1,804,400	21
20	韓国	2,004,200	142,700	7.7%	1,861,500	20
21	チェコ	1,995,600	74,000	3.9%	1,921,600	18
22	タイ	1,927,900	−207,100	−9.7%	2,135,000	16
23	アルゼンチン	1,914,000	364,000	23.5%	1,550,000	23
24	ウクライナ	1,807,000	−1,396,000	−43.6%	3,203,000	11
25	ナイジェリア	1,800,000	260,000	16.9%	1,540,000	24
	世界総合計	191,060,000	8,781,392	4.8%	182,278,608	

出所：キリンホールディングスホームページ（ニュースリリース）「『キリンビール大学』レポート（2019年8月8日）」を一部筆者修正.

　この世界の趨勢を見据えて日本のビール各社も世界市場における知名度，企業ブランドをさらに高めていくことが喫緊の課題と言える．目下，世界市場における企業規模は小さいながらも，日本のビールは高品質，およびジャンルが豊富であることが最大の特徴であり強みでもある．それゆえ，海外進出予定（もしくは候補）地域のビールに対する国民の嗜好や消費傾向等をしっかりと市場調査した上で，各社は豊富なジャンルの自社商品の特徴を海外諸国で大いにPRしながら販売強化に力を入れていくことが重要と思われる．日本のビール各社はABインベヴと同じ土俵で競争することは非常に困難をきわめることから，ABインベヴよりも比較的早くからアジア市場への進出を果たしてきた強みを活かして現地企業とのM&Aや資本・技術提携について積極的かつ迅速な交渉が求められる．

30)　事業部門の主たる売却先として日本企業であることが興味深い．具体的に，アサヒは同年10月にSABミラー傘下の西欧（英国，イタリア，オランダ）のビール事業を約25.5億ユーロ，そして同12月には中東欧5カ国（チェコ，ポーランド，ルーマニア，スロバキア，ハンガリー）のビール事業を約73億ユーロで買収合意したことを発表した．さらに，2019年7月，アサヒはABインベヴから同社傘下の豪カールトン＆ユナイテッド・ブルワリーズ（CUB）を160億豪ドルで買収すると発表した．アサヒGHの小路明善社長（当時）はインタビューにおいて，「日欧豪の3極で（生産や販売など）グローバルに展開する事業基盤を完成させる」と応じている．『日本経済新聞』2019年7月24日．

31)　例えば，欧州委員会は当買収の審査を完了し，ABインベヴに対し，SABミラーの欧州におけるほぼ全事業の売却提案を確約したことによって，同年5月24日に承認を発表した．詳細については，"Mergers: Commission approves AB InBev's acquisition of SABMiller, subject to conditions"（https://ec.europa.eu/commission/presscorner/detail/en/IP_16_1900, 2021年6月24日閲覧）．

32)　なお，その後，欧州委員会は，2017年11月30日，新会社のABインベヴに対し，自国内における同社のビール販売について市場支配的な地位を濫用し，オランダおよびフランスで販売されている同商品の卸売業者に対して低価格で輸入することを妨害していたとして，競争法違反の疑いで異議告知書を送付したことを明らかにした．よって，当該行為違反により2019年5月13日，2億ユーロの罰金を命じている．

33)　既述のとおり，近年のクラフトビールの人気上昇と自宅飲みをまさに掛け合わせた販売手法として，キリンビールは，ビールサーバーをレンタルし，専用ビールボトルを自宅に届ける会員制定額サービスを2021年3月から開始し，巣ごもり需要にも積極的に対応している．

2　画一化から多様化を見据えた経営戦略

　すでに指摘したように，日本のビール市場自体は縮小傾向にあるため，ビール各社の間ではビールの「代替商品」としての発泡酒，第3のビール，さらにはビール風味飲料まで幅広いジャンルの商品の開発競争が日々活発に行われている．

　もはや各社の商品の原料，味，価格に対する画一化に終止符が打たれ，多様化の流れに大きく舵が切られている状況下，各社は独自に核（コア）を据えたさらなる経営戦略の必要性が問われているといえよう．例えば，プレミアムビールと低価格のビール系飲料の「二極化」への対応，健康志向に配慮した低カロリー商品の開発，小売業者向けPB商品の開発，飲酒運転・未成年者飲酒防止への取り組みなどが挙げられる．

　そして2020（令和2）年の新型コロナウィルス感染拡大で，ビール大手4社は外出自粛や飲食店舗休業による影響が甚大で業務用の酒類販売が大きく落ち込み，4社共に大幅減収を余儀なくされた．その一方で，巣ごもり需要と家計の節約志向に応えた商品として，ビールよりも安価な「第3のビール」の売れ行きが増加し，実際のところ2020年上半期において第3のビールの販売量がビールの販売量を初めて上回ったのである．[33]

　近年，ビール大手4社すべてが，もともと子会社であった飲料・食品企業を統合し，「総合飲料・食品メーカー」としての持株会社を設立することで事業基盤と企業規模を大幅に強化している．今後のさらなるグローバル化に対応する意味でも，もはやビール企業としてではなく，総合飲料・食品メーカーをめざす傾向にある．

　それゆえ，ビール部門とそれ以外の飲料・食品部門との相乗効果をいかに発揮していくか，が大きな課題であり，現に持株会社としての総合飲料・食品全体の世界売上高ランキングとしては，ABインベヴとハイネケンに次いで，サントリー，アサヒ，キリンが並んで上位を占めている．

■ おわりに

　以上，日本のビール業界の歴史的概観，および具体的な企業の事例も紹介しながら，今後の課題について検討した．

　日本のビール業界はもともと高度寡占産業であって，ビール各社はかなりの

企業規模を有し，加えて酒税，特約店販売制等の数多くの規制の下，戦後から高度経済成長時代あたりまで「キリンの独走（独占）体制」と「画一的な味」というイメージが強くあった．

しかしながら，その後，キリンの独走体制に一定の歯止めをかけたことから，業界内の活発な企業間競争も可能となり，さらには企業努力のインセンティブの向上で多くのヒット商品が登場することとなったのである．

現在，国内ビール市場での成長に限界があることから，日本のビール各社は今後も成長の見込める海外市場へ積極的に進出している．その際，海外の巨大企業に伍していくため，あらゆる手段を講じて企業規模の追求をめざす状況にある．一方で，世界各国の競争当局は，近年の国境を超えた大型M&Aの増加が及ぼす経済的・社会的影響に目を光らせており，ビールメーカー各社は自社のめざす規模拡大の手法が果たして良好な経済成果を伴うものであるか，企業内部での詳細・緻密な検証が非常に重要となるであろう．

演習問題

1．第2次大戦後から1970年代まで続いたキリンビールの独占（独走）体制が，崩壊することになった理由について説明しなさい．

2．キリンビールとサントリーがもし経営統合を実現していた場合，国内のビール市場ではどのような経済的影響が起こり得ていたかについて論述しなさい．

3．近年の国内市場の限界の要因と世界市場へ挑戦する際，どのような課題があるかについて論じなさい．

第10章　医薬品産業

┃ は じ め に

　医薬品産業は，我々の日々安心，健康な暮らしを支える重要な産業であることはいうまでもない．戦後，日本の医薬品メーカーは，政府の保護育成政策に伴う厳格な規制の下，積極的な研究開発によるイノベーションの向上に伴って，質の高い医薬品を我々に提供してきた．

　近年，日本の医薬品業界は転換期をむかえている．その主たる要因として，1つは1990年代前後に国内外で多くの新薬が製品化されたが，これらが一斉に特許切れとなる時期として重なった「2010年問題」，およびジェネリック医薬品の台頭が挙げられる．そして2つめは，少子高齢化の急速な進展により，国の医療費の財源が逼迫している状況で，薬剤費の負担縮小を含む医療費抑制策が実施されていることである．3つめは，世界の医薬品市場での大型M&Aが急増している状況において，日本の医薬品メーカーが生き残るための戦略的行動が求められていることである．

　さらに，2020年の新型コロナウィルス感染のパンデミック問題に対する医薬品メーカーのワクチン研究・開発・実用化に至るまでの驚異的なスピードと全世界における今後の対応や課題についても考えねばならない．

　このような現状をふまえて，本章では，まず（1）医薬品産業にかかる政府規制について概観する．ついで（2）ジェネリック医薬品への注目と課題について検討した上で，最後に（3）医薬品業界の再編と企業戦略，および新型コロナウィルスへの対策についても指摘する．

┃ 第1節　日本における医薬品産業と政府規制

1　「国民皆保険制度」の開始と医薬品業界の成長

　日本の医薬品産業は，従来より厚生省（現，厚生労働省）の管轄の下，健康・

安全面を中心とした数多くの厳格な政府規制が敷かれながら独特の成長を遂げてきたが，ここで，現在，世界市場で見た場合，日本の医薬品産業は，自由で活発な企業間競争を展開してきた自動車産業や家電産業などに比して国際競争力がきわめて弱い産業の１つとして位置づけられる．

　戦後の日本は，慢性的な食糧不足状態と劣悪な衛生状態で伝染病も発生していたために，貧困者への生活支援や公衆衛生の改善，医薬品の供給の対策が喫緊の課題であった．それゆえ，戦前まで医薬品は欧米の輸入が中心であったが，戦後に国内において医薬品製造のための設備が次々に新設され，抗生物質のペニシリン，結核特効薬のストレプトマイシンが国産化に成功したことで，日本の医薬品産業は成長のきっかけをつかむことになる[1]．また，法律の面では，1947（昭和22）年に保健所の再建および「栄養改善法」の制定，1948（昭和23）年には戦前の国民医療法が廃止され，「医師法」，「歯科医師法」，「保健婦助産婦看護婦法」などの資格法や「薬事法」と共に新たな「医療法」が制定されたのである．

　さらに1961（昭和36）年，「国民皆保険制度」[2]が開始されたことで，国民は医療機関への受診が容易となり，それに伴って医薬品の需要も急増する．また医療機関の相次ぐ新設によって医薬品業界の市場規模は，この時期にアメリカに次いで世界第２位に成長するまでに至ったのである．一方で，医薬品の副作用が大きな問題となってきたため，製品としての安全性・有効性・品質にかかる厳格な承認規制の導入にふみきり，その結果，それまで日本の各メーカーがライセンス依存していた欧米の医薬品メーカーの新薬は承認の対象から外れるも

---

1 ）　当時の日本では医薬品に関する特許として「製法特許」のみが認められていたこと，また政府の産業保護育成政策の一環として1975（昭和50）年の「資本取引の自由化」まで外国企業の参入を制限していたことから，日本の医薬品メーカーは，外国企業から製造技術とのライセンス契約を通じて新薬を製造していた．詳しくは,吉森編［2007: 226-227］．

2 ）　日本では全国民に健康保険加入を義務化していることによって，国民は病気やけがを医療機関にて診療してもらう際に窓口での保険証の提示で（職業や年齢によって負担額や給付額は変動するが），基本的に７～９割引の金額で受診出来る．「国民皆保険制度」が整備されるまでの詳細なる経緯とその後については，印南編［2011:49-56］．なお，2021（令和３）年６月５日，年収200万円以上の単身世帯75歳以上，および複数世帯の年収合計320万円以上の後期高齢者に対して医療機関で支払う医療費の窓口負担を２割に引き上げることを盛り込んだ医療制度改革関連法案が可決された．導入時期は2022（令和４）年10月以降となる予定である．

のも多くなった．そこで，日本の医薬品メーカーは新薬において独自の研究開発を進めていくことになる．

それでは，次に，医薬品業界にかかる規制について概観しよう．

2　医薬品産業を取り巻く政府規制

医薬品は人間の生命に関わるものであるため，取り扱い・取引方法や各種プロモーション活動について「薬事法」を始めとして，薬事法に関する様々なルールによって規制されている．薬事法では，医薬品の品質，安全性，有効性を確保するために必要な規制が多数存在する．主たる規制の具体的な内容として，① 製造・輸入承認，② 販売許可，③ 広告，④ 製造表示，⑤ 添付文書（副作用報告），⑥ 研究開発に関わる規制，等である．

さらに「薬価基準制度」も医薬品産業には大きく影響する．現在，日本の医薬品市場は米国に次いで世界第 2 位の市場規模を有している一方で，世界に占めるシェアは新興国の医薬品市場の躍進に押されて縮小傾向にある（後述）．日本市場が伸び悩んでいる大きな要因の 1 つとしてこの「薬価基準制度」が挙げられる．

「薬価」とは国がそれぞれの医薬品に定めた値段（公定価格）のことであり，新薬としての承認の際に決定される．日本では，医薬品価格の設定について，厚生労働省が品目ごとに（製造コストや研究開発費の検証，類似性・新規性の有無や諸外国との比較などの）詳細な調査を行って薬価を定めることになっている．医薬品によって下げ幅は異なるが，発売後10年以内の医薬品においては原則として 2 年ごとの価格見直しで約 3 〜 7 ％ほど薬価が引き下げられてきたが，2021（令和 3）年から毎年見直しが実施されることとなった．医薬品メーカーが卸業者に出荷する値段が安いほど薬価の下げ幅は大きくなる．出荷時の金額については，厚生労働省が定期的に調査を行なってきたところであるが，この薬価の算定方式をめぐって，年々，医療費の増大をまねく主要な要因であり，また，結果的に国民負担の増大につながり，消費者利益が損なわれることから，政府も薬価に関する改善策を近年，頻繁に講じている状況にある[3]．

一方で，今後，政府が大幅な薬価の引き下げのみを単に実施し続けていくと，日本の医薬品メーカーの利益率がますます低下し，新薬のための研究開発投資に多大な影響を及ぼすとして国内から海外への事業シフトが加速する公算も大きくなる．よって，各メーカーの研究開発意欲を削ぐことのなきよう，政府は

薬価と薬効の関係について適正に審査・評価出来る仕組みの確立が何より必要である．

　また，先述の薬事法も医療をめぐる科学技術の飛躍的な進展により，医薬品の研究開発が向上していく中で，その都度改正されてきた．21世紀に入ってからの大きな改正として，まず，医薬品産業もバイオ医薬品やヒトゲノム技術（後述）などの研究開発が広がり出したことを受けて，2005（平成17）年，医療機器の安全対策の充実化，および「製造承認」から「製造販売承認」制への改正が挙げられる．従来は医薬品の製造については，一部工程でのアウトソーシングのみ認められていたが，今回で全面的なアウトソーシングが可能となり，今後は医薬品製造のアウトソーシングが増加すると思われる．

　2009（平成21）年の改正では，一般用医薬品（Over-The-Counter: OTC）の一部について，薬剤師不在の店舗（例えば，コンビニエンスストア，スーパー，家電量販店など）販売を可能とする規制緩和の実施が挙げられる．この規制緩和により，一般用医薬品（副作用・リスクの程度に応じて第一類医薬品，第二類医薬品，第三類医薬品に分類）の第一類医薬品は従来からの薬剤師の情報提供を受ける「対面販売の原則」が維持されたが，第二類，および第三類医薬品については，薬剤師または「登録販売者」による販売・授与が認められることとなった．したがって，

3）　なお，新薬の薬価は，類似の効能を有する既存の類似薬と比較して適用される「類似薬効比較方式」と過去に類似薬が存在しない場合に適用される「原価計算方式」に区分されている．なお，2010（平成22）年に薬価制度が全面改訂された中で「新薬創出・適応外解消等促進加算方式」が試行的に導入された．この方式は，特許切れ前の新薬の薬価を特許期間中は据え置き，特許切れの際にジェネリック医薬品が発売された時点で一気に下げるというものである．この方式の導入によって，薬価の下げ幅がある程度縮小したことで得られた収益がいかに新たな医薬品への研究開発投資につながるかを今後詳細に検証する必要があろう．さらに，2016（平成28）年4月には「特例拡大再算定制度」も導入され，年間1000億円以上の売上がある医薬品については薬価を最大25％，1500億円以上の売上であれば同50％に引き下げることとなった．このことを受けて，当時，超高額の抗がん剤「オプジーボ」の価格を2017（平成29）年度に引き下げることとなった．さらに1年間使用すると1人あたり3500万円かかるのが，最大25％引き下げると共に，2018（平成30）年度には超高額薬価格を見直す制度を導入する．

4）　2009（平成21）年施行の改正薬事法で新設された一般用医薬品を販売する資格の1つである．この資格取得のために，一定の実務経験等を有し，免許権者としての都道府県知事の行う試験に合格せねばならない．

医薬品の取り扱いが新たに可能となった異業種産業としてのコンビニ，スーパー，家電量販店の間における値下げ競争が激化していると同時に営業時間の延長を実施する店舗も多くなり，消費者にとって利便性は大いに向上したといえよう．目下，店舗によっては高コストの薬剤師から登録販売者へ徐々に配置替えしていく傾向にあり，登録販売者の育成に積極的である．

　ここで，2009年の薬事法改正に関連して，厚生労働省が「インターネットによる副作用リスクが中低度の一般医薬品の販売禁止」の省令を交付したことが大きな論争に発展した内容を簡単に言及しておく．日常生活における様々なICT利用の拡大に伴い，インターネット販売の利用者も急増していた状況で通信販売事業者からは常に安全・安心を担保する販売手法の維持・整備に取り組んでおり，このたびの販売禁止という規制強化の決定は「営業の自由」を不当に侵害しているとして批判が相次いだ．そして，ついにネット販売禁止の取り消しを求めて一部事業者が行政訴訟を起こすまでに至る．その後，裁判は約3年半も迷走することになるが，最終的に事業者側の勝訴で決着する[5]．このような一連の経緯によって，医薬品の「ネット販売は危険，対面販売は安全」という単純な論理は通用しなくなり，厚生労働省も2014（平成26）年6月，医薬品の販売規制および分類（**図10-1**）について改めて見直しを行った[6]．

　さらに2014年の改正では，これまでの「薬事法」という名称から「医薬品，医療機器等の品質，有効性及び安全性の確保等に関する法律」（以下，「薬機法」）へ名称変更されたことは注視されることであろう[7]．この「薬機法」の主たる特

5）　当初，2009〜2011年の2年間，離島や継続利用者に限ってのみ通販を認める暫定措置が取られたため，2009（平成21）年5月，通販業者のケンコーコム株式会社と有限会社ウェルネットの2社が厚生労働省の省令は違法だとして，販売権等の確認や省令の取り消しを求めた．2010（平成22）年3月30日，一審での東京地方裁判所は原告敗訴の判決を下したが，控訴審の東京高等裁判所は2012（平成24）年4月26日に原告勝訴の逆転判決を下した．これを受けて，同年5月9日，厚生労働省はネット販売の経過措置を2013（平成25）年5月31日まで延長した一方で，逆転敗訴の判決を不服として上告した．そして，経過措置の期間中である2013年1月11日，最高裁判所は第二審判決を支持し上告を棄却したことで厚生労働省の省令の違法が決定し，業者2社の逆転勝訴が確定したのである．
6）　厚生労働省ホームページ，「販売制度（ルール）の改正（平成26年6月12日施行）」．
7）　「薬事法等の一部を改正する法律」（平成25年法律第84号）及び「薬事法及び薬剤師法の一部を改正する法律」（平成25年法律第103号）による改正後の「医薬品，医療機器等の品質，有効性及び安全性の確保等に関する法律」．

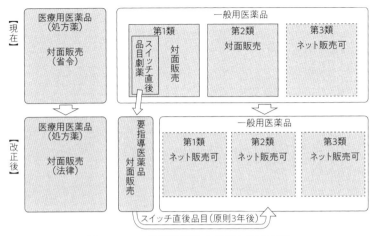

図10-1　一般用医薬品の分類と販売方法

出所:『一般医薬品のインターネット販売について』(厚生労働省医薬食品局総務課) 平成26年 7 月,
　　　p.3 より抜粋.

徴は,従来の医薬品の種々規制に加え,①医療機器も日々発展・高度化している状況で,これら機器を利用する際の安全対策の強化・徹底,②医療技術の進歩に伴って画期的な開発が進む「再生医療等製品」[8]を新たに定義づけ,これら製品の迅速なる実用化に向けた弾力的な規制の構築,である.

　上述のような一連の規制改革における医薬品の取り扱い店舗販売や販売手法の拡大で,利用者は症状の軽い病気であれば,病院に行かずに医薬品のみを身近な店舗やネットで購入出来る便利さを得た.その一方で,我々に求められることは,医薬品服用に関する情報や知識を正しく得ながら自分自身である程度治癒したり,体調や健康を管理する力を身に付ける「セルフ・メディケーション (self-medication)」への取り組みである.

---

8)　2012(平成24)年10月8日,京都大学iPS (induced pluripotent stem cell:人工多能性幹細胞) 研究所所長の山中伸弥教授がノーベル医学・生理学賞を受賞された.この喜ばしき事態に文部科学省もiPS細胞の実用化研究に対し,総額200〜300億円の研究費を10年にわたる長期支援で助成する方針を決めた.科学研究分野の国家支援は宇宙や原子力関係などの国家プロジェクトを除き,通常最長でも原則5年間とされている.iPS細胞の研究は国内における「最先端研究開発プロジェクト」の成功例でもあり,今後,これら省庁間の調整によって研究資金の選択と集中を進めながら,国を挙げての効果的な助成の在り方が課題と言えよう.

　もっとも重要な点は，（ネット販売事業者も含めて）多様な販売事業者が利用者に対していかなる利益と弊害をもたらすのか，を政府は責任をもって安全性の徹底的な調査と情報開示を通じて常に適切な規制改革を行うことである．

第 2 節　医薬品産業の「2010年問題」とジェネリック医薬品の台頭

　「ジェネリック医薬品（後発医薬品）」とは，新薬の特許が切れた後，開発したメーカーと異なるメーカーが同様の有効成分で製造・販売出来る医薬品のことであり，開発費にかかるコストが格段に安価ですむため，利用者は新薬の約2～7割の価格で購入が可能となる．

　図10-2 のとおり，日本は欧米に比べてジェネリック医薬品の普及が遅れていたが，その要因の1つとして医療保険制度の相違が挙げられるであろう．アメリカでは自由診療を基本としてきたため，日本のような国民皆保険制度が今まで整備されてこなかった．それゆえ，基本的にアメリカ国民は各自で民間保険に加入しなければならず，国民1人当たりが負担する医療費が高額であることから，全国民に占める無保険者の割合も多いという問題を抱えるともに，安価なジェネリック医薬品の普及率は高い傾向にある．[9]

　一方，日本では医師の処方箋が必要な「医療用医薬品」と薬局などで自由に購入可能な「一般用医薬品（大衆薬）」の2つに分類されるが，前者が全医薬品売上高の8割程度を占めているのが現状である．そして医薬品メーカーが独自に研究開発し特許取得した構造の化合物は，いわゆる「特許権（知的財産権）」として通常20～25年間，他のメーカーが勝手に製造・販売できない．

　すでに第1章で述べたように特許権は，企業のイノベーションのインセンティブ向上のため，一定期間の独占を認めるものである．医薬品業界は他の産業に比して新薬の開発には多額の研究開発資金と長い年月を要することはいうまでもない．それゆえ，もしも新薬の製造・販売における独占期間が全くなく，

9）　オバマ大統領は2008（平成20）年の大統領選挙戦に公約として掲げていた「医療保険制度改革（通称，オバマケア）」について大統領就任直後から取り組始めた．彼は議会において改革案の再三の説得に尽力したことで，2010（平成22）年3月23日の議会通過を経て成立するに至った．この法律の成立で2014（平成26）年1月より低中所得者層に対して必要最低限の医療保険加入が義務付けられ，州（または連邦政府）運営の医療保険取引所を通じて無保険者が医療保険を安価に購入する手続きが開始する．

常に「模倣」の危険に晒される状況にあれば，研究開発費用の回収および新たな研究開発投資は困難となる公算が大きいことから，基本的に特許権は非常に重要な役割を有することになる．

　日本では，1976（昭和51）年1月に医薬品の研究開発にとって画期的な「物質特許制度」が導入された[10]．この導入以後，各医薬品メーカーは大規模な研究開発投資を行うと共に，物質特許件数も増加させていったのである．

　経済学において，特許とイノベーションの関連性についてはすでに数多くの分析が行われている．特許権による保護は企業の研究開発の促進に大いにつながると考える議論がある一方で，過剰な特許権の保護はかえって独占権（市場支配力）の濫用につながると同時にイノベーションのインセンティブも低下（もしくは停滞）することから最終的に消費者利益の低下をもたらすという指摘もある．したがって，政府は特許保護とそれにかかるイノベーションの効果を綿

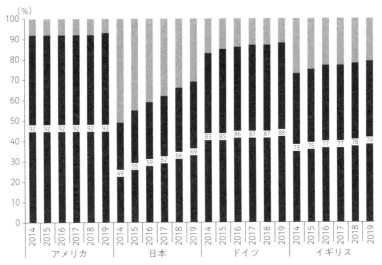

図10-2　ジェネリック医薬品使用率の推移の国際比較

出所：厚生労働省医政局経済課『後発医薬品使用促進ロードマップに関する調査報告書』（令和2年
　　　3月，p.364』より一部抜粋．

---

10)　なお，日本における現行の特許法は1959（昭和34）年に制定されたが，1976（昭和
　　51）年以前までは製法特許のみ認められ，医薬ならびに化学物質から製造される物質
　　の特許は物質特許から除外されていたのである．

密に調査した上で特許権に関する対策を講じることが必要である[11].

　ジェネリック医薬品は新薬と「同様の効能」があると説明されることが多いが, この際, 重要なのは「特許切れ」の解釈について注意を払わなければいけない点である. 一般的に特許切れとは「物質特許」を示しており, 医薬品の有効成分そのものである. しかし, この特許には「製法特許」および「製造特許」も含まれる. よって, かりに製法特許が存続している場合, 製造するジェネリック医薬品の成分として新薬と同様の添加物を含めることはできず, 結果として医薬品自体の効能も変わってくる. また, かりに製造特許が存続している場合, 新薬と同様の剤形の使用は認められず, コーティング手法の相違によって有効成分の溶解度も変わってくる. それゆえ, ジェネリック医薬品と新薬の相違点をふまえた上で, 我々は医薬品を選択することが大切である. なお, 特許切れ以降も引き続き高額な医薬品があるのは望ましいとはいえず, この場合, ジェネリック医薬品の存在が価格引き下げ圧力の効果を発揮すると考えられる.

　ところで, 2010年前後は世界の医薬品市場において大きな転換期といわれている. というのは, 世界の大手医薬品メーカーの医療用医薬品の中で「ブロックバスター (blockbuster：一般的に年間10億ドル以上の売り上げを有し, かつ薬効の高い医薬品)」と呼ばれる新薬の多くが一斉に特許切れとなる時期として重なったため, 医薬品市場に占めるジェネリック医薬品の注目と期待が急速に高まったからである. これ以前は, むしろ新薬とジェネリック医薬の対立構図の懸念が強調されてきたが, 近時の相次ぐ新薬特許切れをむかえ, まさに両者の関係は大きく変わるところとなった. 例えば, 従来は新薬製造が中心であった医薬品メーカーが, 特許切れの他社の新薬のジェネリック医薬品を製造することで, 今後, ジェネリック医薬品の売上利益を新薬の再投資に回す手法も増えてくる可能性がある. 現に, そのことを象徴するような事例として, 2010 (平成22) 年5月28日, 国内ジェネリック医薬品メーカー最大手の日医工株式会社とフランス医薬品最大手のサノフィ・アヴェンティス (Sanofi-Aventis) が資本・業務提携を行い, 合弁会社「日医工サノフィ・アヴェンティス」の設立を発表したことが挙げられる[12]. 合弁会社の出資比率はサノフィが51％, 日医工が49％で, さらに

---

11)　近時は, 特許権や著作権で保護されなくても発明や創作が活発に行われてきたことを実証する研究も出てきており, 知的独占か, 反独占かの最適な模索は時代の変化と共に続く. 医薬品産業と特許の関係性や世界各国の特許制度の歴史についてBoldrin and Levine [2008: Ch. 9] 参照.

サノフィ側は日医工の約150万株の第三者割当増資を引き受け，発行済み株式の4.66％を取得することで両社の提携関係を強化すると同時に，国内ジェネリック医薬品大手と世界医薬品メーカー大手としてのお互いの強みを発揮出来るという効果が期待された[13]．

　上記のように，ジェネリック医薬品の使用が年々増えている傾向にありながらも，市場で流通している既存の医薬品のみでは多くの難病や急増中の生活習慣病などに対する十分な治療には至らない．患者および医療現場にかかる様々なコスト上昇を考慮すると，画期的な新薬が1つでも多く商品化され，我々の早期治療や健康の増進につながれば，結果的に国としての医療関連費が安くなることから，新薬の研究開発および市場への流通拡大は将来にわたって不可欠である．

　一方で，医薬品メーカーにとって新薬の研究開発経費は医薬品の販売利益によるものであり，その医薬品も特許保護期間が切れると大幅な利益減少に陥る．それゆえ，医薬品メーカーは患者のニーズに沿った医薬品の開発よりも，むしろ大きな利益が見込まれる医薬品を中心に研究開発を進める傾向が強くなる．実際のところ，**図10-3**のように，他の産業分野と比較しても研究開発費の割合がかなり高いことが明らかである．それゆえ，医薬品メーカーは新薬の開発費用の早期回収の実現と再投資に結びつくメカニズムの構築が課題となる．

　ジェネリック医薬品が「2010年問題」に加えて注目されているもう1つの点

---

12) 日医工株式会社ホームページ，IRニュース（2010年5月28日）『日医工とサノフィ・アヴェンティスグループ　日本におけるジェネリック医薬品事業の戦略的提携に合意』．同合弁会社は，早速に同年9月に睡眠障害改善剤「アモバン」を販売し，2011（平成23）年1月にはさらに抗生物質の「セフォタックス」，「ケイテン」2剤を販売している．

13) その後の展開として，日医工の重大な不正管理事件に言及しておかねばならない．2021（令和3）年3月に不適切な品質管理を繰り返していたとして厚生労働省から業務停止命令を受けた．これまで政府にとってジェネリック医薬品の数量シェアを2020（令和2）年までに80％にする目標があったことで，各ジェネリック医薬品メーカーはその追い風に乗ってきた背景がある．現に，日医工は2014（平成26）年にアステラス製薬の子会社工場，2019（令和元）年にエーザイのジェネリック子会社，そして2021年2月には武田テバファーマからジェネリック医薬品486品目と高山工場を買収するなど，かなりの規模拡大路線を敷いてきたが，結果として医薬品そのものの管理・点検などが行き届かなくなっていたと言える．それゆえ，今回の事件は，ジェネリック医薬品そのものへの不信感，さらには使用を控える動きにも繋がりかねず，改めて医薬品業界の政府規制の重要性が問われる．

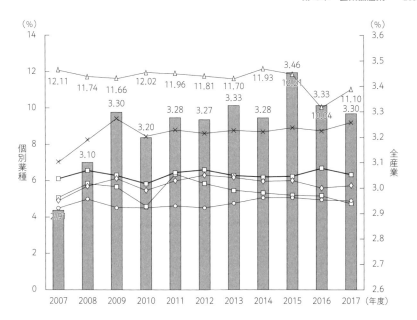

図10-3　国内産業分野における売上高に占める研究開発費の推移

出所：経済産業省産業技術環境局『我が国の産業技術に関する研究開発活動の動向——主要指標と調査データ——』（令和元年9月，p.21）より抜粋．

として，近年の急速な少子高齢化に伴う政府の医療費抑制政策の促進が挙げられる．国内においてジェネリック医薬品の使用が推進されれば，当然，医療費の削減・抑制，および患者の自己負担額の軽減につながる．周知のとおり，日本では高齢化に伴って年々国民医療費が増大していく状況にあるため，医療制度改革を迅速に進める必要がある．よって，今後も医療費抑制への動きが続く傾向にあること，さらには新興国の順調な経済成長過程における国民の生活水準の上昇と共に医療ニーズも高まりを見せ医薬品需要も上昇する傾向にあることから，ジェネリック医薬品市場の拡大は国内外の双方において続くとみられる．

　ここで問題になるのは，政府（厚生労働省）からのジェネリック医薬品に関す

る有効性，安全性，品質の面で国民への情報の開示がまだまだ不十分な点であろう．すでに述べているように，医薬品は人体に影響を及ぼすものであるため，単に安価な医薬品を提供するだけでは問題であり，政府は利用者に当医薬品の積極的な情報提供・支援策を講じていくことで，十分に安全性・効能が証明される医薬品の提供と品質管理体制の確立が第一に重要であることを強調しておきたい[15]．

第3節　日本の医薬品産業の再編と企業戦略

　海外の医薬品産業におけるM&Aが1990年代後半から急増し，いわゆる「メガ・ファーマ（Mega Pharma）」[16]が誕生した影響により，日本の医薬品産業も追随するかたちで21世紀初頭から急速に業界再編が進んできた．というのも，先述の「2010年問題」もあり，今後，新薬開発にかかる資金と年月を考慮すれば各医薬品メーカーは相当の体力増強が不可欠であるため，単純な企業規模の拡

14)　主たる国民医療費の内訳としては，薬局調整剤医療費，入院外医療費，入院医療費，歯科診療医療費，訪問看護医療費，などが挙げられる．平成27年9月3日，厚生労働省プレスリリース『平成26年度　医療費の動向　～概算医療費の年度集計結果～』によると，平成26年度の医療費（労災・全額自費等の費用を含まず）は前年0.7兆円増の約40兆円となり，そのうち75歳以上の医療費が約14兆5000億円で全医療費の36.3%を占めている．国際的にみれば，WHO（World Health Organization：世界保健機構）などの国際機関においても，発展途上国などの貧困層の医療援助にも活用したいとしてジェネリック医薬品の推進を世界各国に勧告している．

15)　利用者のジェネリック医薬品に関する品質への懸念・不安を払しょくするため，政府は「国立医薬品食品衛生研究所」において「ジェネリック医薬品品質情報検討会」を設けており，必要に応じて当該品目に関する試験検査を実施し，検査結果の公表を行って信頼の基盤を築いている．さらに，近年，注目されているのが医学的な妥当性を前提にして，かつ経済性にも優れた薬剤の処方を推進する指針で「フォーミュラリー」と呼ばれる．この指針は患者の症状や薬品の用途に応じて処方薬を順位付けするのが一般的な手法で，米国や英国ではこの指針のもと，医師が患者の薬品を選択することが主流であるが，日本の病院ではまだまだ少ない．

16)　例えば，1996（平成8）年にチバガイギー（スイス）とサンド（スイス）の合併によりノバルティスが誕生，1999（平成11）年にゼネカ（英国）とアストラ（スウェーデン）の合併によりアストラ・ゼネカが誕生，2000（平成12）年にはグラクソ・ウェルカム（英国）とスミスクライン・ビーチャム（英国）によりグラクソ・スミスクラインが誕生している．

大だけではなく，技術開発力，資金力，販売力，市場確保，さらには人材交流
に至るまでの成果をふまえてのM&Aが積極的に行われている．具体的には，
年代順に2005（平成17）年4月にアステラス製薬株式会社（山之内製薬＋藤沢薬品
工業）が設立したのを始めとして，同年9月の第一三共株式会社（第一製薬＋三共），
同年10月の大日本住友製薬株式会社（大日本製薬＋住友製薬），さらに2007（平成
19）年1月設立の田辺三菱製薬株式会社（田辺製薬＋三菱ウェルファーマ），などが
挙げられるが，世界の医薬品市場から見れば小規模なM&Aと言える．現に，
これら国内の業界再編が起こった上でも依然として国内最大手は武田薬品工業
株式会社（以下，武田薬品）であるが，世界2大トップメーカーである米国のファ
イザー（Pfizer）およびスイスのノヴァルティス（Novartis）と比べれば武田薬品
の売上げ，企業規模，ならびに国際競争力の差は歴然としていた．しかしなが
ら，ついに2018（平成30）年5月8日，武田薬品はアイルランドの製薬大手，シャ
イアー（Shire）の約460億ポンドでの買収を発表し，国内製薬業界を驚かせた[17]
のである．武田薬品はこの買収によって売上高世界第7位（当時）にまで上昇
することになるが，一方で巨額の有利子負債を抱えるところとなり，早速，事
業の選択と集中に乗り出し，主力外商品事業部門を次々とライバル企業に売却
した．
　ここで指摘すべきは，日本の医薬品産業のM&Aが国内の商法，独占禁止法
等の法規制の新たな動きにも大きく関連していることである．具体的には，
2006（平成18）年5月に「会社法」が施行されたことにより，買収企業は金銭，
その他の財産が合併における対価としてみなされることとなった．したがって，
被買収企業の株式や社債なども合併対価として認められ，さらに2007（平成19）
年5月から合併等対価の柔軟化が認められたと同時に「三角合併」が解禁され
たのである（**図10-4**）．この解禁は，とりわけ外国企業による日本企業の子会
社化，すなわちクロスボーダー型M&Aに活路を開くことを意味し，従来の国
内企業同士のM&A以上に増加する公算も大きいであろう．また，日本企業は
敵対的買収の標的となることのおそれから，多くの企業において買収防衛策を
講じることとなった．まさに日本国内の医薬品企業同士の相次ぐM&Aによる
産業再編も企業規模の拡大を防衛策の一手段として実施された側面は無視でき
ないと思われる．

---

17)　武田薬品工業ホームページ，ニュースリリース「Shire社買収完了のお知らせ」（2019
　　年1月8日）．

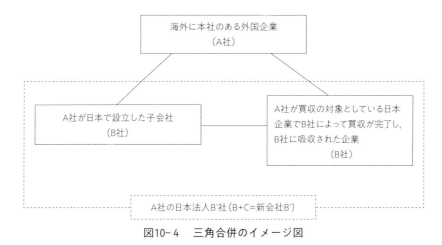

図10-4　三角合併のイメージ図

　以下では，かつての買収防衛に関する諸外国のM&Aとして，フランスの興
味深い事例を簡単に紹介しておく．

　2003（平成15）年の秋にフランスのサノフィ・サンテラボ（Sanofi-Synthélabo：
以下，サノフィ社）社が同国のアヴェンティス（Aventis）社に対してTOB（Take-
over-Bid：株式公開買い付け）の提案を行ったが，当初，アヴェンティス側は，自
社よりも企業規模の小さいサノフィ社に買収されることに強い抵抗を示し，自
己防衛を図るためにスイスのノヴァルティス（Novartis）社に友好的買収者（ホ
ワイト・ナイト）としての役割を依頼する．ところが，2004（平成16）年初頭，フ
ランス政府がアヴェンティス社とノヴァルティス社の統合計画は国益に反する
として介入する事態となる．具体的には，ラファラン（Raffarin, Jean-Pierre）首
相（当時）は，国内の企業同士のM&Aは雇用と国内利益を生むために大いに歓
迎されると主張し，さらにサノフィ側にアヴェンティス社の買収額の引き上げ
も要請したのである．このようなフランス政府の介入は諸外国から批判を受け
ながらも，最終的にEU委員会も医薬品市場の競争を阻害させないための諸条
件を課した上で，同年4月26日に当買収を承認し[18]，メガファーマの代表格であ
るサノフィ・アヴェンティス（Sanofi-Aventis）社」が誕生したという経緯があ
る[19]．

18)　Europa Press Relaease: Reference: IP/04/545, Date: 26/04/2004, Commission
　　approves planned acquisition of Aventis by Sanofi-Synthélabo subject to conditions.

　フランスは伝統的に自国の産業・企業に対する保護・育成政策に積極的であることから，あらゆる市場でグローバル化が進んでいる現在においても，クロスボーダー型M&Aによって自国企業が他国企業に買収されるケースには徹底的に介入し，阻止する事例は珍しくない（逆に，自国企業が他国企業を買収するケースには好意的に推進）と言える[20]．このようなケースは競争政策の視点からみれば種々問題も指摘出来るが，フランスでは経済的合理性よりも政治的な裁量判断が優位に働くことは枚挙にいとまがない．

▌ 第4節　医薬品産業のこれからの課題

　前節で見たように世界的には大型のM&Aが進んでいる状況を見れば，日本の医薬品メーカーの問題点は海外企業に比べて企業規模が格段に小さいことであると指摘されることも多かった．しかしながら，最近の医薬品・医療技術のさらなる高度化・多様化の状況では，むしろ研究開発から販売までに至るすべてのプロセスに自社のみで関わることの非効率性，コスト負担が浮き彫りになっていることから，企業規模が必ずしも企業経営にとって有利な条件とはいえず，独自の企業戦略が問われていると思われる．
　そこで，以下では，国内医薬品メーカーの企業戦略や課題について検討したい．

1　医療ニーズの多様化・高度化への対応
　2007（平成19）年8月30日，厚生労働省発表の「新医薬品産業ビジョン」[21]では，日本医薬品業界の将来の発展のための具体的施策（アクション・プラン）について詳細に提言しているが，その中で，医薬品メーカーのタイプを主として（a）

---

19)　なお，新企業はアヴェンティス社の買収に伴う銀行からの膨大な借入金の返済が経営負担となるが，事業基盤の拡大により，医薬品市場の主戦場であるアメリカでの営業・販売力の向上が期待されている．当社は，その後，2011（平成23）年5月6日に社名を「Sanofi」と変更している．

20)　医薬品産業以外では，電力産業，自動車産業，金融業などに対しても，海外企業からの買収を保護する立場を取ってきたことで，諸外国からの批判も受けながらも「ナショナル・チャンピオン（National Champion）」の矜持を保つため，政府介入は続けられている［和田 2011：23-24；53；59-62］．

21)　2007（平成19）年8月30日，厚生労働省『新医薬品産業ビジョン』p.36.

メガファーマ，（b）グローバル・ニッチ／カテゴリーファーマ，（c）ベーシックドラッグファーマ，（d）ジェネリック・ファーマ，（e）OTCファーマ，の5つに分類している．この中で，グローバル・ニッチ／カテゴリーファーマに注目すれば，「得意分野において国際的にも一定の評価を得る研究開発力を有する新薬開発企業，比較的規模の小さい企業でも大きな研究開発の成果を活かして成長していくケース（グローバルニッチファーマ）や得意分野に研究開発を絞り込んで国際競争力の強化を図るケース（グローバルカテゴリーファーマ）をめざすことが求められる」と記されている．よって，国内医薬品メーカーは，まさにグローバル・ニッチ／カテゴリーファーマ分野の優良企業をめざすべく，特異分野で高シェアを占めることで競争者との「差別化」を強みにした選択的M&Aを実施していくことは1つの有効な企業戦略になると思われる．

　周知のとおり，医療技術はめざましい発展を遂げていると共に，国民の医療ニーズもますます高まっている．いま，医薬品産業において，先述のジェネリック医薬品と共に成長が期待されるのが「バイオ医薬品」である．バイオ医薬品とは，「人体内の生体分子（酵素，ホルモン，抗体など）を応用して作られるバイオ技術をもとに体内の遺伝子組み換えや細胞の培養を活用した医薬品」のことで，従来の合成化合物型の医薬品に比して副作用が小さいというメリットもあり，がん，アルツハイマー，免疫性疾患の難病，などの領域において期待されている．我が国では優れたバイオ技術を有しながらも，他国と比べてこれまでバイオ系医薬品の開発，製造に力を入れてこなかったが，2003（平成15）年4月に「ヒトゲノム」解読が完了したことで，ゲノム技術を中心とするバイオテクノロジー関連産業は一気に注目されるようになった．ゲノム技術（ポストゲノム技術を含む）を応用した先端医療の代表的なものとして遺伝子治療，再生医療等があるが，この分野は産学連携における共同研究が積極的に行われている[22]．バイオ医薬品市場の拡大が進むと，今後はバイオ医薬品の後発薬（バイオシミラー：Biosimilar）の競争にまで広がっていくことは明らかである．そして，各医薬品メーカーは，バイオシミラーの臨床試験の研究成果が相次いで得られ

---

22)　例えば，京都大学iPS細胞研究所と大日本住友製薬株式会社との間において遺伝子の変異に起因する難治性希少疾患の1つに焦点を当てながら新規治療法の創成に関する共同研究等が挙げられる（大日本住友製薬株式会社資料「京都大学iPS細胞研究所と大日本住友製薬　難治性希少疾患新規治療法の創成に関する共同研究について」2011年4月25日付）．

始めると予測しており，バイオシミラーを視野に据えた企業戦略を立てながら画期的な新薬の開発を目指していく必要がある.

　ここで考慮すべきは，各医薬品メーカーが従来の基礎研究から薬事承認審査を経て製造，販売までの一貫したプロセスを単独で行う体制は変革期をむかえていることである[23].　というのは，上記のようにゲノム技術などの飛躍的な技術の進展により，ますます医療が高度化・多様化しているため，医薬品メーカーは新たな技術を創薬のプロセスに取り込むことが必要であるが，すべての技術を自社のみで開発することは資金面，時間的な制約から困難を要すると考えられるからである.　それゆえ，これらプロセスにおいて新技術開発の担い手としてのバイオベンチャー企業などが横断的に関わって特化した業務をアウトソーシングする「モジュール化」，あるいは「分業化」の動きを活用しながら，医薬品業界全体の効率的な資源配分を行っていくことが期待される.

　伝統的に医薬品産業は，新薬に関する研究開発力はもちろんこと，豊富な資金力を要するのに加えて厳格な政府規制が存在することから参入障壁は高い業界であった.　しかしながら，モジュール化によって，特異な技術力を有する小規模な医療系のバイオベンチャー企業は，多様化するニーズにも柔軟にかつ迅速に対応しながら医薬品産業に携わるチャンスがめぐってきたと考えられる.　それゆえ，このモジュール化の促進こそ，国内の新薬の開発力の強化，および個々の患者の遺伝子特性などを見極めて治療法を決定する「オーダーメイド医療」の普及にもつながると思われる.

　ここで，もう１つ，バイオ医薬品に関わる内容で興味深い傾向を述べておき

---

23)　日本における新薬の承認が他国に比して非常に時間がかかるという治験期間の長期化問題（ドラッグ・ラグ：drug lag）から抜け出すための手法として，日本の各医薬品メーカーは例えば米国企業とのM&Aを実現し，で現地にて医薬品の臨床試験から承認申請および審査の手続きを行うことで，スピード化を高めてきた.　一方，政府としても，行政刷新会議の中でも重点フォローアップ項目指摘事項として，より早い審査体制および承認審査の事前相談体制の強化を図ることをめざす検討を行っている.　2012（平成24）年６月29日『規制・制度改革委員会報告書（別紙２　重点フォローアップ項目指摘事項）』pp.155-159.そして，2014年６月に取りまとめられた「先駆けパッケージ戦略」の重点施策，および「『日本再興戦略』改訂2014」を踏まえて導入された「先駆け審査指定制度」に基づき，一定の要件を満たす画期的な医療機器や再生医療等品については承認審査の期間の短縮化することとなった.　厚生労働省ホームページ，「先駆け審査指定制度について」.

たい．それは異業種からの医薬品関連事業への進出およびM&Aの動きの加速化である[24]．異業種企業がベンチャー企業と並んで新たな医薬品の研究開発に一定の役割を担うことが期待される．

　日本の医薬品の市場規模は，約860億ドル（2018年度）に達したが[25]，米国，そして近年の中国やインドなどの新興国の医薬品市場の急成長の影響と共に，国内の相次ぐ薬価改定，消費税率UP，新薬の研究開発負担の問題もあって，世界市場に占める日本のシェアは低迷し続けている．

　このような国内医薬品産業を取り巻く環境を見ると，今後,日本の医薬品メーカーが巨額な研究投資により，新たなブロックバスターの開発で収益の向上をめざすメガファーマと同様の企業戦略を行っていても経営上きわめて難しいことは明らかである．それゆえ，世界市場における企業規模は小さいながらも専門性が高く，企業間競争が比較的少ない新薬開発の強化に向けての戦略的行動をめざすという「ニッチ領域」においていかに優位性を獲得出来るか，が重要と思われる．

2　知識集約・高付加価値産業としての役割

　首相のリーダーシップの下，中長期的な国家ビジョンの構想を検討してきた「国家戦略会議」は，2012（平成24）年7月に2020（平成32）年までの政府の成長戦略を盛り込んだ「日本再生戦略」を策定し，日本の再生を実現するため，38の重点施策を明示した．その中の「ライフ成長戦略」の項目では，医療・介護分野が対象となり，医薬品に関して創薬支援のネットワーク作りや基礎研究から実用化までの橋渡し機能の強化を掲げている．そして長期間にわたる研究開

---

24)　例えば，富士フィルム株式会社は，自社での研究開発中の治療薬における生産体制を構築・整備するため，今後の成長が見込まれるバイオ医薬市場に積極的に参入することとし，2011（平成23）年3月に世界医薬品業界3位の米国メルク（Merck）からがんなどの治療に使用するバイオ医薬品の製造事業を買収し，同年11月には協和発酵キリン株式会社と合弁会社を設立し，バイオシミラー医薬品市場での製品開発・製造をめざすと発表した．

25)　*The Global Use of Medicines in 2019 and Outlook to 2023*（Institute Report Jan 29, 2019）．当レポートによると，日本の医薬品市場の低迷に対して，世界の医薬品市場は2023年までに1兆5000億ドルを超えし，年平均成長率はおよそ3〜6％になると分析予測している．また，バイオ医薬品市場におけるバイオシミラーの競争がより活発となり，2019年比の約3倍になると見込む．

発を可能とするための研究開発予算の効率的・一体的の確保に取り組むこととなった[26)].

　これら戦略内容は医薬品メーカーにとっても国内での研究開発に関する環境が整備されることを意味し，そのことが事業の大規模な海外シフトの傾向に一定の歯止めがかかり，国内における典型的な「知識集約・高付加価値型産業」としての一躍を引き続き担うことが要請されると言えよう．

　医薬品産業は，我々の生命・健康の維持に貢献する産業として常に需要が存在し，また社会的責任および貢献の大きい産業であることはいうまでもない．それゆえ，各医薬品メーカーは利益追求のみに走る企業行動ではなく，希少疾病用医薬品（オーファンドラッグ：Orphan drug），新たなワクチンなど，患者数の少ない疾患で企業の研究開発が進みにくい領域について充分に配慮すべきであり，同時にこれらの開発支援について政府も取り組むことを言及している[27)]．いわゆる「アンメット・メディカル・ニーズ（Unmet Medical Needs：治療法の確立されていない医療分野）」市場の医薬品の実用化・商品化への期待は大きいのである．

　さらに，海外に目を向ければ，新興国および発展途上国での医薬品に対する需要の高まりにより，日本の医薬品メーカーはアジアを中心とする研究開発拠点としてのチャンスでもある．その際に，国によって医療保険制度や医薬品制度が異なることを考慮して，進出する国の市場・ニーズに合わせた企業行動が求められると共に，諸外国との法制度に関する調整は政府間の交渉・協力も含めて非常に重要になると思われる．

　最後に，2020年の新型コロナウィルスのパンデミックに対する医薬品メーカーの対応について簡単にふれておきたい．世界中が未曾有の状況に陥った中で，世界の大手医薬品メーカーおよび各研究機関は，状況の克服に向けてワクチンおよび治療薬の研究・開発にしのぎを削る日々であった．既述のとおり，

---

26)　内閣府「国家戦略室」ホームページ，『日本再生戦略』．および，首相官邸ホームページ，『「日本再生戦略」――フロンティアを拓き，「共創の国」へ――』．

27)　2007（平成19）年 8 月30日，厚生労働省『新医薬品産業ビジョン――イノベーションを担う国際競争力のある産業を目指して――』p.37.近年，世界各国において難病や希少疾病に関する治療薬の開発を政府が積極的に支援する制度の充実化が計られている．日本では「希少疾病用医薬品」の指定制度があり，この指定を受けると研究開発に関する助成金が交付されることから企業負担が軽減されたり，優先審査の対象となる等のメリットがある．

医薬品は安全性の確保が重要であり，臨床試験等の検証のプロセスを経るために，実用化にはかなりの時間がかかると当初はみられていた．ところが，目覚ましい開発技術が奏功し，従来であれば10年ほどかかったワクチンの実用化がわずか1年足らずで実現し，接種対応が開始したことは我々に希望と期待を与えてくれた．そして，医薬品業界においてもAI技術が活用されることで，新薬開発におけるスピードも速まるであろう．

┃ おわりに

　以上，日本の医薬品産業の現状とこれからの企業戦略について検討した．

　医薬品産業の成長には，M&Aによって企業規模をさらに拡大する「規模の経済性」による収益性の効果には限界もあり，事業の差別化や他企業との経営資源・事業を共有化する「範囲の経済性」への追求の在り方が大きく関わっていると思われる．

　そして，今後，各医薬品メーカーは，医薬品市場において大学・公的な研究機関，およびベンチャー企業などの創薬に関わる様々なプレイヤーとの共同研究・連携を強化し，モジュール化を進めることで外部資源も有効に活用しながら，さらなる新薬およびバイオ医薬品の画期的な研究開発から製品化の実現を積極的にめざすことが必要であろう．

演習問題 🖉

1．日本の医薬品業界の政府規制の根拠について説明すると共に，戦後から現在に至るまでの成長の歴史について説明しなさい．

2．医薬品業界の「2010年問題」について論述しなさい．

3．医薬品業界の社会的責任（CSR）と今後の課題について自分の意見を述べなさい．

参 考 文 献

〈邦文献〉

秋場良宣［2006］『サントリー　知られざる研究開発力』ダイヤモンド社.

安藤良雄編［1972］『昭和政治経済史への証言（下）』毎日新聞社.

石谷直久・五十嵐俊子［2002］「日本航空株式会社及び株式会社日本エアシステムの持株会社の設立による事業統合について」,『公正取引』621.

いすゞ自動車株式会社編［1988］『いすゞ自動車50年史』いすゞ自動車株式会社.

依田高典［2001］『ネットワーク・エコノミクス』日本評論社.

伊藤元重［2006］『伊藤元重のマーケティング・エコノミクス』日本経済新聞社.

伊藤元重［2014］『流通大変動』NHK出版（NHK出版新書）.

伊藤元重［2019］『百貨店の進化』日本経済新聞出版社.

伊藤元重編［2005］『新流通産業』NTT出版.

伊藤邦雄編［2010］『医薬品メーカー勝ち残りの競争戦略』日本経済新聞出版社.

伊藤元重・清野一治・奥野正寛・鈴村興太郎［1988］『日本の産業政策の経済分析』東京大学出版会.

伊藤元重・下井直毅［2007］『日本の空を問う』日本経済新聞出版社.

糸田正吾［2002］「JAL・JAS統合問題を考える」『公正取引』619.

稲葉秀三・坂根哲夫編［1967］『資本自由化と独禁法』至誠堂.

井上久男［2017］『自動車会社が消える日』文藝春秋（文春新書）.

今村成和［1961］『独占禁止法』有斐閣.

引頭麻実編［2013］『JAL再生』日本経済新聞出版社.

印南一路編［2011］『医療政策』東洋経済新報社.

植草益［1982］『産業組織論』筑摩書房.

植草益［2000a］『産業融合』岩波書店.

植草益［2000b］『公的規制の経済学』NTT出版.

上杉秋則ほか［2000］『21世紀の競争政策』東京布井出版.

渦原実男［2009］『日米流通業のマーケティング革新』同文舘出版.

内田和成［2009］『異業種競争戦略』日本経済新聞出版社.

江藤勝［2002］『規制改革と日本経済』日本評論社.

OECD編［2000］『国際航空輸送政策の将来』日本経済評論社.

大野耐一［1978］『トヨタ生産方式——脱規模の経営をめざして——』ダイヤモンド社.

大橋弘・財務省財務総合政策研究所編［2018］『イノベーションの研究——生産性向上の本質とは何か——』金融財政事情研究会.

大橋弘［2021］『競争政策の経済学』日本経済新聞出版.

岡田羊祐［2019］『イノベーションと技術変化の経済学』日本評論社.

小澤康彦・渡辺伸之介・小田浩幸［2015］「LCC参入による地域への経済波及効果に関する調査研究」『国土交通政策研究』122.

小塩隆士編［2007］『新しい日本型経済パラダイム　第2巻公平性と政策対応』勁草書房.

小田切宏之［2016］『イノベーション時代の競争政策』有斐閣.

小田切宏之［2017］『競争政策　論第2版』日本評論社.

小野浩［1999］『戦後日本自動車産業の発展』多賀出版.

角井亮一［2016］『アマゾンと物流大戦争』NHK出版（NHK出版新書）.

影山僖一［1999］『通商産業政策論研究』日本評論社.

香住駿［2015］『VWの失敗とエコカー戦争』文藝春秋（文春新書）.

金本良嗣・山内弘隆編［1995］『交通』NTT出版.

川口満［1996］『新訂　21世紀の航空政策論』成山堂書店.

川嶋幸太郎［2008］『百貨店戦国時代』産経新聞出版.

川島佑介・呉暁岡［2017］『自動車産業20の新ビジネスチャンス』クルーザーズ・メディア.

川濱昇・大橋弘・玉田康成編［2010］『モバイル産業論』東京大学出版会.

川本明［1998］『規制改革』中央公論社（中公新書）.

熊谷尚夫編［1973］『日本の産業組織Ⅰ』中央公論社.

経済企画庁調査局［2000］『近年の規制改革の経済効果——利用者メリットの分析——』経済企画庁調査局.

公正取引委員会［2000］「国内航空旅客運送事業分野における競争政策上の課題（公益事業分野における規制緩和と競争政策・中間報告）」, 公正取引委員会資料.

公正取引委員会［2002］「日本航空株式会社及び株式会社日本エアシステムの持株会社の設立による事業統合について」, 公正取引委員会資料.

公正取引委員会編［1963］『国際競争力と独禁法』日本経済新聞社.

公正取引委員会事務総局編［1997］『独占禁止政策五十年史　上巻・下巻』公正取引委員会事務局.

公正取引委員会事務総局編［1997］『独占禁止政策50年の歩み』公正取引委員会事務局.

公正取引委員会事務総局編［1997a］『独占禁止政策五十年史　上巻』公正取引委員会事務局.

公正取引委員会事務総局編［1997b］『独占禁止政策五十年史　下巻』公正取引委員会事務局.

公正取引委員会独占禁止政策二十年史編集委員会編［1968］『独占禁止政策二十年史』大蔵省印刷局.

小坂恕［2007］『グローバルM&A戦争』ダイヤモンド社.

後藤晃［2013］『独占禁止法と日本経済』NTT出版.

後藤晃・鈴村興太郎編［1999］『日本の競争政策』東京大学出版会.

後藤晃・山田昭雄編［2001］『IT革命と競争政策』東洋経済新報社.

小西唯雄［1966］「"有効競争"理論と産業再編成論議」『週刊　東洋経済』3308.

小西唯雄［2001］『産業組織政策』東洋経済新報社.

小西唯雄編［2000］『産業組織論と競争政策』晃洋書房.

小林英夫編［2010］『トヨタ vs 現代』United Books.

小宮隆太郎［1999］『日本の産業・貿易の経済分析』東洋経済新報社.

小宮隆太郎・奥野正寛・鈴村興太郎［1984］『日本の産業政策』東京大学出版会.

ゴーン，C.［2001］『ルネサンス』(中川治子訳)，ダイヤモンド社.

坂村健［2005］『グローバルスタンダードと国家戦略』NTT出版.

佐治敬三［1994］『へんこつなんこつ——私の履歴書——』日本経済新聞社.

サントリー［1998］『日々に新たに——サントリー百年誌——』.

塩見英治編［2011］『現代公益事業』有斐閣（有斐閣ブックス）.

自動車産業経営者連盟編［1998］『50年の歩み』自動車産業経営者連盟.

柴田伊冊［2019］『航空のゆくえ』筑摩書房（ちくま新書）.

渋武容［2020］『日本の航空産業』中央公論新社（中公新書）.

杉本和行［2019］『デジタル時代の競争政策』日本経済新聞出版社.

杉山純子著・松前真二監修［2012］『LCCが拓く航空市場』成山堂.

鈴木自動車工業株式会社編［1990］『70年史』鈴木自動車工業株式会社.

鈴木裕人・三ツ谷翔太［2018］『フラグメント化する世界』日経BP社.

高巖・藤原達也・大野真也・大塚祐一［2019］『日本航空の破綻と再生』ミネルヴァ書房.

高瀬恒一・黒田武・鈴木深雪監修［2001］『独占禁止政策苦難の時代の回顧録』公正取引協会.

滝川敏明［2000］『ハイテク産業の知的財産権と独禁法』通商産業調査会.

武石彰・青島矢一・軽部大［2012］『イノベーションの理由』有斐閣.

舘龍一郎・小宮隆太郎・新飯田宏［1964］『日本の物価問題』東洋経済新報社.

田中道昭［2019］『GAFA × BATH』日本経済新聞出版社.

中条潮［2012］『航空幻想』中央経済社.

中日新聞社経済部編［2007］『トヨタの世界』中日新聞社.

通商産業省・通商産業政策史編纂委員会編［1989］『通商産業政策史　第9巻』通商産業調査会.

通商産業省・通商産業政策史編纂委員会編［1991］『通商産業政策史　第8巻』通商産業調査会.

通商産業省・通商産業政策史編纂委員会編［1993］『通商産業政策史　第12巻』通商産業調査会.

辻村清行［2012］『モバイルパワーの衝撃』東洋経済新報社.

土屋勉男・大鹿隆・井上隆一郎［2006］『アジア自動車産業の実力』ダイヤモンド社.

土井教之編［2001］『技術標準と競争』日本経済評論社.

東洋経済新報社編［1962］『日本経済と新産業体制』東洋経済新報社.

東洋工業株式会社編［1972］『東洋工業50年史』東洋工業株式会社.

戸崎肇［1995］『航空の規制緩和』勁草書房.

戸崎肇［2000］『情報化時代の航空産業』学文社.

トヨタ自動車工業編［1978］『トヨタのあゆみ』トヨタ自動車工業.

トヨタ自動車工業編［1987］『トヨタ50年史』トヨタ自動車工業.

内閣府政策統括官［2001］『近年の規制改革の経済効果——利用者メリットの分析（改定試算）——』内閣府.

永井隆［2002］『ビール15年戦争』日本経済新聞社（日経ビジネス人文庫）.

永井隆［2006］『ビール最終戦争』日本経済新聞社（日経ビジネス人文庫）.

永井隆［2014］『サントリー対キリン』日本経済新聞出版社.

中西孝樹［2013］『トヨタ 対 VW』日本経済新聞出版社.

中西孝樹［2018］『CASE革命』日本経済新聞出版社.

日産自動車編［1983］『21世紀への道——日産自動車50年史——』.

日産自動車編［1985］『日産自動車社史』日産自動車.

日本経済新聞社編［2000］『起死回生』日本経済新聞社.

日本経済新聞出版社編［2008］『攻防メガ百貨店』日本経済新聞出版社.

日本経済新聞社編［2020］『トヨタの未来』日本経済新聞出版社.

日本経済法学会編［2002a］『独禁法の理論と展開　第1巻』三省堂.

日本経済法学会編［2002b］『独禁法の理論と展開　第2巻』三省堂.

日本自動車工業会編［1988］『日本自動車産業史』日本自動車工業会.

根岸哲・川濱昇・泉水文雄編［2007］『ネットワーク市場における技術と競争のインターフェイス』有斐閣.

根岸哲・川濱昇・泉水文雄編［2007］『ネットワーク市場における技術と競争のインターフェイス』有斐閣.

野木村忠邦［2002］「複占体制と日本の独占禁止法——JAL/JAS経営統合計画を素材にして——」,『国際商事法務』330（3）.

林信太郎［1967］「産業再編成の必要性と進めかた」『エコノミスト』45（38）.

日高洋祐・牧村和彦・井上岳一・井上佳三［2018］『MaaS』日経BP社.

深谷健康［2012］『規制緩和と市場構造の変化』日本評論社.

福田慎一編［2020］『技術進歩と日本経済』東京大学出版会.

本田宗一郎［2001］『本田宗一郎　夢を力に』日本経済新聞出版（日経ビジネス人文庫）.

増井健一・山内弘隆［1990］『航空輸送』晃洋書房.

御園生等［1968］『公正取引委員会』日本経済新聞社（日経新書）.

御園生等［1987］『日本の独占禁止政策と産業組織』河出書房新社.

三菱自動車工業株式会社編［1993］『三菱自動車工業株式会社史』三菱自動車工業株式会社.

南方建明［2005］『日本の小売業と流通政策』中央経済社.

宮下紘［2018］『EU一般データ保護規則』勁草書房.

村上正博［2019］『独占禁止法の新たな地平』弘文堂.

村上英樹・加藤一誠・高橋望・榊原胖夫編［2006］『航空の経済学』ミネルヴァ書房.

両角良彦ほか［1963］『産業体制の再編成』春秋社.

八代尚宏［2003］『規制改革「法と経済学」からの提言』有斐閣.

八代尚宏［2013］『規制改革で何が変わるのか』筑摩書房（ちくま新書）.

八代尚宏・日本経済研究センター編［2004］『新市場創造への総合戦略』日本経済新聞社.

柳川隆・川濱昇編［2006］『競争の戦略と政策』有斐閣.

柳川範之［2006］『法と企業行動の経済分析』日本経済新聞社.

柳川隆・川濱昇編［2006］『競争の戦略と政策』有斐閣（有斐閣ブックス）.

矢野誠編［2007］『法と経済学』東京大学出版会.

矢野誠編［2020］『第4次産業革命と日本経済』東京大学出版会.

矢作敏行編［2000］『欧州の小売りイノベーション』白桃書房.

山口瞳・開高健［2003］『やってみなはれ　みとくんなはれ』新潮社（新潮文庫）.

山田明［2020］『スマホ料金はなぜ高いのか』新潮社（新潮新書）.

山田肇［1999］『技術競争と世界標準』NTT出版.

山本武信［1998］『ベンツの興亡』東洋経済新報社.

山本哲三・佐藤英善［2001］『ネットワーク産業の規制改革』日本評論社.

吉森賢編［2007］『世界の医薬品産業』東京大学出版会.

和田聡子［2011］『EUとフランスの競争政策』NTT出版.

和田聡子［2016］『産業経済の発展と競争政策』晃洋書房.

和田聡子［2019］「EU競争政策」,本田雅子・山本いづみ編『EU経済入門』文眞堂.

和田聡子［2020］「フランス産業政策の再検討と政策的課題」『地域と社会　大阪商業大学比較地域研究所』22号.

和田聡子・小西唯雄［2006］『増補版　競争政策と経済政策』晃洋書房.

渡辺達朗［2015］『流通政策入門　第4版』中央経済社.

〈欧文献〉

Adams, W. and Brock, J. eds. ［1986］ *The Bigness Complex*, New York: Pantheon Books.

Bain, J. S. ［1968］ *Industrial Organization*, 2 nd ed., New York: Wiley（宮澤健一監訳『産業組織論（上）・（下）』丸善，1970年）.

Baumol, W. J. ［2002］ *The Free-market Innovation Machine: Analyzing the Growth Miracle of Capitalism*, Princeton: Princeton University Press（足立英之監訳『自由市場とイノベーション――資本主義の成長の奇跡――』勁草書房，2010年）.

Boldrin, M. and Levine, D. K. ［2008］ *Against Intellectual Monopoly*, New York: Cambridge University Press（山形浩生・守岡桜訳『〈反〉知的独占――特許と著作権の経済学――』NTT出版，2010年）.

Carlson, C. R. and Wilmot, W. W. ［2006］ *Innovation: The Five Disciplines for Creating What Customers Want*, New York: Crown Business（楠木建監訳『イノベーション5つの原則』ダイヤモンド社，2012年）.

Carson, I. and Vaitheeswaran, V. V. ［2008］ *Zoom: The Global Race to Fuel the Car of the*

220

Future, New York: Grand Central Publishing（黒輪篤嗣訳『自動車産業の終焉』二見書房，2008年）.

Caves, R. E. [1967] *American Industry: Structure, Conduct, Performance,* 2 nd ed., Englewood Cliffs, N.J.: Prentice-Hall（小西唯雄訳『産業組織論』東洋経済新報社，1968年）.

Chamberlin, E. H. [1933] *The Theory of Monopolistic Competition: A Reorientation of the Theory of Value,* Cambridge: Harvard University Press（青山秀夫訳『独占的競争の理論』至誠堂，1966年）.

Christensen, C. M. [1997] *The Innovator's Dilemma: When New Technologies Cause Great Firms to Fail,* Boston, Mass.: Harvard Business School Press（玉田俊平太監修『増補改訂版　イノベーションのジレンマ』翔永社，2001年）.

Christensen, C. M. and Raynor, M. E. [2003] *The Innovator's Solution: Creating and Sustaining Successful Growth,* Boston: Harvard Business School Press（玉田俊平太監修『イノベーションへの解』翔永社，2003年）.

Christensen, C. M., Ojomo, E. and Dillon, K. [2019] *The Prosperity Paradox,* Harper Collins Publishers（『繁栄のパラドクス』ハーパーコリンズ・ジャパン）.

Christensen, C. M., Ojomo, E. and Dillon, K. [2019] *The Prosperity Paradox,* Harper Collins Publishers（依田光江訳『繁栄のパラドクス』ハーパーコリンズ・ジャパン，2019年）.

Clark, M.J. [1940] "Toward a Concept of Workable Competition," *American Economic Review,* 30（2）.

Clark, M. J. [1961] *Competition as a Dynamic Process,* Washington, D.C.: The Brooking Institution（岸本誠二郎監修『有効競争の理論』日本生産性本部，1970年）.

Dawson, C. C. [2004] *Lexus: the Relentless Pursuit: How Toyota Motor Went from "0-60" in the Global Luxury Car Market,* Hoboken: Wiley（鬼澤忍訳『レクサス——完璧主義者たちがつくったプレミアムブランド——』東洋経済新報社，2005年）.

Doganis, R. [2001] *The Airline Business in the Twenty-first Century,* London ;New York: Routledge（塩見英治ほか訳『21世紀の航空ビジネス』中央経済社，2003年）.

Edwards, C. D. [1949] *Maintaining Competition: Requisites of a Governmental Policy,* New York: McGraw-Hill Book Company.

Fubini, D., Price, C. and Zollo, M. [2007] *Mergers: Leadership, Performance and Corporate Health,* London: Palgrave Macmillan（清川幸美訳『ポストM&A　リーダーの役割』ファーストプレス，2007年）.

Hadley, Eleanor, E. M. [1970] *Antitrust in Japan Princeton,* N. J.: Princeton University Press（小原敬士・有賀美智子監訳『日本財閥の解体と再編成』東洋経済新報社,1973年）.

Halberstam, D. [1987] *The reckoning, New York* : Morrow（高橋伯夫訳『覇者の驕り——自動車・男たちの産業史——』（上・下），日本放送出版協会，1987年）.

Hayek, F. A. von [1949a] *Individualism and Economic Order,* London: Routledge & Kegan

Paul（嘉治元郎・嘉治佐代訳『ハイエク全集第 3 巻　個人主義と経済秩序』春秋社，1990年）.

Hayek, F.A. von［1949b］*Law, Legislation and Liberty*, London: Routledge & Kegan Paul（渡部茂訳『ハイエク全集第10巻　法と立法と自由Ⅲ』春秋社，1988年）.

Hayek, F. A. von［1960］*The Constitution of Liberty*, London: Routledge & Kegan Paul（気賀健三・古賀勝次郎訳『ハイエク全集第 5 巻　自由の条件Ⅰ』春秋社，1986年）.

Kim, W. C. and Mauborgne, R.［2005］*Blue Ocean Strategy: How to Create Uncontested Market Space and Make the Competition Irrelevant*, Boston, Mass.: Harvard Business School Press（有賀裕子訳『ブルー・オーシャン戦略――競争のない世界を創造する――』講談社〔ランダムハウス講談社〕，2005年）.

Kirzner, I. M.［1973］*Competition and Entrepreneurship*, Chicago: The University of Chicago Press（田島義博監訳『競争と企業家精神』千倉書房，1985年）.

Konishi, H. and Yurtseven, C.［2014］"Market share regulation?" *Japan and the World Economy*, 29.

Lowenstein, R.［2008］*While America Aged: How Pension Debts Ruined General Motors, Stopped the NYC Subways, Bankrupted San Diego, and Loom as the Next Financial Crisis*, New York: Penguin Press（『なぜGMは転落したのか――アメリカ年金制度の罠――』日本経済新聞出版社，2009年）.

Lütge, C.［2019］*The Ethics of Competiton: How a Competitive Society Is Good for All*, Cheltenham: Edward Elgar Publishing（嶋津格訳『「競争」は社会の役に立つのか　競争の倫理入門』慶応義塾大学出版会，2020年）.

Mason, E. S.［1949］"The Current States of the Monopoly Problem in the United States," *Harvard Law Review*, 62（ 8 ）.

OECD［1994］*Regulatory Co-operation for An Interdependent World*, OECD（中邨章監訳『規制の国際化』龍星出版，1996年）.

OECD［1997a］*The OECD Report on Regulatory Reform, Volume I : Sectoral Studies*, OECD（山本哲三・山田弘監訳『世界の規制改革（上）』日本経済評論社，2001年）.

OECD［1997b］*The OECD Report on Regulatory Reform, Volume Ⅱ : Thematic Studies*, OECD（山本哲三・山田弘監訳『世界の規制改革（下）』日本経済評論社，2001年）.

OECD［2001］*Restructuring Public Utilities for Competition*, Paris: OECD.

OECD［2001］*Restructuring Public Utilities for Competition*, OECD.

Robinson, J. V.［1933］*The Economics of Imperfect Competition*, London: Macmillan（加藤泰男訳『不完全競争の経済学』文雅堂書店，1956年）.

Rodrik, D.［2011］*The Globalization Paradox*, Sakai Agency（柴山桂太・大川良文訳『グローバリゼーション・パラドックス』白水社，2012年）.

Röpke, W.［1949］*Civitas Humana*, 3 . Auful, Zürich: E. Rentsch（喜多村浩訳『ヒューマニズムの経済学（上）』勁草書房，1952年）.

Scherer, F. M. and Ross, D. [1990] *Industrial Market Structure and Economic Performance*, 3 rd,ed., Boston: Houghton Mifflin Company.

Schilling,A.M. [2018] *Quirky: The Remarkable Story of the Traits, Foibles,and Genius of Breakthrough Innovators Who Changed the World*, New York: Hachette Book Group（染田屋茂訳『世界を動かすイノベーターの条件』日経BP社，2018年）.

Shell, E. R. [2009] *Cheap:the High Cost of Discount Culture,* New York: Penguin Press（楡井浩一訳『価格戦争は暴走する』筑摩書房，2010年）.

Shepherd, W. G. [1997] *The Economics of Industrial Organization*, 4 th ed., Englewood Cliffs, N.J.: Prentice-Hall.

Sosnick, S. H. [1958] "A Critique of Concepts of Workable Competition," *Quarterly Journal of Economics*, 72（3）.

Stigler, G. J. [1942] "The Extent and Bases of Monopoly," *American Economic Review*, 32（2）.

Stigler, G. J. [1988] *Memoirs of an Unregulated Economist*, New York: Basic Books（上原一男訳『現代経済学者の回想』日本経済新聞社，1990年）.

Vlasic, B. and Stertz, B. A. [2000] *Taken for a Ride: how Daimler-Benz drove off with Chrysler*, New York: Wiley（『ダイムラー・クライスラー――世紀の大合併をなしとげた男たち――』早川書房，2001年）.

Walter, E. [1955] *Grundsätze der Wirtschaftspolitik*, 2 . Aufl, Tübingen: J.C.B. Mohr（大野忠男訳『経済政策原理』勁草書房，1967年）.

〈WEBサイト〉

IMSホームページ（http://www.ims.gr.jp/group/）

キリンホールディングス株式会社ホームページ（http://www.kirinholdings.co.jp/）

公正取引委員会ホームページ（http://www.jftc.go.jp/）

経済産業省ホームページ（https://www.meti.go.jp/）

厚生労働省ホームページ（http://www.mhlw.go.jp/）

国税庁ホームページ（https://www.nta.go.jp/）

国土交通省ホームページ（http://www.mlit.go.jp/）

サントリーホールディングス株式会社ホームページ（http://www.suntory.co.jp/）

特許庁ホームページ（https://www.jpo.go.jp/）

内閣府ホームページ（http://www.cao.go.jp/）

日本製薬工業協会ホームページ（http://www.jpma.or.jp/）

ビール酒造組合ホームページ（http://www.brewers.or.jp/）

人 名 索 引

事 項 索 引

《著者紹介》

和田聡子（わだ さとこ）

神戸市出身.

1994年　関西学院大学経済学部卒業.

2000年　神戸大学大学院経済学研究科博士課程後期課程単位取得満期退学.

現　在　大阪学院大学経済学部教授. 博士（経済学）神戸大学.

専門分野

競争政策, 経済政策, EU経済論

主要著書

『産業組織論と競争政策』（共著）晃洋書房, 2000年.

『競争政策と経済政策』（共著）晃洋書房, 2003年.

『日本経済読本［第17版］』（共著）東洋経済新報社, 2007年.

『EUとフランスの競争政策』（単著）NTT出版, 2011年.

『フランスの流通・政策・企業活動』（共著）中央経済社, 2015年.

『シティプロモーション：地域創生とまちづくり——その理論と実践——』（共編著）
　　同文舘出版, 2017年.

『ロレアル「美」の戦略』（共訳）中央経済社, 2018年.

『EU経済入門』（共著）文眞堂, 2019年.

『地域活性化のデザインとマネジメント——ヒトの想い・行動の描写と専門分析——』
　　（共編著）晃洋書房, 2019年. 等

〈改訂版〉産業経済の発展と競争政策
　　——ポストコロナ時代を見据えて——

2021年10月20日　初版第1刷発行	＊定価はカバーに
2023年8月5日　初版第2刷発行	表示してあります

著　者　和　田　聡　子©

発行者　萩　原　淳　平

印刷者　河　野　俊一郎

発行所　株式会社　晃　洋　書　房

〒6150026　京都市右京区西院北矢掛町7番地
電話　075(312)0788番(代)
振替口座　01040-6-32280

装丁　クオリアデザイン事務所　　印刷・製本　西濃印刷㈱
ISBN 978-4-7710-3545-4